河南省教育科学"十四五"规划 2021 年度重大招标课题"河南省高等职业学校产业学院建设研究"（课题批准号 2021JKZB09）

高等职业学校产业学院建设实践研究

王庆海　王全录　李　鹏◎著

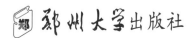

郑州大学出版社

图书在版编目(CIP)数据

高等职业学校产业学院建设实践研究／王庆海，王全录，李鹏著. -- 郑州：郑州大学出版社，2024.4

ISBN 978-7-5773-0219-5

Ⅰ. ①高… Ⅱ. ①王…②王…③李… Ⅲ. ①高等职业教育 - 产学合作 - 研究 - 中国 Ⅳ. ①G718.5

中国国家版本馆 CIP 数据核字(2024)第 046761 号

高等职业学校产业学院建设实践研究

GAODENG ZHIYE XUEXIAO CHANYE XUEYUAN JIANSHE SHIJIAN YANJIU

策划编辑	王卫疆		封面设计	苏永生
责任编辑	孙理达　马云飞		版式设计	苏永生
责任校对	陈　思		责任监制	李瑞卿

出版发行	郑州大学出版社		地　　址	郑州市大学路 40 号(450052)
出 版 人	孙保营		网　　址	http://www.zzup.cn
经　　销	全国新华书店		发行电话	0371-66966070
印　　刷	辉县市伟业印务有限公司			
开　　本	787 mm×1 092 mm　1／16			
印　　张	12.25		字　　数	310 千字
版　　次	2024 年 4 月第 1 版		印　　次	2024 年 4 月第 1 次印刷

书　　号	ISBN 978-7-5773-0219-5		定　　价	78.00 元

本书如有印装质量问题,请与本社联系调换。

序　言

产教融合是职业教育的本质特征,是彰显职教功能、提升育人质量的根本保证。广大职业院校在办学实践中勇于开拓、大胆创新,不断深化对产教融合的理解,探索产教融合的实现形式,提升产教融合的层次和水平,取得了显著的办学业绩。产业学院作为校企紧密对接、相互嵌入的利益共同体,正成为产教融合的新形态和新载体。党的十八大以来,国家出台了《国家职业教育改革实施方案》《关于深化产教融合的若干意见》《现代产业学院建设指南(试行)》《关于推动现代职业教育高质量发展的意见》等一系列深化产教融合、打造校企命运共同体的新举措、新办法和新方案。党的二十大报告中针对"推进职普融通、产教融合、科教融汇,优化职业教育类型定位"做出进一步指示。尤其是2023年出台的《关于加快推进现代职业教育体系建设改革重点任务的通知》,加快构建央地互动、区域联动、政行企校协同的职业教育高质量发展新机制,为新时代高等职业院校产业学院可持续、创新发展提供了明确方向。

产业学院建设作为职业教育改革的利器,经过十几年飞速发展,在体制、机制、模式、体系、培养、培训、创业、就业等多方面都取得了阶段性成果,但体制、机制壁垒依然存在,模式、体系融通不够深入,产业学院的场境建设不能满足学生培训培养的需要,创业、高质量就业比例依然不高,归纳起来目前的状况是:产教融合、合而不融;校企合作、快而不稳;场境建设、虚而不实;抓就业促创业、就而不创,这些问题成为新形势下阻碍产业学院快速发展的主要矛盾和关键瓶颈。

河南机电职业学院始终坚持走产教融合、校企合作之路,目前,与9个产业园区、130家单位深度合作,共建产业学院25个。学校以建设一流创业型大学为引领,经过十余年的实践和三次迭代更新,历经"引厂入校""送教入企""产业学院",形成了独具特色的"双交付"模式工程教育。即以"工程+现(线)场工程师"双交付为目标,把企业真实工程项目转化为学校工程教育项目,在企业真实场景中,以培养学生能力为中心,以完成工程项目的结果为导向,实现了工程教育化,教育工程化。

本书的作者是河南机电职业学院产业学院建设的设计者、实施者,对研究内容经过了 10 多年的积淀和实践,他们以独特的视角,对决定产业学院建设的两个关键问题——产业学院体制机制变革和产业学院场境建设,进行了深入研究和多个案例的生动实践。一是破除体制机制藩篱。校企共建产业学院,企业投入办学场地、资金、技术人员、生产线、新技术、新工艺和新产品;学校根据企业需求开设专业、提供管理经验、支持办学经费等,企业主导、学校主体共建产业学院。双方投入办学资产的所有权、管理权、使用权,实施"三权分置",明确各自投入产权归属,以解决双方后顾之忧。二是依托企业真实岗位创设"产、学、研、创"学习场境。依托产业学院在企业工作岗位上创设真实、鲜活、先进的"产、学、研、创"学习场境,实施线场教学,学生入学即在企业鲜活的"场境"中学习、成长、成才,实现入学即入职、学习即上岗、毕业即就业创业。三是为高等职业学院产业学院的建设提供新范式。为产业学院的组织和管理,校企合作、产教融合提供了新视角、新思路、新方案;为校企合作育人的育人模式、办学理念和方式、专业建设和转型等方面,提供了新参照、新样本、新途径。

　　本书主题独特、研究精深、结构清晰、观点鲜明、案例生动翔实,对中国高等职业教育产业学院的建设具有较强的参考价值,其模式具有较强的推广性。也期待全体职教同仁在此基础上不断完善创新,共同在实践中探索出更多适合高等职业院校产业学院建设的职教改革创新成果。只有这样,职业教育才能在解决问题中前进,在克服困难中发展,在创新突破中出彩。

戚建岭

2024 年 2 月

目　　录

上篇　高等职业学校产业学院体制研究

下篇 高等职业学校产业学院育人场境建设

上　篇

高等职业学校产业学院体制研究

第一章 高等职业学校产业学院概述

产业学院是一种产教融合组织形态,是实现教育链、人才链、产业链和创新链有机衔接、深度融合的有效载体,是高等职业学校人才培养组织形态变革的主要模式,也是实现学校企业双主体治理结构改革的重要途径。它具有区域根植性、改革创新性、资源共享性、产业专属性和产业关联性等特征。产业学院是基于产业逻辑、教育逻辑和专业逻辑相结合的产物。推进高等职业学校产业学院建设,应以服务区域产业链的专业群为纽带,以能力培养为主线推动人才培养模式变革,以多方优质资源共享为核心共建"产学研创"一体化育人平台,以现代化治理结构建设为保障,为区域产业经济高质量发展提供专业化、综合型、创新型人才支撑,以全面提升区域职业教育质量和产业发展核心竞争力。

第一节 高等职业学校产业学院建设背景

产教融合是职业教育凸显类型特色的应然状态,是国家战略层面确立的基本教育模式,肩负推动人力资源供给侧结构性改革的重要使命。作为产教融合模式中的诸多形式,产业学院在高职学校发展中的位置愈发重要。相较于传统产教融合模式,产业学院的优越性在于其组建和运作是基于交汇并行的双逻辑主线,即产业逻辑和教育逻辑,因而能在组织形态、运行机制、合作内容上形成产教的深度融合。但长久以来教育逻辑占据着产业学院研究和实践的主流。在研究层面,学界尚未就产业学院的内涵达成共识,其代表性观点主要有:产业学院是高等职业学校的二级学院或是一种职业教育办学模式等。尽管看法不同,但均显示出强烈的教育立场。从实践层面来说,产业学院的组建、运行以及成效评价主要是在学校教育主体利益视角下开展的,而在产业逻辑下有关高等职业学校产业学院的研究与行动依然缺乏。产业学院作为产教融合实体化育人模式,产业导向是其原生属性,因此,有必要在产业逻辑下,从产业结构形态、产业集聚特点和产业战略发展的角度对产业学院建设、模式和定位进行重新梳理和审思。

一、新时代我国经济社会发展与人才需求

(一)新时代我国经济社会发展特征

党的十八大以来,我国社会经济发展进入了新时代,经济发展已由高速增长阶段转向高质量发展阶段。创新、协调、绿色、开放、共享的新发展理念是实现我国"十三五"既定发展目标,破解发展难题,厚植发展优势的理论指南,是新时代我国发展思路、发展方向、发展着力点的集中体现。它是改革开放近 40 年,对发展问题的经验总结与理论提升,集中反映了我

们党对中国经济社会发展规律的认识和把握,是关于发展观念的又一次理论创新。"十四五"时期,我国经济社会高端绿色转型发展不仅迎来了战略机遇期,更是承担起了推动经济发展质量变革、效率变革、动力变革,提高全要素生产率的重任。同时,作为经济高质量发展的第一要素,人才培养供给侧改革尤为急迫。

1. 经济增长由高速增长转向高质量发展

党根据我国经济发展阶段和社会主要矛盾的变化,明确提出我国经济已由高速增长阶段转向高质量发展阶段。高质量发展就是贯彻新发展理念,其特征就是创新、协调、绿色、开放、共享相统一的发展。实现高质量发展是经济持续健康发展的必然要求,是生产力不断发展的过程;是适应我国社会主要矛盾变化和全面建设社会主义现代化国家的必然要求;是持续提高国民经济发展水平,协调区域发展,缩小地区差别,使全体人民共享发展成果,推动物质文明、政治文明、精神文明、社会文明、生态文明得到全面提升,促进共同富裕的必由之路。高质量发展是进一步提升我国经济实力和竞争力,推动产业转型升级,转换增长动力,破除发展瓶颈的重要手段,也是遵循经济发展规律的必然状态。我国经济就处在提质增效的阶段,推动经济高质量发展势在必行,而高质量发展正是通过内涵式扩大再生产,积极推动生产方式转变。

2. 发展方式由粗放型增长转向集约型增长

集约型增长是以提高生产要素的质量和使用效率为主要方式进行的社会生产,其实质在于提高经济增长质量和经济效益。党的十八大以来,我国经济发展加快由粗放增长向集约增长转变。其一,集约化增长是保持经济持续增长的动力。粗放型扩张的经济增长方式已难以为继,高投入、高耗能、高排放、低效率发展,不仅增加生产成本,还对环境造成污染。以科技创新为表现形式的质量效益型集约增长有助于实现从要素消耗转向创新驱动。其二,集约化增长是提高经济增长质量和效率的保证。粗放型发展方式并没有使生产要素的质量和组合方式得到优化和改善,实际生产率和增长质量并没有上升,也不利于产业结构优化升级,因此提高经济增长质量和效率就必须走集约化发展。其三,集约化增长是减轻资源和环境压力的有效途径。我国人均资源拥有量相对短缺,而粗放型发展方式对自然资源的消耗和生态环境的损害,倒逼我们选择一个更高效、更高质量的集约化发展方式,以实现经济可持续发展。

3. 产业结构由中低端水平转向中高端水平优化

其一,产业结构由中低端转向中高端是国家经济在长期内实现可持续增长的基本动力。我国产业结构转向中高端,说明我国产业附加值正在增加,在全球产业链中的地位开始上升,这将有助于我国经济在长期内实现可持续发展。其二,产业结构由中低端转向中高端是提升经济发展质量的基本保证。处在全球价值链中低端的产业大都是附加值不高、创新能力有待提高、工艺水平和高技术比重较低的产业。当这些产业由中低端转向中高端时,说明产业的质量正在提升。其三,产业结构由中低端转向中高端是国际竞争力提升的重要标志。产业结构由中低端转向中高端,是我国经济发展质量的保证,同时也是一项评价我国经济实力的指标,客观上提升了我国国际竞争力。

4. 增长动力由要素和投资驱动转向科技创新驱动

从要素和投资驱动为主转向创新驱动为主,是我国经济增长动力适应新常态的一个显著特征。其一,创新驱动更加符合经济规律的科学发展。要解决我国经济面临的深层次矛盾和问题,就必须用好创新这把"金钥匙"。创新驱动发展,正是抓住新技术和产业革命历史机遇、应对全球产业链重构、构建现代化经济体系的重要举措。不仅如此,创新驱动发展有助于推动经济高质量发展,助力我国在全球产业链价值链地位的提升。其二,创新驱动的发展更加符合自然规律的可持续发展。要突破我国发展面临的资源环境制约,全面促进资源节约,就应加大自然生态系统和环境保护力度,扎实推进创新驱动。其三,创新驱动的发展是符合社会规律的和谐发展。创新驱动不仅有利于缓解人与自然的矛盾,实现绿色、可持续发展,而且能实现社会有序竞争、和谐公正。

新一代科技与产业革命使社会生产方式、分工方式和产业组织正在发生深刻的历史性变革,也为我国高端制造业的发展提供新方向。在新的历史时期,我国应顺应新一轮科技和产业变革机遇,促进工业企业利用互联网、大数据、云计算、物联网、人工智能等新一代信息技术改造提升传统工业,加速推动工业高端绿色转型。特别是,以"中国制造2025"和"互联网+"行动计划为契机,以先进制造业为突破口,推动工业"高端化、智能化、集约化、绿色化"转型发展。技术革新、生产方式的变革对人才的需求也发生了深刻的变化。

(二)职业教育人才供给的主要问题

职业教育是与经济社会紧密联系的一种类型教育,兼具教育性质与经济性质,天然存在适应性的问题。不断适应产业发展,切实服务经济建设是职业教育最基本的要求。当前,我国进入中国特色社会主义新时代,并提出到2035年基本实现社会主义现代化的发展目标。作为社会主义现代化的重要组成部分,教育现代化也对职业教育提出了新的发展要求。在现代化的背景下,职业教育适应性的内涵不断丰富,它是一个复杂系统问题,但归根到底,这种适应性是以职业教育的根本属性——服务经济社会发展与服务人的全面发展为旨归。

1. 在办学上需进一步落实"行业性"和"地方性"理念

近年来,应用技术型高校直面区域经济发展需求,以强化学生职业胜任力和持续发展能力为目标,集中力量培养学生的实践能力和创新能力,努力重构符合应用型高校的产教双协力应用型人才培养模式,推动人才链、教育链和产业链、创新链的体系重构、资源整合、流程再造,驱动形成"产教双主体"的协同育人建设模式、"产教双师双能"的执教模式、"理论与实践双大纲"的导教模式、"产教双基地"的实践资源建设模式、"产教双标准"的质量评价模式等。人才培养最重要、最核心的要素是课程体系。高等职业教育是紧贴行业、服务地方的高等教育类型,基于这个天然属性,学校的人才培养应该明确体现"行业性"和"地方性",做到课程与行业真实工作领域融通、课堂与行业真实工作情境融通、实践与行业真实项目融通、评价与行业标准融通,唯有这样才能体现高等职业教育人才培养的行业、地方特征。然而,在实践中,相当一些高等职业学校在办学理念上,"行业性"和"地方性"明显不足。

2. 课程内容上需更针对岗位需求

课程内容是学科中特定的实事、观点、原理以及对问题的处理方式,选择、编辑的依据应该围绕课程目标来进行。长期以来,我国高等职业学校都是以学科体系为核心设置课程内容,学科本位的课程内容设计逻辑能够让学生获得较为完整的、成体系的知识。学科本位适用于理论性较强的课程,与其配套的考核方式也是以记忆、背诵理论知识为主。对于高等职业教育而言,懂原理还远远不够,关键是能够应用,理论无法转化为对实践的指导就无法应用于现实的工作当中。因此,高等职业教育的课程应该以岗位需求为核心,有学者提出应该以工作任务为目标进行高等职业教育的课程设置。应用技术型人才应具备基础理论底蕴、技术专长、实践动手能力、职业素养四大突出特征,围绕这四大特征,要求学校在规划人才培养方案时要有意识地去设计课程体系,设置相应的课程模块以确保对应目标的实现与学生能力的产出。避免在教学过程中出现很多"水课"。"水课"是可有可无的课,不能体现知识、能力、素养等方面的要求,或者与实现人才培养目标关联度低,课程开设没有经过科学严谨的论证,随意性大。这就体现了课程设置、课程内容安排得不科学。典型现象是因人设课——课程的安排是基于学校的师资情况,根据现有的教师和他们的特长去开设看似与本专业相关,但课程之间没有逻辑关系或者联系不紧密的课程。学生的学习体验混乱,无法厘清课程之间的联系,也无法将课程内容串联起来最终实现某种能力的提升。

3.培养模式与产业发展需求融合度需加深

国家推进职业教育发展的进程中,对产教融合的政策指向是越来越密集的,2010年教育部《深化教育体制改革工作重点》要求"探索政府、行业、企业及社会各方分担职业教育基础能力建设机制。推进校企合作,完善职业教育集团化办学的体制机制,促进资源共享、合作共赢……";2014年《国务院关于加快发展现代职业教育的决定》要求"专科高等职业院校要密切产学研合作","推进人才培养模式创新";2014年6月,全国职业教育工作会议上习近平总书记提出"坚持产教融合、校企合作,坚持工学结合、知行合一,引导社会各界特别是行业企业积极支持职业教育";之后的每一年都有与深化高等职业院校产教融合相关的政策,表明了国家对职业教育与产业融合共同发展的战略部署和重大期待。河南省认真贯彻落实党中央、国务院的决策部署,结合本地实际积极推进产教融合、校企合作,取得不少经验成效,但仍然存在不深入、不到位的问题,职业教育人才培养模式创新不足、缺乏活力。

(三)职业教育人才供给与产业发展矛盾

职业教育与产业相互影响,相互促进。一方面,职业教育为产业的发展提供人才支撑与技术服务。职业教育的主要目的是为满足受教育者从事某种职业或生产劳动所需的职业知识、技能及道德的培养需求,使其能够适应经济社会与产业发展的变化。另一方面,产业的发展对职业教育的发展具有决定性作用。一是产业发展对行业兴衰、职业布局与人才流动形成连环影响;二是产业发展的规模、结构及类型决定职业教育专业发展的规模、结构与类型。为了增强职业教育人才供给的适应性,党的十八大以来党中央、国务院打出了职业教育改革的"组合拳",把职业教育作为类型教育提出,拉开了职业教育改革的序幕,但在职业教育人才供给与产业发展方面仍存在诸多问题。

1."学科本位"发展观念下供需关系的结构性失衡

党的十八大以来,高等职业学校办学理念正在不断发生转变,逐渐从过去单一的学科理念转向市场,与产业企业尤其是高新技术的产业企业进行对接,并有了较强的人才资源的供给意识和交换意识。在发展理念上人才供给侧的结构性问题已经得到了足够重视和普遍共识,但是实践中的人才供给与需求并不能很好地进行协调发展,其人才供需关系平衡的调控效果并不能立竿见影,甚至还颇有些举步维艰。高等职业教育并未能完全形成人才供需调控模式,仍停留在由政府主导调控,以人才数量规模控制为核心,注重采用行政手段进行调控的传统管理模式。这就容易出现市场人才的结构性微观需求信息与高等职业学校人才质量的供给信息出现不对称,相互的信息沟通不及时且不开放,导致高等职业学校培养的高质量技术人才在就业市场上屡屡碰壁。

2."政策本位"合作机制下供给主体的浅层共生性

高等职业教育人才供给侧结构性改革的一个重要因素就是对供给主体的改革,即如何调控和增强供给主体间的关系来实现人才质量在结构与层次上的优化与提升。高等职业教育人才供给的主体不仅仅是高等职业学校,其背后还涉及政府及其教育主管部门、企业等。尽管职业院校已经意识到且正在尝试在教育过程中更多地引入企业的力量参与人才培养,但程度与调控空间仍然十分有限。由于高等职业学校办学经费来源的单一性和办学质量标准的同一性,整个人才培养活动仍然呈现出政府绝对主导的单一主体管理样态,这显然会在一定程度上造成政府管理角色定位失衡,进而产生出政府与学校二元主体的责权错位、缺位和越位现象。

3."管理本位"培养模式下供给制度的路径依赖性

制度创新是改变职业教育主体单一状况和实现与产业对接的重要改革内容。通过打破已有的高等职业教育人才供给制度障碍,为人才创新、质量提升提供重要推力和保障。目前,高等职业教育人才供给制度仍然呈现出以政府管理为本位,培养单位积极落实,用人单位少许参与的一种自上而下单向体系,供给的制度结构与制度弹性都存在较大不足。过于集中的管理权力使人才供给管理制度因为缺少专业性、科学性、客观性、及时性的数据技术支撑而出现统计数据不够精准、市场对接不够及时、改革手段不够创新等管理效益低下现象,不能形成多元主体协同治理的供给制度体系。

二、以产教融合为主要特征的职业学校改革

产教融合是职业教育的本质特征。深化职业教育教学改革,必须以深化产教融合为主要着力点,将产教融合贯穿于职业教育教学改革全过程,重点完善产教融合、校企协同育人的机制。教育部《关于深化职业教育教学改革　全面提高人才培养质量的若干意见》以产教融合为灵魂和主线,力图突破当前仍存在产教融合不深、校企合作不力的难点和瓶颈,具有很强的指导性。

(一)深化"放管服"改革,落实学校办学自主权

党的十八大以前,国家职业教育管理体制,主要还是计划经济时代的产物,虽然国家鼓励社会力量参与职业教育办学,但在学校建设规划、专业设置、师资管理、人才培养标准、课程建设等都有一套详细的管理体系和评判标准,并且这些资源完全掌握在教育主管部门,学校不敢越"雷池"一步,要想得到政府的支持,学校必须成为"乖孩子",再加上没有具体的指导意见和制度安排,就出现一管就"死",不管就"乱"的怪圈,最后导致学校失去办学活力。为破除束缚高等教育改革发展的体制机制障碍,完善中国特色现代大学制度,教育部等五部门于2017年4月出台了《关于深化高等教育领域简政放权放管结合优化服务改革的若干意见》(教政法〔2017〕7号,以下简称《意见》),针对高校管理中存在的一些问题提出了一系列的改进意见。《意见》明确提出:在高校学科专业设置、高校编制及岗位管理、高校进人用人环境、高校教师职称评审、现代大学薪酬分配、高校经费使用管理、高校内部治理等进行较为系统和全面的完善和改进。《意见》极大地激发了高校特别是职业高校发展的活力,为实施

产教融合、校企合作打下了坚实的基础。特别是在专业设置、高校用人环境等方面,学校可以根据自身发展规划、地方经济社会发展对人才的需求积极联合行业企业开设专业,实施高校教师与企业技术人员的互聘和合理流动。既解决了学校教师对企业生产一线技术人员的需求,又培养了行业企业发展需求的专业技术人才。学校办学自主权得到增强和保障,激发了办学活力。

(二)加快"供给侧"改革,提升服务经济发展水平

马克思主义经济学理论认为,任何一种生产,在其产品卖出以前,投入在这一生产过程中的劳动都只是个别劳动或具体劳动,只有当这个产品在市场上被消费者买走,这些个别劳动或具体劳动才转变为社会一般劳动或抽象劳动,凝聚在这个产品中的使用价值才实现了交换价值或价值,这一价值的转变被马克思比喻为"惊险的跳跃"。在社会经济中,作为供给的生产正是通过"惊险的跳跃"来创造需求的,或者说,能否完成"惊险的跳跃"是检验生产投资究竟是供给还是需求的首要标准。如果高等职业学校的学生被视为这一"产品"的话,很显然"惊险的跳跃"没有成功,至少没有完全成功。其主要判断标准是高等职业学校培养的技术人才能否被社会、企业行业所接受和认可,职业教育是否能够真正为社会经济发展提供人力资源帮助,或者说职业教育是否能够适应、把握和引领社会经济发展对技术人才的需求。

改革开放以来,随着我国经济社会发展对技术人才的需求,职业教育有了长足发展。但由于其"出身"不好以及中国传统的教育思想,仍然处于"上热下不热、校热企不热、官热民不热"的生存困境之中。内缺生源,外遭歧视,在夹缝中求生存,职校学生被视为正规教育的失败者和淘汰者;行业和企业与职业教育貌合神离,导致一方面职业教育招生困难重重,一方面技工荒不断告急。供给侧结构性改革是中央为适应和引领新形势提出的一项重大理论创新。职业教育作为国民经济社会发展中的一项重要准公共产品,应该围绕立德树人的根本任务,牢牢抓住全面提高人才培养能力这个核心点,改革职业教育人才培养模式,增加有效供给,最终实现人才培养和社会经济的良性协同发展。

(三)实施"产教融合",发挥企业办学主体作用

如果说"放管服"改革增强了高等职业学校的办学自主权,"供给侧"改革是对高等职业学校发展提出的要求。那么,实施"产教融合"便是国家为职业教育发展提供的"良方"。改革开放以来,我国职业教育事业蓬勃发展,为社会主义现代化建设培养输送了大批高素质应用型技术人才,为加快发展壮大现代产业体系做出了重大贡献。同时,受体制机制等多种因素影响,职业人才供给和产业需求侧在结构、质量上还不能完全适应,"两张皮"问题仍然存在。

发挥企业重要主体作用,促进人才培养供给侧和产业需求侧全方位融合,促进教育链、人才链与产业链、创新链有机衔接,成为当前推进人力资源供给侧结构性改革的迫切要求。为落实党中央、国务院关于教育综合改革的决策部署,深化职业教育、高等教育等改革,2017年12月,《国务院办公厅关于深化产教融合的若干意见》提出"逐步提高行业企业参与办学程度,健全多元化办学体制,全面推行校企协同育人",并明确要求"强化企业重要主体作用"。一是拓宽企业参与途径。鼓励企业以独资、合资、合作等方式依法参与举办职业教育、高等教育。通过购买服务、委托管理等,支持企业参与公办职业学校办学。鼓励有条件的地

区探索推进职业学校股份制、混合所有制改革,允许企业以资本、技术、管理等要素依法参与办学并享有相应权利。二是深化"引企入教"改革。支持引导企业深度参与职业学校、高等学校教育教学改革,多种方式参与学校专业规划、教材开发、教学设计、课程设置、实习实训,促进企业需求融入人才培养环节。推行面向企业真实生产环境的任务式培养模式。三是开展生产性实习实训。四是以企业为主体推进协同创新和成果转化。五是强化企业职工在岗教育培训。六是发挥骨干企业引领作用。2018 年 11 月,习近平总书记主持召开中央全面深化改革委员会第五次会议强调:要把职业教育摆在更加突出的位置,对接科技发展趋势和市场需求,完善职业教育和培训体系,优化学校、专业布局,深化办学体制改革和育人机制改革,鼓励和支持社会各界特别是企业积极支持职业教育。2019 年 4 月,国家发展改革委、教育部出台了《建设产教融合型企业实施办法(试行)》,规定:纳入产教融合型企业建设信息储备库的建设培育企业,省级政府要落实国家支持企业参与举办职业教育的各项优惠政策,实行定期跟踪、跟进服务、确保落地;结合开展产教融合建设试点,在项目审批、购买服务、金融支持、用地政策等方面对建设培育企业给予便利的支持。同时还规定:进入产教融合型企业认证目录的企业,给予"金融+财政+土地+信用"的组合式激励,并按规定落实相关税收政策。企业参与职业教育的主体作用日益被重视。

三、企业参与职业教育存在的主要问题

校企合作是职业教育改革和发展的重点和难点,是解决当前职业教育诸多问题的突破口。《国家中长期教育改革和发展规划纲要(2010—2020 年)》(以下简称《教育规划纲要》)提出要建立健全政府主导、行业指导、企业参与的办学机制,制定促进校企合作办学法规。如何破解校企合作的瓶颈问题是真正实现产教融合的关键。

(一)企业参与内生动力不足

实施产教融合、校企合作,对于校企双方来说,"利益"仍是双方合作的最大驱动力量。在实践过程中,由于校企合作双方责权利不够明确,有关法制建设尚待完善,政府激励政策有待落实,没有形成以市场为基础的合作机制等因素,导致企业参与职教的积极性不高,不足以形成对企业的有效激励,致使企业办学和参与职业教育的动力不足。主要表现在校企合作"一头热""走不远"和产教融合"两张皮"等问题,这是校企双方在利益取向上存在"学校本位"与"企业本位"的弊病。"学校本位"是教育体系封闭、自娱自乐、自身价值不能赋能企业;"企业本位"是企业对投入与产出未达到预期。

1. 校企合作"一头热"问题

在国家转变经济发展方式的新形势下,高等职业学校以高度的使命感和责任心,不断探索和创造新的产教融合、校企合作模式。但总体上看,企业在职业教育中主体作用还没有得到充分发挥,校企合作依然是"剃头挑子一头热"。大多是因为没有保障机制,企业无法达到合作预期,大多企业积极性不高甚至有抵触情绪。校企合作还存在着权责不清、信任缺失等问题。虽然国家、地方政府出台了促进产教融合、校企合作的一系列文件,对企业提出支持和参与职业教育的方式、方法以及途径进行了明确的规定,但由于缺乏法律和实施制度的依托,企业参与职业教育的积极性依然不够。2018 年 2 月,教育部等六部门印发《职业学校校企合作促进办法》(教职成〔2018〕1 号)明确提出:"企业应当依法履行实施职业教育的义

务,利用资本、技术、知识、设施、设备和管理等要素参与校企合作,促进人力资源开发。"并要求:"企业开展校企合作的情况应当纳入企业社会责任报告。"同时,第二十一条还明确提出:"企业因接收学生实习所实际发生的与取得收入有关的合理支出,以及企业发生的职工教育经费支出,依法在计算应纳税所得额时扣除。"即便如此,在产教融合、校企合作中仍存在"上热下不热、官热民不热、校热企不热"等诸多难题。

2. 产教融合"两张皮"问题

实施产教融合、校企合作已成为全社会的共识,也是我国现时代职业教育发展的基本方略。要发展现代职业教育体系,需要调动社会多方力量尤其是企业的全面参与。深入推进产教融合、校企合作是办好职业教育的关键所在,合作各方需要秉持资源共享、风险共担、互惠共赢的理念。但由于合作双方在"学校本位、企业本位"的思想指导下,各顾自己的眼前利益,导致校企合作类型单一,缺乏深层次融合,基本以校企契约型和半工半读(工学交替)型为主,企业多是想利用学校的人力资源以节约生产或销售成本。合作双方多从自身利益出发,导致在合作形式、人才培养、课程开发、双师队伍建设、技术转化、技术研发等方面找不到合适的契合点,合作名存实亡,合而不作。

3. 校企合作"走不远"问题

产教融合、校企合作是保证职业教育健康发展的生命线,办好职业教育不仅是学校的事,也是企业的事。在《现代职业教育体系建设规划(2014—2020年)》中也提出鼓励企业举办或参与举办职业院校,坚持产教融合发展,到2020年,大中型企业参与职业教育办学的比例要达到80%以上,这个目标显然没有实现。其主要原因是校企合作"走不远"的问题。由于体制问题导致合作形式受限,合作运行机制不畅,有效资源无法整合,没有把企业的生存和发展与职业教育的人才培养很好地"捆绑"在一起,没有形成"命运共同体",无法获得共赢,有亲无爱,企业缺乏参与职业教育的内生动力。

近年来,政府在鼓励和引导校企合作方面取得了一定成绩,但一些深层问题尚待突破。这些问题包括:如何转变高等职业学校封闭办学模式,推动人才培养和社会实践相衔接、人才供给和市场需求相适应?如何深化产教融合发展,调动行业企业参与的内生动力,让企业的投资利益得到有效保证?如何落实企业发展职业教育的职责,切实为企业转型升级提供技术、人才支撑?如何创新职业教育模式和人才培养方式,提升高职业学校服务企业和社会经济发展能力?这些都是要在实施产教融合、校企合作中破解的关键问题。国家有关部门虽然出台了很多促进校企合作的政策,但这些政策大多是原则性的,没有可供落地实施的细则,导致政策空转,难以起到应有的作用,导致合而不融、融而不深,无法形成合力。

(二)校企合作的产权管理

实施产教融合、校企合作主要是在资本、技术、知识、设施、设备和管理等要素之间进行,而公办职业院校的国有属性,使其土地,投资建设的房屋,购置的教学仪器、设备、实验器材等都属于国有资产,国家对其有明确、严格的规定。由于职业院校的资产是国家所有,学校仅具有占用和使用权。学校都设有资产管理部门,在实施产教融合、校企合作中要进行严格的申报程序,甚至跨部门审批、备案,结果导致职业院校在与企业的合作中,显得畏首畏尾,左右为难。如利用学校的土地、厂房、教学设备等国有资产与企业合作办学,都必须报上级相关主管部门审核、审批,甚至要按照程序进行招标才能实施,这显然在一定程度上阻碍、限制了职业院校选择企业进行合作办学。如2018年12月26日,财政部《关于进一步加强和改进行政事业单位国有资产管理工作的通知》(财资〔2018〕108号,以下简称《通知》)第五条规定:"要严格执行资产出租出借和对外投资管理的规定,履行相应的报批程序。严禁违规出租出借办公用房。出租房屋等资产原则上实行公开竞价招租。"第七条规定:"行政事业单位国有资产处置收入和行政单位资产出租出借收入,要按照政府非税收入管理和国库集中收缴制度的有关规定,在扣除相关税费后及时上缴国库,实行'收支两条线'管理。事业单位对外投资和出租出借收入,要纳入单位预算,统一核算、统一管理,严禁形成'账外账'和小金库。"从《通知》来看,公办学校很难拿出资源如土地、房屋、设备等要素与企业开展合作。即使可以,也难以达到有关条款的规定要求。如,实施校企合作的企业对象,是高等职业学校根据国家产业政策、市场需求、专业建设、培养目标以及自身发展规划等多种因素确定,学校对合作企业的选择根本无法通过"招标"来完成。无疑在很大程度上阻碍了校企双方的合作,为实施产教融合、校企合作带来了很大的不便。

(三)职业教育改革政策落实

2014年6月,习近平总书记在全国职业教育工作会议上,要求各级党委和政府把加快发展现代职业教育放在更加突出的位置,更好支持和帮助职业教育发展。由此看来,党中央把发展职业教育摆在了前所未有的高度,先后做出一系列重大战略部署和制度安排,不断丰富和完善顶层设计,为加快推进现代职业教育发展指明了方向。习近平总书记等党和国家领导人多次就职业教育作出重要指示,深入职业学校考察,对广大职校学生提出殷切期望,在全社会产生了极大的影响。社会各界和人民群众对职业教育大政方针的认同度不断提高,职业教育的发展环境得到了全面改善。党的十八大以来,国家出台了一系列发展职业教育的政策举措,打出了一套全方位改革和发展职业教育的"组合拳",以促进产教融合、校企合作的实施。我国职业教育掀起了波澜壮阔的大改革、大发展局面,成绩有目共睹,职业教育在国民经济社会发展中的重要作用不断增强。深化产教融合、校企合作,已成为推进人才和人力资源供给侧结构性改革的一项重要方针和制度安排。校企合作政策不断丰富,政策的权威性不断增强,政策制定主体的多元化特征逐渐形成。但由于体制机制、社会环境等因素,职业教育的发展仍然存在一定的约束和束缚,具体表现为:政策有冲突、法制难保、地方缺配套,政策落地有困难,体制机制有壁垒,职业教育改革发展仍存在制约。如何才能保证这些改革措施落地、改革目标能如期完成? 特别是如何把"推进《国家职业教育改革实施方案》的落实将是当前和今后一个时期的中心工作任务"这一目标实现,关键在细则与落实,仍有很多工作要做。如《中华人民共和国职业教育法》的修订,土地、规划、税收、资产、金融等相关部门出台切实可行的"政策包",增加企业参与高等职业学校建设的积极性;建立有效协同治理体系,保障政策有效落实,实现职业教育校企合作长效机制。

第二节　产业学院建设的目的和意义

推动现代职业教育高质量发展,深化产教融合、校企合作,增强职业教育适应性,是新时代职业教育的主题和使命。2014年国务院印发的《关于加快发展现代职业教育的决定》提出,"探索发展股份制、混合所有制职业院校",这为产业学院概念的提出奠定了基础。2020年,《现代产业学院建设指南(试行)》从指导思想、建设目标、建设原则、建设任务、建设立项等方面进一步明晰了产业学院的样态,产业学院应运而生。

一、产业学院的基本内涵

(一)产业学院的基本概念

目前,学术界对现代产业学院本质内涵尚没有统一的理论认知,现代产业学院概念的解读呈现多样化的情形。传统的产业学院往往是指高职院校校外合作实践教学基地,而现代产业学院是在政府相关政策支持下,立足产业高端和高端产业,由普通高校或高等职业院校与其他利益相关者,依托各自优势资源而联合建设的混合型育人实体组织,实现了学校和其他利益相关者协同育人的机制和模式的创新。因此,现代产业学院已具备组织、产业和专业属性,这些构成了现代产业学院的现代性本质内涵。

在现有的研究成果中,对于产业学院内涵的界定和阐释很大程度上来源于对实践经验的总结和对相关政策文本的解读。比较典型的有:产业学院实际上就是"企业大学",或是一种"校企产学研一体化深度合作、互动双赢的校企联合体",或是一种"合并融合型的产学合作发展模式",或者是"面向产业集群的高职教育模式"。不同的内涵界定出于不同的视角,但均脱离不了几个关键要素:产业、多元主体与多元功能。从服务面向上看,产业学院主要服务于区域重点产业、优势产业或产业集群;从组建模式上看,现有的大多数产业学院都是在政府的推动下,由职业院校、行业协会、产业集群内的企业特别是龙头企业以及产业园区等多方主体共同建设,实现资源的优化整合与共建共享,其合作的性质最终应走向彼此间的深度嵌入与融合,而非简单的联盟或合作;从功能上看,主要体现在人才培养培训、技术研发与技术服务、成果的转化与应用等,通过与企业联合进行专业人才培养培训为产业集群发展提供符合需求的人力资源供给,通过校企联合技术研发,为企业提供技术服务,促进企业技术创新,推动产业集群转型升级;从性质上看,产业学院作为一种新型产教深度融合的育人组织形态,既是办学模式的创新、人才培养模式的创新、校企深度融合模式的创新,也是一种教育组织和管理模式的创新;从其产生与发展的逻辑来看,产业学院是基于产业逻辑、教育逻辑和专业逻辑相结合的产物。

由此,我们可将产业学院的基本内涵界定为:以区域特色或优势主导产业或支柱产业集群为服务对象,以高职院校相关专业或专业群建设为基础,政府、院校、行业企业、产业园区等多元主体共建共享资源,集人才培养与培训、技术研发、社会服务等多功能于一体的一种新型产教深度融合的育人组织形态。它具有明显的区域根植性、创新导向性、资源共享性及产业嵌入性等特征,完美诠释了"产"与"教"的融合。

(二)产业学院的主要功能

现代产业学院既不具有法人资格,也不是高等学校的专业教学学院,而是依托高校二级学院或其所属专业、专业群,面向特定产业发展需要,与地方政府、行业企业等多主体共建共管共享的平台型办学实体。

1. 要素融合的共同育人

育人是现代产业学院的根本职能,要突出其独特的育人风格和模式,实现人才供给侧和需求侧的紧密对接,教育资源和产业资本的深度融合。行业企业与学校共同制订人才培养目标和规格,协同培养高素质应用型和技能型人才,重视学生实操能力培养质量,塑造学生创新品格和主动解决生产过程复杂问题的责任意识,以满足区域产业新旧动能转换和产业创新发展需求。学校要立足专业人才培养优势,以产业链和创新链对接为原则,增强专业建设的适应性,形成育人质量高和育人特色鲜明的专业集群,在"专业+产业+职业"上完成结构性的精准匹配,提升人才对区域经济社会发展的贡献率。学校和企业共同建设高质量的师资队伍,校企实现优势互补,允许人才双向流动,学校和企业的优秀教师和员工共同开展教学工作,打造结构合理的"双师"师资队伍。校企双方充分利用各自优质资源,建设功能齐全的跨学科、专业和部门的实践教学基地和创新创业教育基地。以行业最新标准、企业技术、工艺流程和管理经验为重要参考,迭代更新课程教学内容,行业企业深度参与学校专业课程和教材的开发建设,使课程结构和内容获得重构、优化和改革,实现学生学习内容与产业发展深度融合。以企业生产线的真实项目为依托,创新教学方法,使学生经历真实性、情境性、体验性和实操性的学习过程,提升他们的学习兴趣。重视学校和企业联合评价,突出学生的项目创新成果和表现,全面考核学生的综合能力。

2. 知识积累的联合创新

产业技术革新和知识持续积累是现代产业学院的重要使命,因此,组织的知识型、学习型和创新型是知识积累和市场效益实现的关键性要求。首先,以联合科技创新为载体,发挥企业主导性作用。企业主动联系学校,在产业转型升级、发展方向和目标上联合开展科技创新和成果转化。根据校企各自的比较优势,将区域产业转型升级的共同性技术难题,作为现代产业学院联合的科研攻关任务,实现知识和资源的高质量对接、流动和融合,使人才链、产业链和创新链深度融合。其次,形成共享成果和共担风险的机制,建设高水准的平台和团队。根据现代产业学院育人和服务产业发展需要,现代产业学院可以设置科研、技术和工程中心,高效配置资源,激活产业发展和技术创新的连接机制。现代产业学院独特的组织,可以缩短校企空间距离,打破阻碍人才流动的壁垒和校企价值追求的差异,拓展学校和企业合作的广度和深度。最后,现代产业学院要实现人才培养、产品开发、技术革新和理论研究的互通互促。现代产业学院要深化校企合作深度,联合完成人才培养和科学研究任务,共享知识创新所产生的效益,合力推动科技成果转化,通过知识赋能培育和壮大优势产业集群,通过产业知识的传播培养高端技术技能型人才,直接服务区域产业转型升级。

3. 价值创造的利益共享

现代产业学院是不同属性的组织以深度融合方式形成的混合型组织,价值创造所带来的利益分享应该是透明的。价值创造和利益分配的合理性是现代产业学院成为互益性组织的前提。高质量化解相关利益主体的利益矛盾和冲突以及服务参与各方共同利益是现代产业学院的基本职能和重要使命。在现代产业学院中,每个利益相关者都应该获得各自所需的核心利益,这是实现利益共享的基础性条件。目前,利益分配是产教融合和校企合作的最大短板,而学校、企业和行业保护自身利益的意愿都很强烈。参与现代产业学院的企业要承担社会责任,而企业承担社会责任的意愿程度往往与其获得利润的多少有关联性。如果企业在参与现代产业学院建设过程中,不能获得预期利益,那么它们参与现代产业学院建设的意愿将会大大降低。现代产业学院作为校企合作的新机制和新载体,应该最大化满足企业对利润的合理诉求,保障每个参与者的经济效益和社会效益的合理平衡,增强各参与主体适应外部因素干扰的能力,使产教融合产生倍增效应,释放和激活现代产业学院育人的潜在效能。

(三)产业学院的主要特征

1.功能聚合性

"聚合"是任何平台类组织都具有的基本功能,而现代产业学院的功能则在于聚合政府、企业、高校以及科研院所、社会团体等机构的办学资源,共同创建一个全新的育人环境,实现应用型人才供给侧与需求侧的紧密对接。

2.资源共享性

"共享"是近年来兴起的一种新型经济形态。现代产业学院以其强大的平台功能,将地方政府、行业协会、企事业单位等人才的纯"消费者"转变成人才的"产消者"甚至"培养者"。这种身份的转变减少了产教双方的信息不透明、地位不对称现象,真正实现了人才培养的资源共享、信息共享和成果共享。

3.运行机制化

"机制"是组织各要素之间的结构关系和运行方式,因此"机制化"即是制度化,组织所通过的计划、议案和决定等对其成员具有约束力甚至法律效力。现代产业学院以完善的组织机构和体系化的规章制度,凝结产教各方的共同价值和利益诉求,有效提升了行业企业对人才培养的话语权,进而实现了信息、人才、技术与物质资源的共享共用,推动了高等教育与产业集群的联动发展。

二、产业学院建设的目的

"产教融合"是世界高等教育共同面临的课题。党的二十大报告强调,"统筹职业教育、高等教育、继续教育协同创新,推进职普融通、产教融合、科教融汇,优化职业教育类型定位"。教育部、工业和信息化部联合发布的《现代产业学院建设指南(试行)》从七个方面提出产业学院的建设任务。总结起来主要集中在以下几个方面。

(一)增强职业学校办学活力

在现代产业学院建设过程中,要强化高校、地方政府、行业协会、企业机构等多元主体协同,高效整合各方的创新要素和资源,推进共同建设、共同管理、共享资源,实现优势互补、合作共赢。要围绕国家和地方确定的重点发展领域,突出高校科技创新和人才集聚优势,充分发挥企业在实践育人方面的优势,着力创新人才培养模式、提升专业建设质量、开发校企合作课程、打造实习实训基地、建设高水平教师队伍、搭建产学研服务平台、完善管理体制机制。根据国家产业政策和市场需求变化,不断优化专业结构,增强办学活力,切实在专业设置、培养方案制定、课程开发建设、产学研合作、社会服务、创新创业等方面发挥作用,助力区域经济高质量发展。

(二)完善校企协同育人机制

深化产教融合的主要目标是逐步提高行业企业参与办学程度,健全多元化办学体制,全面推行校企协同育人。要充分调动企业参与产教融合的积极性和主动性,强化政策引导,鼓励先行先试,促进供需对接和流程再造,构建校企合作长效机制。现代产业学院建设为高校"打开门"办学、突破传统路径依赖提供了重大机遇,为高校充分发挥专业优势、重塑校企关系、开拓发展空间提供了新平台。行业特色鲜明、与产业联系紧密的高校尤其是应用型高校,应瞄准与地方经济社会发展的结合点,聚焦制造强国建设、"一带一路"建设、乡村振兴、构建"双循环"的发展新格局等重大战略,面向产业转型发展和经济社会需求,立足学校专业特色和科研优势,加快现代产业学院建设。要积极探索教育链、人才链、产业链和创新链的有效衔接机制,促进课程内容与技术发展衔接、教学过程与生产过程对接、人才培养与产业需求融合,创新产教深度融合、多方协同育人的应用型人才培养模式。

(三)发挥企业重要主体作用

实施产教融合、校企合作,是国家发展职业教育的基本方略,企业作为产教融合的参与者发挥着不可代替的作用。产业学院作为校企合作、产教融合的重要形式在职业教育中的作用得到高度重视,企业在人才培养中的话语权得到加强,为职业教育的发展起到不可估量的作用。

国务院《关于加快发展现代职业教育的决定》(国发〔2014〕19号)指出:"研究制定促进校企合作办学有关法规和激励政策,深化产教融合,鼓励行业和企业举办或参与举办职业教育,发挥企业重要办学主体作用。"国务院印发《国家职业教育改革实施方案》(国发〔2019〕4号),文件要求:"发挥企业重要办学主体作用,鼓励有条件的企业特别是大企业举办高质量职业教育,各级人民政府可按规定给予适当支持。"从国家顶层设计层面明确并强化了企业在职业教育改革与发展中的重要地位及所应发挥的主体作用。校企利益共同体育人模式不是普通育人模式的修补,而是有着自身的重点和突破。除了要落实教学车间的建设与实践教学,实现学生双身份、教学双场所、课程双教师、实践双指导的"双主体"以外,还要进行企业项目的教学化改造,建立应用技术研究与创新机制,重建人才培养质量评价与保证体系。总之,要体现在育人的各个环节。企业参与职业教育并发挥主体作用是由职业教育的属性、特征、运行机制等所决定的,同时也是企业自身内驱力量及外部推动力量共同作用的结果。发挥企业的主体作用就是要在相关法律与制度保障下,让企业能够成为真正意义上的职业教育办学主体、投资主体、培养主体、管理主体及评价主体。

三、产业学院建设的意义

产业学院是职业教育共同体的一种组织形式,其目的是融合市场资源和企业资源,实现教育链与产业链的连接。产业学院坚持育人为本,以提高人才培养能力为核心,推动学校人才培养供给侧与产业需求侧紧密对接。以产业需求为前提,强化"产学研用"体系化设计,增强服务产业发展的支撑作用。着力打造互补、互利、互动、多赢的实体性人才培养创新平台。充分发挥高校与地方政府、行业协会、企业机构等多方办学主体作用,加强区域产业、教育、科技资源的统筹和部门之间的协调,实现共建共管共享。

(一)有效构建校企命运共同体

职业院校以同一专业大类或同一专业群为主体,产业以龙头企业为代表,双方共同组建产业学院,产业学院成为产教融合的基本单元,成为校企共建共享的基础性平台。产业学院的教学和管理人员由校企双方按一定比例互派,产业学院的机构设置、制度设计、职责分工、建设规划等由双方共商共议。校企双方在专业规划、教材开发、教学设计、课程设置、实习实训等方面共同谋划,将企业需求融入人才培养各环节,真正做到产学研一体化,形成了休戚与共的利益共同体、发展共同体和命运共同体。

(二)实现人才培养与产业发展有效融合

产业学院作为校企双方利益共建共享的合作平台,能够精准把脉企业和产业需求,让市场在产业学院的专业设置、资源配置中发挥决定性作用。在所有制结构改革遭遇阻碍、产权无法完全明晰的情况下,在校企双方不同的治理结构、管理制度、运作模式下,建立起共同育人、合作研究、资源共享和创新发展的新体制、新机制,形成"风险共担、利益共享"的技术联合体,进而形成"一体化"的运作样态。所谓"一体化"是指多个原来相互独立的主权实体通过某种方式逐步在同一体系下彼此包容,相互合作。产业学院的"一体化"运作主要以专业群为支撑,通过专业群建设实现专业设置与产业需求、课程内容与岗位标准、教学过程与生产过程、实训基地与企业现场等的有效对接,更好地满足产业转型升级、持续发展的需要,构建起功能与目标高度一致的组织结构。

(三)提升职业学校服务产业发展水平

职业院校通过对现有专业的产业化改造,使之成为与区域支柱产业、战略性新兴产业配套的专业群,再围绕产业链、创新链的核心需求和关键技术,联合行业龙头企业、领军企业,共建特色产业学院,形成共建共享、稳定持续的合作模式。以围绕产业链打造专业链的方式实现学科与专业的重构与优化,以围绕创新链优化人才链的方式实现内容与形式的革新与超越,最大限度地激发产业学院的办学活力和教学效能,使校企之间的合作从原先的点状分布升级为全面融合,从原先的"相敬如宾"发展为"共同主人",这种合作并不是简单的利益之合,更多的是理念之合、责任之合、发展之合、命运之合,这也为产业学院组建后的优质高效运行奠定了坚实基础。

第三节　产业学院建设实施与管理

一、产业学院建设的原则

2020年7月,教育部办公厅、工业和信息化部办公厅印发《现代产业学院建设指南(试行)》,明确指出产业学院建设原则,一是坚持育人为本。以立德树人为根本任务,以提高人才培养能力为核心,推动学校人才培养供给侧与产业需求侧紧密对接,培养符合产业高质量发展和创新需求的高素质人才。二是坚持产业为要。依托优势学院专业,科学定位人才培养目标,构建紧密对接产业链、创新链的专业体系,切实增强人才对经济高质量发展的适应性。突出高校科技创新和人才集聚优势,强化"产学研用"体系化设计,增强服务产业发展的支撑作用,推动经济转型升级、培育经济发展新动能。三是坚持产教融合。将人才培养、教师专业化发展、实训实习实践、学生创新创业、企业服务科技创新功能有机结合,促进产教融合、科教融合,打造集产、学、研、转、创、用于一体,互补、互利、互动、多赢的实体性人才培养创新平台。四是坚持创新发展。创新管理方式,充分发挥高校与地方政府、行业协会、企业机构等双方或多方办学主体作用,加强区域产业、教育、科技资源的统筹和部门之间的协调,推进共同建设、共同管理、共享资源,探索"校企联合""校园联合"等多种合作办学模式,实现现代产业学院可持续、内涵式创新发展。

结合实践,校企共建产业学院要充分发挥高校、地方政府、产业主管部门、行业协会、企业等各方办学主体作用,建立校地互动、产教融合、校企合作的管理体制与运行机制,推行多个办学主体共同建设、共同管理、共同育才、共享资源、共担责任的管理体制,最终实现多方共赢、互惠互利,重点注意以下四个方面。

(一)筑牢主体间的利益关系

除高等职业学校和企业之外,产业学院建设的可能主体还包括地方政府企业、行业协会等,但实际运行中地方政府、行业协会在产业学院的建设中并无直接的利益支撑,相反是为校企深化产教融合提供政策支持和服务的非利益主体。因此,实践中优化产业学院的建设路径,只需筑牢校企之间的长久利益链,就能保证产业学院具备存在的价值基础,其中最直接的利益关系在于实现二者在人才培养上相互依存。如企业应通过产业学院积极参与高等职业学校高素质技术技能人才培养全过程,发挥人才、技术、设备优势,与高等职业学校共建教学科研团队、共同开发人才培养方案和教学标准、共建课程教学资源,为高等职业学校提供基于职业场景的实训和培训基地,能全面优化职业院校人才培养质量。高等职业学校通过产业学院保障技术技能人才培养契合产业技术的发展方向、企业岗位的标准,为企业培养接近员工标准的高素质人才;支持教师成为企业培训师、技术合作项目负责人或骨干,帮助企业拓展、优化人才结构。基于人才发展互利,校企之间能够构建相互依存的需求关系,为产业学院织牢主体间的利益链、拓展其他合作空间打下稳定的基础。

(二)保障产业学院长期运行

营利属性和利润"标尺"是影响企业是否长期、实质参与产教融合的根本因素,不深入的产教融合一定程度上增加企业成本、干扰生产秩序,却不能为企业带来直接利润,往往限制了企业合作积极性。因此,高等职业学校推进产业学院建设必须注重创生利益、实现共赢,加强产业学院的"造血"功能,不断增强参与主体通过产业学院获取显性经济利益和隐性社会利益的能力。所谓显性经济利益,即产业学院运营直接获取的经济利益,如通过共建生产性实训基地,将学生无序的、消耗型教学行为升格为有序的、企业生产行为,以生产合格的企业产品直接获取经济利益;通过共建企业职工培训基地、职业院校"双师型"教师培训基地,面向其他企业职工及职业院校教师开展培训以获取培训收入;通过共建应用技术研究院,开展科研攻关和技术创新,为其他企业解决生产技术难题、优化生产工艺,实现科研成果转化应用,以知识产权创生经济利益。隐性社会利益主要表现为社会效益,表现为通过产业学院客观实现企业职工素养提升、生产效率提升、生产成本降低所产生的效益,高等职业学校优化人才培养质量获得学生家长认可、帮助企业解决生产技术难题、优化生产工艺所获得的社会声誉等。产业学院只有促进参与主体不断获得显性的经济利益和隐性的社会利益,才能持续维护主体间的利益链以实现长期运行。

（三）治理构建明晰的权责关系

基于非法人身份地位，产业学院无法脱离高等职业学校而独立运营，为保障各参与主体的相关利益，需要各主要利益主体遵循契约精神完善产业学院的外部治理，即在现有法律及政策规定的基础上，以平等的民事主体身份，通过合同约定明确各自的权责利益。一是在产业学院成立之前，即通过合同约定明确产业学院建设资金、土地来源、出资形式及资金的管理使用制度，明确各参与主体之间的经济责任和产权归属，避免后期产生权属分歧。二是在产业学院建立之后，为推进具体建设任务，应通过合同约定各主体承担的具体责任和义务，明确完成任务的时间期限、违约责任，形成建设任务督促机制。三是在产业学院具备经济盈利能力的情况下，基于各主体投入、职责等因素，通过合同约定收益的分配。以契约精神构建产业学院明晰的权责体系，核心是通过合同方式督促和约定各参与主体履行义务、行使权利、承担职责，制衡和约束各投资方以自身为中心的管理模式和实际行为，最终建立符合产业学院内在属性的决策自主、执行高效、监督制衡的治理制度框架。

（四）多元协同高效的治理体系

为保障产业学院高效运行，合作各方需构建多元主体协同的高效治理体系，包括构建产业学院的主体协同治理机制和基于产业学院二级学院身份的治理机制。主体协同治理机制核心是成立实体意义的理事会，理顺产业学院的外部治理机制，真正发挥理事会作为产业学院咨询和决策机构的职能，负责审定产业学院理事会章程、发展规划、重大建设方案和改革事项，审议产业学院内部组织管理机构和重要管理制度，任命产业学院领导班子负责执行理事会管理决策。基于产业学院二级学院身份的治理机制即理顺基于高等职业学校的二级学院治理权对产业学院的管理体制，核心是突出放权监督，保障产业学院相对独立性，如明确产业学院可根据发展需要自主设置内部机构，根据专业群建设发展需要设置专业系部，根据发展需求自主聘用项目工作人员；切块划拨生均经费，以产业学院学生人数为基数，按学费收入的一定比例划拨产业学院全年运行经费，包干用于产业学院常规工作、专业建设、校企合作、师资队伍建设等；在学校基本账户之外，为产业学院设立专门账户，配置专门财务管理人员，统一办理收支业务等，保障产业学院财务相对独立。

二、产业学院建设标准

（一）合作企业的选择

1. 具有职业教育情怀

企业本质上是以经济活动为中心、追求经济效益。它也不同于政府和学校等组织，它是商品生产者或经营者，是市场的主体，其主要活动是面向和围绕市场进行，以赢取利润为直接、基本目的，追求资本增值和利润最大化。一般来说，只有那些有情怀、有格局、有社会责任的企业才会真心来举办或参与举办教育。这样的企业愿意加大在资本、技术、知识、设施、管理等方面的投入，愿意通过设备捐赠、订单培养、共建实训基地、共享知识产权等发挥自身办学主体作用，从而推动形成校企命运共同体。因此，学校要选择有教育情怀、愿意开展实质性合作的企业。

2. 具有人力需求的生产型企业

从产教融合的发展过程看，学校开始选择相应的企业，要与企业生产过程进行对接，努力让学校教育教学与生产劳动、素质养成、技能提升、科技研发、经营管理和社会服务于一体。其本质是以对接产业发展为先导,以系统培养技术技能人才为重点,强化实践教育,打破藩篱分割,实现校企双方实质性的合作育人。

3. 具有兼具生产和育人的技术人才队伍

产业学院建设,以强化学生职业胜任力和持续发展能力为目标,以提高学生实践专业技能和创新能力为重点。通过校企双方创新人才培养方案、课程体系、方式方法、保障机制等,促进课程内容与技术发展衔接、教学过程与生产过程对接、人才培养与产业需求融合。引导行业企业深度参与教材编制和课程建设,设计课程体系、优化课程结构。加快课程教学内容迭代,关注行业创新链条的动态发展,推动课程内容与行业标准、生产流程、项目开发等产业需求科学对接,这就要求合作企业具备一支兼具生产和育人的技术人才队伍。

(二)"五好"课堂标准

产业学院建设的目的就是通过深化产教融合、校企合作,建立校企共同育人机制,提高职业教育质量和适应性。产业学院建设充分发挥了企业在职业教育中育人的重要主体作用,其重要特色就是把专业建在产业园区,把课堂建在生产线上。在企业的真实生产环境、项目中进行人才培养,通过做中学、学中做来完成专业学习。这样一来对产业学院的课堂建设就有了新的要求,即要达到"五好"标准。学生在企业生产一线课堂学习生活,不同于在学校,这不仅仅是空间的变化,而是校企之间的融合,学生在开始的时间并不一定能够完全接受这种近似于"做工"一样的学习方式。一是吃得好。企业生产线场应具备独立、卫生的餐饮条件;二是住得好,企业生产一线应具备较好的住宿条件,经常开展丰富的校企结合的文化活动,让学生更好地融入企业,认同企业价值;三是学得好,企业应为学生在生产一线学习创造好的条件,提供真实生产项目、真实岗位,让学生真正学习到企业需要的专业技术;四是练得好,学生可以通过企业真实项目、岗位进行实岗锻炼;五是创新创业好,有利于学生跟着企业研发人员学习创新意识,跟着企业家学习创业本领,让创新创业教育融入人才培养全过程。

(三)"三转、三即"目标

1. 三转

实施了企业生产资源转化为教学资源,教学资源转化为人力资源,人力资源转化为企业生产资源(三转)落地路径。以企业为逻辑起点,经过三个转化,再回归到企业中去,形成类型教育人才培养的逻辑闭环。依托真实的企业场景,在企业真实的生产功能上叠加教学功能,建设线场课堂、开发岗位订制线场课程,将生产资源转化为教学资源,形成了企业订制化、培训培养一体化和数字化的类型教育课程体系。学习者在企业岗位上学知识练技能,提升岗位职业能力,使教学资源转化为人力资源。通过个人能力画像与企业岗位画像的匹配,挑选意向企业或接受企业入职邀请,入职企业,转化为企业的生产资源。

2. 三即

构建入学即入职,学习即上岗,毕业即就业模式。学习者通过选择企业提供的典型岗位进行岗位测试,选择一个或多个典型岗位,获取个性化的学习方案(一生一课表);通过完成企业真实岗位工作任务,解决岗位真实问题,学习岗位课程,工作中学习,学习中工作,实现上岗式学习;达到岗位能力要求后,借助学校合作企业的产业链优势,从企业工作邀请中挑选岗位,实现高质量就业创业。

三、产业学院的管理

(一)机构设置

1. 理事会(管理委员会)

产业学院根据发展和管理需要,一般设立理事会(管理委员会),实行理事会(管理委员会)领导下的院长负责制。理事会或管理委员会是产业学院的决策机构,由合作学校、企业按照约定人数组成,主要审核产业学院的发展规划,审定人才培养方案、任免产业学院人事任免等重大事件。

2. 组织建设

产业学院设立党总支或党支部,隶属于学校党委,党组织负责人一般由学校任命,主要负责产业学院思想政治教育工作。

(二)产权管理

1. 人的管理

即双方投入产业学院的人力资源,由合作各方组建的管理团队实施全面管理,合作各方投入产业学院的管理、技术人员等按照产业学院分工承担管理、教学、科研、生产等任务,实施双岗双聘。

2. 物的管理

合作各方为共建产业学院投入的土地、建筑、设施设备(以上均为使用权)等,在所有权不变的情况下,均由产业学院的管理团队实施全面管理并负责日常维护。同时,产业学院在对物的使用时必须按照双方共建产业约定的范围、方式等使用,不得超越双方约定的适用范围。

3. 经费的管理

由合作各方投入产业学院的办学经费,依据约定由校企双方各自投入。其中学校投入的经费,按照国家有关规定和学校财务管理制度实施,企业投入的经费按照自身财务管理规定实施。

4. 无形资产的管理

这里主要指对共建产业学院校企双方的校名校誉、企业的商誉、专利、著作等无形资产的管理。对于无形资产的管理,合作各方必须按照约定的方式、范围使用,对于能够直接产生经济效益的无形资产,如专利、著作以及成果转化等,必须按照约定执行。

(三)运行机制

1. 产教融合

加快实现专业设置与产业结构、课程内容与从业能力、教学过程与生产实践、科技研发与企业技术创新的有效对接,建立行业企业深度参与高校专业建设和人才培养的新机制。按照专业对应岗位(群)的知识能力素质要求,校企联合制定专业建设方案和人才培养方案,重构课程体系、开发新型课程、更新教学内容、创新教学方式与考核方式,共同实施教育教学、共同评价培养质量。

2. 人才培养

学校和企业共同制定专业人才培养方案,校企主持方案制定,依据制定人才培养方案,确定方案基本框架和内容;合作企业根据产业发展前景和岗位需要提出人才培养规格、课程设置和实习实训安排等。

3. 教学管理

为了实现培养目标,保证产业学院教学顺利开展,要根据生产和人才培养方案,严格执行产业学院各项规章制度,对学生进行实习前培训和教育,使学生明确基地学习目的、任务、方法和考核办法。教学管理组每学期对基地学习和实习实训情况进行集中检查。

4. 质量监控

产业学院根据专业人才培养目标和教学体系,以任务为驱动,以项目为导向,以提高学生传媒职业技能与素质为目标,制定具有专业特色的教学计划和实习课程标准,包括教学大纲、教学实施方案、专业实习实训大纲和顶岗实习方案等。由委员会教学督导组对教学和实习教学质量进行监控。

5. 评价与管理

校企双方共同制定课程和实习实训考核方案,共同确定具体考核标准。考核试卷和作业接受教学管理组检查,并及时上报学校统一存档。考核成绩管理要符合学校相关规定要求。

(四) 保障措施

1. 经费保障

产业学院的办学经费由共建各方共同承担。学校根据协议约定,将产业学院办学经费依据学校财务有关规定单独预算,按照支出范围、方式、比例、管理权限等纳入产业学院统一管理。企业投入经费方式、数量、适用范围、支出方式等由企业按照其财务管理规定投入产业学院。

2. 制度保障

产业学院为非法人性质学校二级单位,独立管理。根据学校人才培养和企业生产需求,建立校企融合的管理体系和组织机构。形成以理事会章程或管理委员会章程为依据的制度体系。

第二章 产权托管型产业学院建设

第一节 产权托管型产业学院的基本特征

一、基本概念

（一）产权托管

托管管理，一般是指托管经营，即出资者或其代表在所有权不变的条件下，以契约形式在一定时期内将企业的法人财产权部分或全部让渡给另一家法人或自然人经营。由于托管这一方式能够在不改变产权归属的前提下，直接开展企业资产的重组和流动，从而有效地回避了企业破产、购并中的某些敏感性问题和操作难点，是现有条件下推进国有企业改革的有效模式之一。从托管的主体和客体(标的物)性质来看，常见的有两种情况：一是以非国有资产产权为标的物，委托双方依据一定的法律法规和政策，通过双方约定，以一定的条件为前提，以一定的代价为补偿，由委托方将自己的全部或部分产权让渡给受托方使用和管理。非国有资产产权的托管经营实质上是一种非公开市场的企业产权交易，在产权市场，没有得到健全与完善的条件下，这成为产权流通的一种变通方式。二是国有资产托管，是指国家授权的国有资产管理部门，以国有资产所有者代表的身份，将国有资产通过合同形式委托给受托方使用和管理。由于所有制性质决定，在这种托管经营中，托管的标的物只能是使用权或经营权，而不是所有权。受托方只能在合同约定的范围内使用，确保国有资产安全。

（二）产权托管型产业学院

产权托管型产业学院是根据校企合作双方意愿、人才培养需求和各自优势，由合作一方根据协议约定范围，对共建的产业学院实施全面的托管管理，另一方按照协议约定积极配合。双方投入的人财物按照"三权分置"管理原则，由托管一方进行全面管理。根据产业学院管理主体不同可以分为两种情况：一种是以学校为主体的产权托管型产业学院，产业学院的管理全面由学校组建的团队负责，实行独立二级管理；另一种是以企业为主体的产权托管型产业学院，产业学院由企业组建的团队全面管理，产业学院为学校非法人独立二级单位。校企共建产业学院投入与办学规模相适应，如办学场地、建筑、教师队伍、设施设备等均要达到国家规定的办学条件。

二、产权管理

(一) 以学校为主体的产权托管型产业学院的产权管理

以学校为主体的产权托管型产业学院的产权管理是以学校为主,企业主要以场地、建筑、生产设备、技术人员、生产工艺、岗位标准、经费等资源投入,参与人才培养方案的确定、课程开发、双师队伍建设、培养培训工作,不参与或很少参与产业学院管理。学校主要以办学场地、实验实训设备、教师、专利技术、课程、经费等教育资源投入,其中办学经费投入按照约定比例独立核算,按照学校财务管理规定支出。校企双方投入的人财物均由学校托管管理,按照投入主体所有权不变。

1. 人的管理

产业学院的人力资源,由以学校为主组建的管理团队实施全面管理,企业投入产业学院的管理、技术人员等,既是企业人员又是产业学院职工,但其劳动关系仍在企业,考核由产业学院负责,薪酬由企业承担,但根据其在产业学院担任的课时量、科研项目、成果转化等可以获得课时酬金、科研经费和成果转化奖励。

2. 物的管理

产业学院的土地、建筑、设施设备(以上均为使用权)等,在所有权不变的情况下,均由以学校为主组建的管理团队实施全面管理并负责日常维护。同时,学校在对物的使用时必须按照双方共建产业约定的范围、方式等使用,不得超越双方约定的适用范围。

3. 经费的管理

产业学院的办学经费,依据约定由校企双方各自投入。其中企业投入的经费按照自身财务管理规定实施。在经费管理中,学校不具备直接托管权限,但是对企业经费投入方式、使用范围等,按照约定具有管理权。学校按照约定的比例投入并根据国家规定和财务管理制度。

4. 无形资产的管理

双方的校名校誉、企业的商誉、专利、著作等无形资产的管理。学校必须按照双方约定的方式、范围使用,对于能够直接产生经济效益的无形资产,如专利、著作以及成果转化等,由产业学院受益或校企依照约定比例受益。

(二) 以企业为主体的产权托管型产业学院的产权管理

以企业为主体的产权托管型产业学院的产权管理,由企业为主组建的产业学院团队托管管理。学校主要委派党支部书记、教学管理人员和辅导员参与产业学院管理。该类产业学院一般以企业投入为主,在对双方投入的人财物等亦有其不同特征。

1. 人的管理

企业托管的产业学院,在对学校投入的人力资源管理时,除了遵循“劳动关系不变,双岗双聘”外,企业对学校投入的人员实施全面的管理,其既具有教师身份,又具有企业“身份”,完全按照企业的管理模式实施管理。其薪酬虽由学校承担,但需遵守企业的考核,按照企业的薪酬体系发放。

2. 物的管理

校企为共建产业学院投入的土地、建筑、设施设备(以上均为使用权)等,在所有权不变的情况下,均由以企业为主组建的管理团队实施全面管理并负责日常维护。同时,企业在对物的使用时必须按照双方共建产业约定的范围、方式等使用,不得超越双方约定的适用范围。

3.经费的管理

产业学院的办学经费,依据约定由校企双方各自投入。其中学校投入的经费按照国家规定和自身财务管理规定实施。在经费管理中,企业不具备直接托管权限,但是对学校经费投入方式、使用范围等,按照约定具有管理权。

4.无形资产的管理

由企业全面负责共建产业学院校企双方的校名校誉、企业的商誉、专利、著作等无形资产的管理,对于无形资产的管理,企业必须按照双方约定的方式、范围使用,对于能够直接产生经济效益的无形资产,如专利、著作以及成果转化等,必须按照双方约定执行,同样由产业学院受益或根据约定双方共同受益。

第二节 以学校为主体的产权托管型产业学院建设

一、民权制冷技术学院办学概述

民权制冷技术学院是以学校为主体的产权托管式办学线场体制典型案例,学院由河南机电职业学院全权管理,负责日常工作;由政府、学校等组成的管委会,负责重大决策;由政府、学校、行业、企业等组成的理事会负责校、政、行、企的联络和校企合作的协调工作。制冷技术学院为民权县制冷产业集聚区企业培养了大量留得住、用得上的专业技术人才,为县域经济发展提供了人才支撑,得到了地方政府、行业企业以及学生的高度认可和好评。

(一)民权县制冷产业区基本概况

制冷产业作为民权高新区主导产业,现已呈现出集群发展之势。产业区内入驻制冷整机装备企业47家、配件生产企业65家,制冷产品所需的160多个零部件基本实现全配套,拥有万宝、澳柯玛、香雪海、冰熊、阿诗丹顿等20余个知名品牌。冰箱冷柜年产能达1800万台,占全国的十分之一,全国冷柜销量前10名企业中,澳柯玛、万宝、华美、冰熊4家企业在民权落地生根。冷藏保温车生产企业增至5家,年产能达2.5万辆,年产量达1.6万辆,企业数量、产能和产量均占国内同行业的60%以上,龙头地位进一步巩固,跻身全国五大制冷产业基地,被批准为国家火炬民权制冷特色产业基地、全国制冷设备产业知名品牌创建示范区、全国产业集群区域品牌建设试点、国家级出口制冷机电产品质量安全示范区,制冷设备获批国家生态原产地产品保护,正在朝着建设"中国冷谷"目标迈进。随着产业规模和技术水平的快速发展,当地制冷企业对于技能型人才数量和质量的需求不断增加。据不完全估计,民权县每年缺乏熟练的制冷专业人才近5000人,但专业技术人才的缺乏成为产业发展的"短板"。

(二)制冷技术学院概况

2015年5月,河南机电职业学院与民权县人民政府签订合作协议,在托管民权县职业技术教育中心的基础上,成立制冷技术学院。由河南机电职业学院负责管理运行,民权县政府提供经济、物质和政策支持,民权县职业技术教育中心提供场地支持。三方共同引入本地企业参与制冷技术学院的建设,通过嵌入河南机电职业学院的"线场教学"育人理念,形成专业链、人才链与产业链相互衔接的办学和发展模式。经过近五年的办学实践,制冷技术学院迅速发展,校园占地面积167亩,建筑面积8万平方米,现有教职工142人,其中,研究生20人、本科111人、双师型教师48人、全日制在校生3000余人,学校现开设有制冷、计算机、电子商务、汽车运用与维修、数控技术、机电一体化、美术、音乐等10个中职专业,制冷与空调技术1个高职专业,年培训10 000人次以上。学校基础设施齐全,拥有各类藏书46万册,设有制冷技术实验室25个,实训工场面积达26 000平方米,各种设备总价值达8000余万元。其中,中职专业汽车运用与维修、计算技术运用、数控技术与运用、制冷空调与维修专业为河南省特色专业,中职制冷专业为国家级重点专业。

二、民权制冷技术学院产权关系

(一)办学投入

制冷技术学院资产构成主要由民权县政府、民权县职业技术教育中心和河南机电职业学院三方的办学资源投入,包括有形资产和无形资产两方面,由河南机电职业学院全权托管办学。民权县政府提供经济、物质和政策支持,包括支付教职工薪资、校园建设资金等费用;民权县职业技术教育中心提供办学场地,包括原有的各种固定资产和师资等方面支持。办学经费由民权县财政局拨付,由制冷技术学院管理使用。在托管办学过程中,来自校企合作共建项目固定资产增值部分,纳入职教中心固定资产;开展职业培训的收入等也完全用于职教中心的发展;制冷技术学院新招聘人员,纳入民权县人事体制。

(二)资产管理

在河南机电职业学院托管民权县职业技术教育中心过程中,三方商定对学院资产采用"三权分置"的管理方式,即使用权归制冷技术学院,所有权不变。以确保学院工作正常开展和国有资产保值增值,使国有资产效益最大化,育人功能充分发挥,服务于地方经济发展。制冷技术学院资产所有权属于委托方,即属于民权县政府,制冷技术学院无权擅自处理任何校内固定资产,任何资产变更需要向委托方打报告处理;资产的管理权和使用权属于制冷技术学院,托管方可以根据自身办学理念、办学模式,对固定资产进行优化组合,构建现代管理制度,适应职教改革需要,把委托方的各种资产效能最大化,从而有利于教学,有利于校企合作开展和人才培养。

(三)办学权责划分

制冷技术学院托管办学过程中,三权分置保证了各方权利的有效行使。民权县政府在提供经济、政策支持的过程中,不干涉学院的发展。在国家、省县政策方面,学院须接受委托方的指导和监督,学院须按时向县政府部门递交年度发展计划、用人计划、资金申请等方面资料。作为河南机电职业学院的二级学院,制冷技术学院向民权县政府负责的同时,接受河南机电职业学院的指导和监督,主动服务区域经济发展,深化产教融合、校企合作。对接企业办专业,对接岗位做课程,推进线场教学;制冷技术学院领导班子定期向河南机电职业学院汇报工作计划和办学开展情况。河南机电职业学院根据制冷技术学院发展状况,评估制冷技术学院工作业绩和领导班子任命。制冷技术学院作为托管办学主体,接受民权县县政府和河南机电职业学院指导监督的同时,管理着学院一切事务,包括制度建设、人事任命、教学管理、学生管理、校园建设、校企合作开展等。在管理执行过程中,除了目标考核外,制冷技术学院还承担着办学法律责任和社会责任。

三、民权制冷技术学院组织结构

为整合办学资源,创新托管办学体制机制,全面推进制冷技术学院建设,把各项工作切实落到实处,提高人才培养质量和办学水平,充分发挥服务地方经济的功能。河南机电职业学院和民权县政府进行了组织整合构建。在充分尊重职教中心的发展历史的前提下,制冷技术学院对沉淀下来的经验予以总结、梳理、提升,构建一套相适应的管理模式和组织结构。

(一)组织结构设计

1. 设立管理委员会

为加强对制冷技术学院的管理,实现合作办学目标,学院设立制冷技术学院管理委员会(简称"管委会")。管委会由县校双方派人出任成员,实行管委会领导下的院长负责制。管委会聘任学院院长、副院长,对专业设置、机构设置、人事管理、财务管理、资产管理、教学管理、学生管理等重大事项,以及重要规章制度,进行协商、审议和决策。对院级领导每年进行目标考核,但不参与日常管理。

2. 成立理事会

为了加强学院、企业、行业、政府之间的沟通联系,成立了多方参与的制冷技术学院校企合作理事会。理事会以互惠互利为原则,进行多层面、多模式的校企合作沟通,形成校企的优势互补、资源共享,实现学院的人才培养与企业人才需要的有效对接。理事会内部各成员原有的行政隶属关系、管理体制和人事关系不变,成员单位实行独立经济核算,理事会不具备法人资格。

3. 整合内部组织机构

为了更好融入河南机电职业学院管理文化和办学模式,托管之后,管理团队认真研究职教中心实际,学院对原有组织机构进行整合,经管委会批准后,设置了新的管理部门,使其更加适应新时代职业教育发展。

(二)组织管理体制

制冷技术学院内部组织管理采用二级管理,系部是学院办学的主体,在教学、学生管理等方面起主要作用;行政、教辅部门转变职能,把传统以管为主的功能逐步转变为指导功能,积极发挥系部教学改革的主动性,打造良好的职业教育发展氛围。

1. 完善各项规章制度,建立长效机制

为确保各项工作有章可循、有据可依,加强学校内涵建设,推动学校科学、持续发展,制冷技术学院相继完善制定了"两级管理""财务管理"等配套管理制度以规范管理。同时建立监督机制,公开教育经费使用情况,做到合理调配,促进学院的快速发展,让教职工在民主监督的氛围中产生合理信赖。通过管理体制的创新,学校办学效率明显提高,校内文化氛围明显改善,育人质量显著提升。

2. 融合管理,发挥党建引领作用

探索党建工作新路,实现院党总支与职教中心党委融合管理。由制冷技术学院党总支统一管理开展党务工作,进一步加强了两个基层党组织之间的精诚团结,增强了凝聚力和向心力,为加快"学院"和"中心"发展提供了组织保证。

3. 实行层级管理,落实部门负责制

学院实施院长领导下的主任(科长)负责制,充分发挥干部的主导性和创造性。主任、科长是学校管理中的最基本单位,充分做到"责、权、利"三者的统一,巩固学院管理的主阵地。学院下设教务科、学生科、财务科、党办、招就办、网络中心和后勤科,各科室职责环环相扣,既各司其职,又协调统一。

四、民权制冷技术学院运行管理

制冷技术学院的运行管理,基于办学定位,始于产权托管,发轫于学校整体部署,蓬勃于与地方紧密结合,具有鲜明的时代特征、职教特征和地方区域特征。

(一)运行管理机制

制冷技术学院基于河南职教发展的政策导向、河南机电职业学院的职业教育创新和民权本地的职教愿景,构建了独特的管理框架和运营体系。制冷技术学院的运营管理,实行的是二级管理,学生管理和教学工作重心在系部,行政和教辅等部门主要是围绕教学做好服务工作,学院和系部紧紧把握育人这条主线,通过产教融合、校企合作,培养高技能应用型人才。

1. 科学决策机制

在学院决策模式中,遵循民主集中制,由学院成立指导委员会分别就学院有关领域的重大教育教学方面提出合理化建议,由院长办公会或党政联席会进行审议,审议通过后,再由学院管理委员会审议决策,最后职能部门或二级系部执行。通过这种机制来避免一项决策从酝酿到提出再到成形都是由相关职能部门具体负责的情况,保证决策权、执行权、监督权能够相互分离,避免行政权力干预学术权力。同时,学院还建立健全了重大事项公示制度、决策咨询制度等有关制度,提高决策科学化、民主化水平。

学院托管民权职教中心后,按照这种决策机制,结合办学定位,先后新增了电子商务(农村电商、跨境电商方向)专业、高铁乘务等专业。学院对专业设置提出总体思路,要求连续两年招不到学生的专业,系部要停止招生;新增专业必须是校企合作专业,要有合作企业。按照这种思路,作为二级管理的主体,系部积极对接企业、做好市场调研,成立专业论证委员会,进行论证,并提出合理化建议,形成结论,提交院办公会审议,最后管理委员会决策。事实证明,电子商务(跨境电商方向)通过与民权跨境电商产业园合作,电子商务(农村电商方向)通过与京东合作开展线场教学,培养的技能型人才,受到了学生家长和当地企业广泛欢迎,也证明托管后这种决策机制是科学合理的。

2. 沟通协调机制

为了解决工作中存在的问题,促进部门之间和部门内部的沟通、交流与合作,提高管理水平,增强执行力,学院建立了例会制度。例会制度,有院长办公会、党委会、中层干部会,也有部门和系部以及教研室的例会,通过这些例会来优化部门之间和部门内部的沟通协调机制。学院例会一般每周召开一次,会议时间一般控制在 2 小时左右,固定在某一天的下午;会议内容主要是由参会人员汇报工作情况,或者提出工作中遇到的问题,进行讨论协调,并提出下一步工作计划,也可以是业务交流学习;参会人员一般根据会议的类别来决定,为保证例会效果,参会人数一般有所控制,不主张召开大会。除了召开常规性工作会议之外,学院根据工作情况,还组织召开专题会议,对年度重点工作进行研讨、督导等。

3. 绩效管理机制

在托管职教中心后,制冷技术学院还重点紧抓绩效考核的人事制度建设,来约束、规范、奖励、引导被托管方成员的行为,让其朝着预定的目标行动。为此学院采取了一些重要措施,一是改变观念,加大宣传,使单位领导、考核对象、广大职工充分认识到绩效考核工作的重要性和必要性。二是建立科学合理的分层次、分类别、具体化的考核标准。学院编制工作岗位任务书,根据岗位设置确定人员,然后根据任务书制定考核标准进行考核;为了保证一套科学有效的考核标准,进行有效的工作分析,确认每个人的绩效考核指标,成为确立职工考核标准的必要环节,学院尽量对考核进行量化处理。三是重视平时的考核工作,建立合理的考核周期。四是学院把考核结果与晋级和升职直接对接,有效调动了民权县职教中心教师的工作积极性。

4. 监督评估机制

对工作绩效进行评估,是提高职能部门执行力的有效途径。一般情况下,职能部门的工作绩效基本上只是通过撰写部门工作总结或由部门领导向校领导汇报来呈现,对部门的考核也缺乏科学的绩效考核标准。制冷技术学院参照多所学校管理经验,建立职能部门一把手负责制,实行目标管理,具体工作由办公室牵头组织评估小组,建立完善的绩效评估方法体系及操作程序,对职能部门工作情况进行专业评估,并根据评估结果给予相应奖惩,以推动职能部门更好地履行职能。此外,各职能部门也应建立完善的内部监督机制,加强对各工作小组权力行使和任务完成情况的监督检查,以更好地实现部门整体目标。同时,学院也在教务科下设立教学督导岗位,对日常教学质量进行监督。

5. 自我诊改机制

为了确保每项工作卓有成效地开展,学院能够获得快速发展,每一位教职工能够有自己的工作目标,制冷技术学院借鉴河南机电职业学院的质量管理模式,在托管的职教中心内开展自我诊改工作,从而保证学院管理自我更新、提高。

学院诊改小组由院长任组长,各部门负责人担任成员,领导小组下设质量管理办公室,挂靠教务科,教务科科长担任主任,负责诊改日常工作;学院组建教学工作诊断与改进专家委员会(以下简称"诊改专委会")负责诊改工作的业务指导和考核性诊断,确保诊改工作顺利进行。系部是学院诊改工作的主体,从系部、专业、课程、师资、学生五个层面分别指定负责人作为工作组成员,制定本部门诊改工作方案,负责诊改具体工作实施。同时,结合学校实际情况,在充分研讨论证的基础上,制定制冷技术学院诊改制度,对诊改工作开展制度化,保证了诊改工作的顺利进行,用制度规范工作,提高工作效率。

(二)驻厂包线的教学管理运营创新

托管民权县职业技术教育中心成立民权制冷技术学院后,学院根据"三融四境"的办学模式,通过校企合作,和民权高新区国营制冷企业广州万宝集团民权电器有限公司(以下简称"万宝")协商,由制冷技术学院承包万宝一条冰箱、冷柜生产线。该条生产线全由制冷技术学院来管理(即所谓的"驻厂包线"),学院一方面利用该条生产线组织学生生产;另一方面开展课程教学,即所谓的"线场课堂"。制冷专业人才培养方案由学院和校企合作企业根据生产岗位、岗位能力的需求等共同研讨制定;人才的培养和课程的开展由生产而定,从而实现以产带学,以学促产,教学"围"着生产"转",生产"带"着教学"走"。如何经营管理利用好这条生产线,制冷技术学院从以下几方面着手。

1. 驻厂包线的管理

承包后的生产线,具有双重功能,既要完成生产任务,又要完成教学任务,为了更好地管理,学院和万宝协商,共同组成一个校企联合管理团队,采用四级网格化管理模式,进行管理。一级网格长由学院一名副院长和企业副总组成,主要负责校企合作总的协调工作;二级网格长由车间主任和和制冷专业系部主任组成,主要负责生产任务的下达、安排,线场课堂教学的安排,以及生产和教学的协调;三级网格长由任课教师(包含企业人员)、辅导员或思政教师组成,任课教师主要负责线场教学的开展、生产的组织,辅导员或思政教师主要负责学生线场思政教育,做好学生管理工作;四级网格长是班组长,由学生担任,这些学生直接参与生产管理,要求他们不但学管理知识、懂管理知识,而且每个工位都要熟悉,一旦某个工位人员缺失,班组长就要立刻顶上去,保证生产线流水作业正常进行,平时这些班组长就协助老师进行线上、线下管理,以及辅助上级网格长做好学生的管理和考核等工作。网格化管理过程中,采用层层负责的原则,下一级向上级汇报工作。

2. 驻厂包线制度建设

参与驻厂包线的学生具有双重身份,他们既是生产的工作人员,又是学生。这些既不能完全等同于工厂的工人,又不完全像是在校学习的学生,因此,为了规范化管理,学院结合企业管理规定,积极探索各种管理办法,目的在于引导学生遵守企业生产规定,积极践行线场教学,熟悉企业文化,尽快成长为既有实践又懂理论的高技能应用型人才,学院先后修订《线场课堂学生纪律及奖惩条例》《线场课堂学生考核标准》《线场课堂安全责任书》《线场课堂教学管理办法》等规章制度,并随着线场课堂教学深入开展,逐步完善了相关制度。

3. 驻厂包线的管理

(1)线场课堂教师管理。线场课堂任课教师在进入企业前,首先系部要进行选拔,选拔的成员既有学校内部的教师,也有企业人员,这些选拔人员不仅要求有丰富的理论知识,还要有较强的实践能力,善管理,会沟通。人员选拔结束后,由教务科联合企业对教师进行线场课堂教学能力培训,考核合格后组成教学团队,进行上岗。在线场课堂教学开展过程中,学院对任课教师的工作任务,通过《线场课堂教学管理办法》作了明确规定,教务科不定时委派学院教学督导检查教学情况。同时,为了更好更多地培养双师型教师,学院要求系部每学期要委派部分教师进入企业实践锻炼。对于参与线场课堂教学的教师,考核合格后,学院按照考核办法,给予教学津贴上浮15%,人事部门进行备案,在职称评定方面给予加分,从而鼓励更多教师参与线场课堂教学,提高双师能力。

(2)线场课堂学生管理。线场课堂建在生产线上,以产带学,因此必须满足企业的生产要求。学期开学前,学院与企业根据产品类型和线场课堂教学开展的需要,组织教学团队初步制定线场课堂教学内容,安排富有弹性的教学时间。平时根据企业任务订单,以及学生的动手能力,合理分配任务,采用一日学习、一日生产的工学交替模式;到了每年的9—11月份,是企业生产的旺季,在对产品保质保量的情况下,为了和企业配合,制冷技术学院在管理上会根据情况临时调整教学任务,如把一日学习、一日生产的工学交替模式改为多日生产、生产闲暇(如企业设备检修日、企业假日、企业生产调整日等)集中学习,最大限度和企业弹性配合。

为了让同学们多学知识,制冷技术学院还实行"轮岗制",即全体学生实行"推磨式"的轮岗形式,每隔三天或一周,当学生对分配的岗位熟悉之后,大家一起向前换一个岗位,最前面的可换到最后。这样做的好处是某个岗位的同学在生产中通过耳濡目染,可能已经对旁边的岗位掌握得差不多了,等自己轮换到此岗位后很快会掌握和适应,原岗位的同学也可以指导,充分发挥以老带新的作用。中间有提前掌握岗位技能的可提出换岗申请,经老师同意可以提前换岗。

五、民权制冷技术学院办学成果

制冷技术学院自2015年成立以来,在托管民权县职业技术教育中心的基础上,结合民权县区域产业升级发展和职业教育办学改革,充分利用职业教育资源、企业优质资源、政府配置资源等三方嵌入式合作模式,深度推进校、企、政互通共享、互惠共赢,应对制冷产业提升、智力提升急需应用型人才和长远发展的需求,培养更多的高素质应用型高技能人才,为区域经济及相关产业可持续发展提供了有力保障,职业教育服务地方经济发展产学融合可谓是成果喜人。具体体现在以下几个方面。

(一)"融"出核心竞争力

学院在校生规模达3000人,比2014年翻了两番,这也得益于民权县政府制定的毕业生就业优惠政策。近5年来,学校先后荣获"河南省教育系统先进集体","商丘市职业教育工作先进单位",商丘市、民权县五四红旗团委,"商丘市职业教育招生先进单位","民权县服务经济发展先进单位","民权县职业教育工作特别贡献奖","民权县服务产业区先进集体"等荣誉。教师综合技能大幅度提升,其中1名教师获得国家级骨干教师,65人获得省级骨干教师;30名教师获得省级"双师型"教师;2名教师获得省级优秀教师;出版教材5本,发表论文50多篇;省级立项课题3项;省级优质课一等奖1人,市优质课一等奖13人;省级技能大赛一等奖5人、二等奖18人、三等奖6人,市级技能大赛一等奖36人、二等奖9人。

(二)"融"出真实成果

通过多年的校企合作模式探索,学校、企业都得到了双赢。一方面,合作企业优先获得了适用人才,不仅利用学校的设备、师资以及智力服务等,降低了企业员工内训成本、生产成本,而且还借助教育资源推广了企业的产品(新设备),培养了潜在的客户等;另一方面,学校参与了新产品的研发和生产工艺的改造,丰富了教学、实训形式和内容,满足了学生"线场"实践的需求,更借助企业资源充实了教学资源。

据统计,河南兆邦冷链设备有限公司长期坚持为学院提供实训制冷设备和耗材,累计超过150万元;商丘银丰集团和学院共建"冷藏汽车人才培养基地项目",企业投入400万元;

2016 年,学院依托民权县产业集聚区成功申报 300 万元"民权县产业集聚区人力资源培训配套实训设备项目";学院和广州万宝集团民权电器有限公司深化校企合作,制冷与空调技术专业驻厂包线,每年可为学校节约资金近 100 万元。

(三)服务区域发展成效显著

在学院坚持不懈的努力下,成功获批全国制冷协会区域制冷培训中心;2017 年顺利通过河南省中等职业教育特色学校验收;2019 年河南省全民振兴工程,学校成功申报贫困县劳动力转移 400 万元设备项目;2016 年至 2019 年,学校连续多年成功申报河南省教育厅精准脱贫技能培训项目和河南省新型职业农民培养基地(全省 20 个,商丘市唯一)。截至 2019 年 12 月,累计组织开展企业职工技能培训及学历教育培训 2696 人,组织开展精准脱贫技能培训 1265 人,各级各类师资培训 1169 人次,每年为当地企业提供人力技术支持达到 1000 余人次。

(四)社会各界广泛关注

2015 年 7 月 23 日,时任河南省委书记郭庚茂到制冷技术学院考察指导。当他得知制冷技术学院是由河南机电职业学院为民权县制冷产业集聚区量身定制的县政府、学校、企业合作项目,郭庚茂称赞说:"把职业教育的专业设置与地方的产业需求对接起来,这件事办得好。"郭书记强调指出,技术、产业链和劳动力技能优势是市场竞争取胜的重要因素,大力培养高技能劳动者,并提供较好的生活条件,使其稳定下来,是应对市场竞争的重要举措。

《中国教育报》2018 年 5 月 8 日第 9 版以"进厂包线,河南机电职院创新校企合作模式"为主题进行报道;《河南日报》2018 年 6 月 22 日第 8 版以"让产教融合校企合作落地生根开花结果,打造'三融四境'职教育人新模式"为题,对制冷专业学生"驻厂包线"打通职教最后一公里的职教改革进行了专题报道;《河南教育(职成教版)》2018 年第 9 期以"'三融四境'新气象　创新驱动奔小康——河南机电职业学院助力脱贫攻坚纪略"为题,对制冷技术学院助推民权县地方产业发展进行了报道;2019 年 2 月 12 日,《中国教育报》头版头条以"打造职教扶贫的'河南模式'"为题,报道了制冷技术学院围绕产业,打造职教品牌的做法。

第三节　以企业为主体的产权托管型产业学院建设

河南机电职业学院为了响应"一带一路"倡议以及"中国制造 2025"等国家战略,扩大国际交流与合作,培养具有国际视野的高端应用型技术人才,积极与国际优质教育资源合作。2015 年 10 月,由北京思威普智业投资顾问有限公司、学校和德国三方合作共建了中德双元教育中心。2017 年,双方在中德双元教育中心的基础上成立瑞德国际学院。学院由北京思威普智业投资顾问有限公司全权托管办学。

一、瑞德国际学院办学概述

河南机电职业学院历经 10 年的改革探索和迭代更新,创新出了融体制、融体系、融课程,构建出了"产、学、研、创"四个互通互融的育人场境,形成了富有职业教育特色的"三融四境"办学模式,打造了河南省职业教育的"新样板"。2018 年,学校又明确提出了新的发展目标第三次创业,即实现"从省级文明单位到国家级文明单位,从高职高专到应用型本科,从国内一流向世界一流"的新三大跨越。学校创建成世界一流的职业院校,学校内涵要进一步有质的提升,国际化发展就显得举足轻重,国际学院应运而生。

(一)学校发展需求

学校在 2017 年成立了国际学院(后更名为瑞德国际学院)开展国际化合作办学,同时承担学校外事工作职责。由于学校国际化发展起步较晚,又迫切需要又好又快地发展起来,依靠自身的发展明显过于缓慢,也不适应创建世界一流职业院校的需求,寻求一个热衷职教事业、具有职教情怀和优质国际教育资源的企业合作就显得尤为重要。

(二)企业资源优势

北京思威普智业投资顾问有限公司(简称 SWP)成立于 2000 年,在历经 15 年引进德国职业教育教学模式本土化改造的道路上,在不断地尝试、失败、再总结、再尝试的过程中,逐步形成一整套适合国情、区域经济以及企业专业技术岗位需求的人才培养模式。SWP 从 2012 年与河南省教育厅签署"校企合作战略合作框架协议"开始,于 2012 年正式启动"河南省教育厅中德合作职业教育教学模式"项目,全省共计 34 所中等职业学校和 4 所高职院校成为项目学校,学生 3853 人。包括机电一体化、现代物流、会展技术与组织、汽车机电技术、护理 5 个专业,其中护理专业已有在德国带薪实习学习成功案例 107 个。此外,SWP 长期从事中德职业教育交流,与德国工商大会、跨企业培训中心和应用技术大学建立了稳定的合作关系。特别是机电一体化专业,在借鉴德国双元职业教育教学模式的基础上,参考德国机电一体化专业国家教学大纲,经过本土化改进、开发建设,形成了具有完全知识产权的一套教学资源,包含 13 个学习领域、27 个教学情境、130 个教师指导工作页、500 多个学生学习工作页,形成了一套具有德国职教特色的标准化教学使用模式(13 个)和标准化教学应用模块(30 个)。此外还具有仓储物流专业、汽车机电英语、车间英语等教育资源 10 余项 27 个知识产权。基于企业具有德国和瑞士职教强国的优质资源,企业长期专注从事职业教育专业建设和课程研发,具有稳定的来自企业的教师团队。依据业务发展需要,SWP 公司主导成立了北京德中双元教育科技有限公司(简称德中双元),德中双元享用 SWP 包含师资团队在内的各项资源。

(三)良好合作基础

学校与 SWP 的合作早在 2006 年就已经开始,2014 年 SWP 投入 1200 余万元在学校建设了近万平方米的国际化、企业化、满足一体化教学形式的单体教学楼,其中一半由 SWP 用于开展职业培训,另一半由学校使用。2015 年 10 月,SWP 与学校和德方三方合作共建了中德双元教育中心,开启了德国双元制职业教育体系在河南省的本土化实践的深入。学校有国际化发展的需求,企业具有德国双元特色的教学资源和国外优质资源,为了让瑞德国际学院更具国际特色,在学校与 SWP 合作的基础上,又与德中双元签订校企合作协议,由德中双元托管学校的二级学院瑞德国际学院,学校的校企合作又迈出了崭新的一步。

二、瑞德国际学院组织结构

德中双元托管瑞德国际学院,依据"三权分置"的原则采取被托管的方式与企业合作,即学校投入固定资产设施的产权归国家所有,处置管理权归学校所有,使用权让渡企业,由北京思威普智业投资顾问有限公司负责瑞德国际学院的整体运营。瑞德国际学院被托管期间,学校原则上不干涉瑞德国际学院的日常教学和管理,校企双方的责权划分如下:

学校为企业在专业设置、招生计划申请、公共课程教学、学生食宿、运动场所等方面提供相应的便利条件,并增加相应的资金投入,完善现有的办学条件;企业托管瑞德国际学院,投入优质的职教资源并全权负责日常的管理运营。企业主要投入其长期从事职业教育积累的各种优质资源,包含专利、著作权、商标、课程资源、教学模式、企业师资团队等,并根据实际需要投入经费购置实验实训设施,向瑞德国际学院派驻教学及管理人员,负责瑞德国际学院的教育教学工作、日常管理工作和招生就业工作。

企业不收取任何托管费用。瑞德国际学院的经费收入包括但不限于:学费、上级政府财政部门拨付的项目费用、奖励经费及各种补贴费用。瑞德国际学院被托管期间,学生交纳的学费,学校设置专账管理,全部用于教育教学等相关活动。

三、瑞德国际学院运行管理

企业托管国际学院后,为了适应托管办学需求,实现校企深度融合、校企真正一家,从企业内部实施改革,通过成立企业管理委员会,出台《德中双元基本法》,完成了企业托管办学的教育理念、核心价值观、教学产品、人才培养等方面的顶层设计,为瑞德国际学院开展的一系列改革奠定了基础。

(一)校企联席会制度

学院成立了校企联席委员会作为学院领导机构,校企联席委员会委员由5~7人组成,设主任委员1名,委员4~6名,其中1名委员兼任委员会秘书,主任委员为校企联席会会议召集人,所有委员权利等同,其中党支部书记和党支部纪检委员为校企联席会固定成员,托管企业选派2~3名企业人员,瑞德国际学院中层干部1~2名,教师代表1名。党支部书记把握学院在办学方向、意识形态、党组织建设、学生思想政治工作和安全稳定等方面的工作,校企联席委员会对上述事项的决策出现与学校党委要求不一致时党支部书记享有一票否决权;但不能以开展上述工作为借口影响、干涉校企联席委员会正常开展工作。党支部纪检委员对校企联席委员会的决策过程和管理工作履行监督监察责任,对于发现的违规违纪现象有权立即叫停,并根据情况及时指导整改或上报学校。

校企联席委员会作为学院领导机构,校企联席委员会向企业管理委员会负责。秉承学院"教"踏实地、"智"造人才的教育理念,以教书育人为重,兼顾企业利益,按照"集体领导、民主集中、个别酝酿、会议决定"的原则开展工作,校企联席委员会向企业管理委员会负责,采取校企联席委员会会议制度决策重大事项和管理日常事务。校企联席会至少每半月召开一次,会议由主任委员主持。如有重大事项、重要决策或突发特殊情况,校企联席委员会成员均可随时召集专项会议,谁召集谁主持;重大事项或重要决策须经过半数参会人员表决同意方可决定。凡涉及学院发展规划、制度改革、人事调整和大额资金支出等事项,校企联席会议民主决策后上报企业管理委员会审核通过再执行,如被企业管理委员会否决,则企业管委会需明确否决理由,并提供最终决策,必要时要报学校领导审批后执行。

校企联席会议议定事项或形成的决定、决议,联席会议成员应按照各自的分工认真组织落实,并将落实情况及时向校企联席委员会汇报。在具体执行校企联席会议的决定或决议的过程中,不得擅自改变决定或决议的精神。学院各部门应安排专人负责校企联席会议议定事项的落实和检查、督办工作,并及时向学院主要领导报告或在校企联席会议上通报执行情况。

(二)部门负责人制度

校企联席委员会下设教学部、教研部、国际部和综合部4个部门,每个部门设1名负责人,设置1名秘书协助负责人开展工作,负责人和秘书分别由校企人员担任。出台制度明确4个部门的工作职责,划清职责边界。其中教学部负责专业建设和常规教学,教研部负责实训建设和教学科研,国际部负责外语课程建设和对外培训,综合部负责学团工作、行政工作和宣传策划。

学院下设4个部门的负责人向校企联席委员会负责,由校企联席委员会统筹协调各部门共同开展相关工作。各部门采取部门负责人负责制,部门负责人全权负责本部门日常运行管理,各部门成员仅接受本部门负责人的领导,无须接受包含校企联席委员会委员在内的其他负责人的领导,也没有完成除部门负责人以外任何人安排工作的义务。

各部门要根据学院工作计划制订本部门工作目标、计划,年末总结并报校企联席会附议;各部门原则上每周召开一次例会,例会由部门负责人组织、主持,形成的会议纪要在部门内部公示并留存,作为部门考核的依据之一;各部门根据本部门具体工作情况,采取坐班制或弹性坐班制度,以完成本职工作为第一任务。

通过管理制度改革,站位上升、管理下沉,提升了管理效率,大家明白了要和谁协作、对谁负责,工作效率提高了,团队更团结了。

学院完成组织结构改革和相关规章制度出台后,又通过以薪酬制度改革为核心的多项改革措施加强管理,出台了瑞德国际学院岗位设置、薪酬体系与绩效考核管理等制度。通过改革,瑞德国际学院基本实现了以企业化的方式管人、管事、管钱。

1. 岗位设置

所有人员可以根据自身实际选择岗位类型,即固定岗位或OKR岗位,其中,OKR(Objectives and Key Results)即目标与关键成果法,是一套明确和跟踪目标及其完成情况的管理工具和方法,OKR的主要目标是明确学院或团队的目标以及明确每个目标达成的可衡量的关键结果。OKR岗位的设置是为了加强团队协作、激发员工的内驱力,给想干事、能干事的教职工提供充分的自由发挥空间;此外,参与OKR岗位是教职工薪酬等级提升和职务晋升的重要条件。

2. 薪酬体系

学院在薪酬制度上彻底打破了原来按照职务、职称和上课课时数量发放薪酬的规定,在瑞德国际学院的所有学校教师保留原有基本工资,取消以职务、职称和上课课时数量为发放依据的各项收入,取而代之的是绩效薪酬。学院所有人员的薪酬由基本工资和绩效薪酬三部分构成。其中,基本工资金额根据学校相关规定(针对学校派遣到瑞德人员)和企业相关规定(针对托管企业人员)确定;补贴为托管企业发放的交通津贴和午餐补贴;绩效工资分为20个等级,从1级的1000元/月到20级的20 000元/月,月绩效薪酬中的50%按月发放,另外50%根据绩效考核结果计算最终绩效工资并以季度为周期发放。

（1）绩效薪酬等级的确定。绩效薪酬等级的确定主要针对学校其他二级学院（职能部门）教职工调入瑞德国际学院后绩效薪酬等级的初次确定。为使瑞德吸引更多的优秀教职工,绩效薪酬等级确定的原则为绩效薪酬金额高于（或略高于）当事人调入前每月课时费、行政奖酬金和辅导员津贴总和。绩效薪酬等级由校企联席会初步确定后报企业管委会,以企业管委会最终确定的等级为准。新进教职工的绩效薪酬等级确定工作应在当事人调入后1~2个月内完成。

（2）绩效薪酬等级的调整。绩效薪酬等级原则上每半年可调整1次,调整的唯一依据以绩效考核成绩为主,与职务、职称无关。部门负责人将被考核人半年的考核成绩报校企联席委员会,由校企联席委员会初步确定调整等级后报企业管委会,以企业管委会最终确定的薪酬等级执行。校企联席委员会有义务将调整后的绩效薪酬等级通过一定的渠道、方式告知当事人。当事人对绩效薪酬等级的调整拥有申诉权利。

（3）绩效薪酬的发放。瑞德所有教职工每月只发放绩效薪酬的50%,另外50%根据考核成绩每3个月一次性发放。企业教职工每月发放的50%绩效薪酬由企业发放,用来考核的50%根据考核成绩从瑞德人员经费中发放。学校派遣到瑞德的教职工的绩效均从瑞德人员经费中发放。

（4）企业董事长确定各部门负责人薪酬等级。部门负责人确定部门人员薪酬等级,等级薪酬的50%作为绩效考核部分根据考核结果发放;所有人员的薪酬等级均为动态化,由薪酬等级确定人依据绩效考核结果提出教职工薪酬等级调整申请并报校企联席会讨论审议通过后进行相应调整。

3. 绩效考核

所有教职工均参加绩效考核,对于固定岗位人员施行岗位目标考核,由部门负责人根据岗位目标完成情况,在0至1之间对其进行打分;对于OKR岗位,施行OKR考核,由部门负责人或企业董事长在教职工本人自评的基础上以补充报告的形式进行评价,并在0至1之间对其进行打分。所有考核结果均由被考核人和考核人签字确认后生效,并作为绩效薪酬发放的唯一依据。企业董事长考核各部门负责人,部门负责人考核本部门成员;部门负责人的考核结果与本部门成员的整体考核结果相关联。

通过改革,每个人的工作职责、边界更加清晰了,目标更加明确了;薪酬体系更合理了,薪酬级别取决于贡献大小;绩效考核更科学了,不再重点考核岗位工作完成情况,更注重评价教职工的工作对团队、对学院产生的促进与推动,给教职工提供了充分的发展空间。通过改革,真正使校企合二为一,融为一家,从根本上解决了校企合作中的"两张皮"现象。学校教师和企业员工成了一家人,"瑞德人"成了大家共同的名字,同时,改革措施也为学院顺利实施教育教学改革进而取得巨大成效打下了坚实的基础。

四、瑞德国际学院办学成果

（一）教育教学成效

企业托管期间,凭借其从事课程开发积累的优势资源,使瑞德在内涵建设上也有了大幅度的提高。企业在从事职业教育的过程中,形成了德中双元标准化教学模式,实施24人小班制,从学生入学到毕业的每一个阶段,该做什么、怎么做都有明确的指导、标准。对每一节实训课,从学生走进实训车间到下课离开,每一个环节,怎么做、做到什么程度都有要求,实现了教学管理规范化。以企业技术人员为主导的教师团队开发的《机电一体化专业企业任务工作页》和《机电一体化专业企业任务工作页进阶训练》两本活页专业教材已由高等教育出版社出版,教材打破传统的专业知识学科体系,按照企业岗位任务进行整体重构,使其更加适合职业教育教学需求,更加符合高职学生学习规律,教学效果显著提升。托管期间,学生的专业课主要由企业的教师团队授课,团队教师均来自企业,从业经历有5年到20余年不等,同时又均从事职业教育近10年,是名副其实的双师型教师队伍,学生实践能力显著提升。在学校经费大力支持下,学院建设了瑞德自动化教学生产线,生产线能生产、能教学、能分成若干工作站,每个工作站又能独立开展实训教学。该生产线是"非标生产线",是学院自主研发,是教师团队带领学生共同组装、调试,是适合于学生实践学习的教学生产线,也是学院"线场课堂"的实施场所。目前,学院正在围绕生产线基于真实企业岗位开发企业任务工作页,加速推进学院"线场课程"开发和"线场课堂"教学实施。

凭借企业开展短期德语培训积累的课程资源,通过培训牵引培养,学院新增了应用德语专业,开设了护理和机电维修两个方向,借助企业的德国职教资源,第三年将学生送德国企业实习,实习结束后学生继续留在德国带薪学习,考取德国相关专业职业资格证书后可留德工作或回国就业,让学生获得中外认可的1+X证书。

(二)对外交流成效

瑞德国际学院承担着学校外事工作职责,借助企业的优质资源,学校对外交流不断推进。2019年6月,邀请洛桑联邦理工学院奥伯勒教授一行6人到校访问交流,牵手世界一流大学;8月组织了十几名学生暑期赴欧洲六国文化研学,加强了学生的对外交流与知识拓展;12月德国杜塞尔多夫应用技术大学两位行业顶级教授到访学校,开展了一系列富有成效的培训和交流活动。通过开展上述对外交流活动,学校教师提升了国际化视野,更新了教育教学理念,了解了世界知名应用型大学的专业建设和教育教学情况,推进了学校对外合作交流。

(三)企业发展成效

企业托管瑞德国际学院,不仅给学校带来了巨大的变化,也给企业的发展带来了新的机遇。托管后,校企教师团队结构更合理了,企业技术人员补充了学校教师在实践操作上的短板,学校教师弥补了企业技术人员在专业理论上的不足,团队内涵显著提升,企业业务水平得到进一步提升。企业开发的课程资源在课堂教学实践过程中不断修改完善,经过近两年的实践应用,取得了丰硕成果。借助学校的各种资源,企业开展的德语培训规模正在逐步扩大。企业主导研发设计的瑞德自动化教学生产线,在学校的资金支持下建设完成,企业多年的职业教育探索,因托管国际学院得以变成现实,建成的生产线将申请知识产权保护,形成机电一体化专业课程和实验实训一整套的学习资源。托管过程中,企业也积累了丰富的经验,为以后拓展业务,将托管模式在其他院校成功复制推广提供了坚实的基础。

通过托管,真正使校企融为一家,成为命运共同体。瑞德国际学院的人、财、物由企业管理运营,企业就类似一个职业经理人,将企业先进的管理理念带了进来,一切工作都围绕如何培养学生来开展,使人、财、物高效地运转起来,为培养高质量的学生服务。托管带来的最本质的还是管理体系、机制上的改革。

第三章 产权融合型产业学院建设

产权融合办学线场管理体制是河南机电职业学院深化产教融合、校企合作典型的办学形式。学校与企业在人才培养、技术创新、社会服务、就业创业、文化传承等方面深度合作,实现校企专业共建、课程共担、教材共编、师资共享、基地共用,形成校企优势互补、良性互动、共享发展的格局。实现了校企一体化和学院产业化。形成了典型的产权融合办学线场管理体制。

第一节 产权融合型产业学院的基本特征

产权融合线场体制改革实践,是河南机电职业学院通过线场体制改革,把企业的生产资源转化为教育资源,把教育资源转化为企业发展需求的人力资源,把人力资源转化为企业发展资源,使校企形成"命运共同体"。学校先后与河南龙翔电气股份有限公司、河南动力森林健康产业有限公司成立了电气工程学院和体育健康学院。企业的研发、生产、经营一线,又是专业教学、实训、就业创业的场所。企业的董事长(总经理)既是企业家又是学院的院长。共建的二级学院由双方组建的理事会或院委会管理、决策,学院由校企按照企业发展对人才的需求和标准共同设置专业和培养标准,实现了校企一体化和学院产业化。

一、基本概念

(一)产权融合

产权融合一般是指在不同产业内部或同一产业之间相互渗透、相互交叉,最终融合为一体,逐步形成新产业的动态发展过程,也是产业优化、产业升级以及催生新产业的一个重要途径。其有助于促进传统产业创新,进而推进产业结构优化与产业发展,有助于产业发展和竞争力的提高。内部产权融合的具体形式包括员工持股、MBO、内部创业等;外部产权融合主要包括并购、参股、合资合作、资产重组等。产权融合在职业教育实施校企合作办学过程中,由于国家对国有资产管理的限制,形式实属不多见,其与目前提倡的产教融合是两个不同的概念,产教融合主要强调的是教学做一体化、知行合一。

鉴于以上基础,河南机电职业学院长期的校企合作过程中,在确保正本清源,国有资产保值、增值以及企业投入办学资产安全的情况下,双方出让部分使用权实施深度合作办学。在很大程度上解决了企业人力资源问题,也为企业节约大量成本,又达到了校企合作育人的目的,受到了企业的青睐。从国家职业教育的改革和发展来看,这种形式是深化产教融合、校企合作的理想状态。

(二)产权融合型产业学院

产权融合型产业学院不是简单意义上的合作办学,是校企双方把投入办学的人财物融为一体,不是"我中有你,你中有我",而是"我就是你,你就是我",既是办企业又是办学校。根据产业学院管理主体不同可以分为两种情况:一种是以学校为主体的产权融合型产业学院,产业学院的管理全面由学校组建的团队负责,实行独立二级管理。另一种是以企业为主体的产权融合型产业学院,产业学院由企业组建的团队全面管理,产业学院为学校独立二级单位。

二、产权管理

(一)以学校为主体的产权融合型产业学院的产权管理

以学校为主体的产权融合型产业学院的产权管理是以学校为主,企业主要以场地、建筑、生产设备、技术人员、生产工艺、岗位标准、经费等资源投入,参与人才培养方案的确定、课程开发、双师队伍建设、培养培训工作,不参与或很少参与产业学院管理。学校主要以办学场地、实验实训设备、教师、专利技术、课程、经费等教育资源投入为主,其中办学经费投入按照约定比例独立核算,按照学校财务管理规定支出。校企双方投入的人财物均由学校托管管理,按照投入主体所有权不变。

1. 人的管理

双方投入产业学院的人力资源,由以学校为主组建的管理团队实施全面管理,校企投入到产业学院的管理、技术人员等服从校方管理,按照产业学院分工承担管理、教学、科研、生产等任务,实施双岗双聘,既是企业人员又是产业学院教师,但其劳动关系不变,考核由产业学院负责,薪酬各自承担,根据其在产业学院承担的课时量、科研项目、成果转化等可以获得课时酬金、科研经费和成果转化奖励。

2. 物的管理

校企共建产权融合型产业学院投入的建筑、设施设备,既具有生产功能,又具有教学功能,学校投入的建筑、设施设备(以上均为使用权)也纳入企业的生产使用,企业投入的生产设施设备也纳入教学使用。由产业学院管理团队实施全面管理并负责日常维护。同时,学校在对物的使用时必须按照双方共建产业约定的范围、方式等使用,不得超越双方约定的适用范围。

3. 经费的管理

由校企双方投入产业学院的办学经费,依据约定由校企双方各自投入。其中企业投入的经费按照自身财务管理规定实施。在经费管理中,由产业学院按照预算实施,具有很强的自主性。

4. 无形资产的管理

这里主要指对共建产业学院校企双方的校名校誉、企业的商誉、专利、著作等无形资产的管理。对于无形资产的管理,学校必须按照双方约定的方式、范围使用,对于能够直接产生经济效益的无形资产,如专利、著作以及成果转化等,必须按照双方约定执行。

(二)以企业为主体的产权融合型产业学院的产权管理

以企业为主体的产权融合型产业学院的产权管理是以企业为主,校企投入产业学院要素与上述内容基本一致。但学校投入的人财物统一纳入企业统一管理。

1. 人的管理

以企业为主的产权融合型产业学院,在对学校投入的人力资源管理时,除了遵循"劳动关系不变,双岗双聘"外,完全按照企业生产经营管理方式安排学校教师岗位和日常管理,企业对学校投入的人员实施全面的管理,其既具有教师身份,又具有企业"身份",完全按照企业的管理模式实施管理。其薪酬由独立的产业学院承担,遵守企业的考核标准,按照企业的薪酬体系发放。

2. 物的管理

校企投入的土地、建筑、设施设备(以上均为使用权)等,在所有权不变的情况下,均由企业组建的产业学院管理团队实施全面管理并负责日常维护。同时,企业在对物的使用时必须按照双方共建产业约定的范围、方式等使用,不得超越双方约定的适用范围。

3. 经费的管理

由校企双方投入产业学院的办学经费,依据约定由校企双方各自投入。其中企业投入的经费按照自身财务管理规定实施。在经费管理中,由产业学院按照学校、企业各自管理制度,以及协议约定,由产业学院制定预算实施。

4. 无形资产的管理

这里主要指对共建产业学院校企双方的校名校誉、企业的商誉、专利、著作等无形资产的管理。对于无形资产的管理,学校须按照双方约定的方式、范围使用,对于能够直接产生经济效益的无形资产,如专利、著作以及成果转化等,必须按照双方约定执行。

三、运行管理

(一)机构设置

1. 理事会(管理委员会)

产业学院根据发展和管理需要,一般设立理事会(管理委员会),实行理事会(管理委员会)领导下的院长负责制。理事会或管委会是产业学院的决策机构,由合作学校、企业按照约定人数组成,主要审核产业学院的发展规划,审定人才培养方案、任免产业学院人事任免等重大事件。以企业为主的产权融合产业学院理事会或管理委员会具有其明显特征,主要表现在理事长一般由企业方担任,理事会或管理委员会成员以企业方为主。

2. 组织建设

以企业为主的产业学院设立党总支或党支部,是学校党委的二级组织,党总支(支部)负责人一般由学校任命,主要负责产业学院思想政治教育工作。其内部机构设置均以企业需求为原则设立。

(二)运行机制

1. 产教融合

建立行业企业深度参与高校专业建设和人才培养的新机制。把专业设置、招生计划、培养方式、人才培养标准、日常管理等完全按照企业发展、生产需求实施,完全实现专业与产业、职业岗位对接,专业课程内容与职业标准对接,教学过程与生产过程对接,学历证书与职业资格证书对接,企业生产与育人融为一体,共同发展,一起成长。

2. 人才培养

学院和企业共同制定专业人才培养方案,企业主持方案制定。企业根据产业发展规划和岗位需要提出人才培养标准,将人才培养过程完全纳入企业的发展、生产过程,按照岗位标准重构课程体系、开发新型课程、更新教学内容、创新教学方式和评价方式,实现人才和企业生产项目双交付。

3. 教学管理

按照教育服务企业,企业反哺教育,育人与企业生产一体化实施。双方根据专业人才培养目标和教学体系,以任务为驱动,以项目为导向,以提高学生传媒职业技能与素质为目标,制定具有生产特色的教学计划和实习课程标准,包括教学大纲、教学实施方案、专业实习实训大纲和顶岗实习方案等。以企业为主的产权融合型产业学院的教学管理,除理论课程外,完全以完成产品的数量、质量进行评价。

4. 质量监控

教学督导组对教学和实习教学质量进行监控,重点检查是否依据教学大纲、实训方案和实习大纲内容实施教学,是否按计划组织学生进行实岗实习和现场教学,并定期检查教师教案、教学日志、记分册记载情况。

5. 评价与管理

校企双方共同制定课程和实习实训评价方案,制定评价标准,学生可以以完成项目、产品的数量质量等实施学分置换。

(三)保障措施

1. 经费保障

产业学院的办学经费由共建各方共同承担。学校根据协议约定,将产业学院办学经费依据学校财务有关规定单独预算,按照支出范围、方式、比例、管理权限等纳入产业学院统一管理。企业投入经费方式、数量、适用范围、支出方式等由企业按照其财务管理规定投入产业学院。

2. 制度保障

产业学院以企业为主独立管理。双方根据人才培养和企业生产需求,建立校企融合的管理体系和组织机构。形成以理事会章程或管理委员会章程为依据的制度体系。

第二节　以学校为主体的产权融合型产业学院建设

产权融合线场体制改革实践,是河南机电职业学院通过现场体制改革,把企业的生产资源转化为教育资源,把教育资源转化为企业发展需求的人力资源,把人力资源转化为企业发展资源,使校企形成"命运共同体"。学校先后与河南龙翔电气股份有限公司、河南动力森林健康产业有限公司成立了电气工程学院和体育健康学院。企业的研发、生产、经营一线,又是专业教学、实训、就业创业的场所。企业的董事长(总经理)既是企业家又是学院的院长。共建的二级学院由双方组建的理事会或院委会管理、决策,学院由校企按照企业发展对人才的需求和标准共同设置专业和培养标准,实现了校企一体化和学院产业化。

一、电气工程学院办学概述

2016 年,学校"四位一体"综合体建设目标契合了国家电力体制改革,学校合作模式不断深化,在学校强电专业空白的前提下,河南机电职业学院与河南龙翔电气股份有限公司联合成立了产权深度融合二级学院——电气工程学院。

双方进行人财物等资源合理配置,通过充分整合校内资源和企业资源,将电气工程学院职业教育平台与龙翔电气股份有限公司企业资源相融合,打破了河南机电职业学院原有体制下困扰校企合作办学的人事壁垒、财务壁垒和内部管理壁垒,突破了体制的束缚,是深化"校企合作、产教融合"的必然结果。办学双方通过深度的产权融合,在办学过程中实现了资产国有,学校管理,企业使用的"三权分置"改革,解决了长期以来高职人才培养与电力产业人才需求"两张皮"现象,实现了高职办学接"地气",形成了经济效益和社会效益倍增的"产学研创"办学实体。

(一)师资与项目融合

建院之初,以产业与企业真实需求为导向,以学生兴趣为动力,在众多行业和院校专家的参与下,学院尝试大胆改革。从教研室改革开始,建立了基础教研室、专业教研室、实训教研室,同时尝试人才培养方案上的改革,根据电力企业、行业需要改革培养目标;课程改革上,围绕龙翔电气等企业产品线,尝试加大实践比例,近 60% 课程得到改革;教学模式上,以龙翔电气和鹤源电力等相关企业真实生产项目为背景,教师和工程师共同参与,根据合同完成相关项目。通过体验与实践相融合,在实践中加强学生的角色体验、过程体验和环境体验。

为进一步调动学生的参与度,推行"师徒制",教师和学生共同参与企业项目,实行基础课程学习+校内实训+校外生产性实训教学,使学生定位于社会职业人的身份,在实践活动中梳理出体现专业背景、符合市场需求、适合自身发展实际的专业拓展方向和创新创业方向;引导学生走出课堂、走进实训室、走入企业,将实践教学与产品研发、课题研究等工作相结合,以提升技术技能水平,夯实学生创新创业发展的基础。

(二)理念与课程融合

为充分发挥学院优势和电力行业和企业的资源,学院成立龙翔电力研究院,引进博士后及高级工程师,并在电气学院内部挑选科研能力强的优秀教师组成科研小组,开展横向、纵向项目合作。按照行业标准,以能够满足教学和科研为准则,建设 10KV 高压输配电实训基地、计量保护实验室、风光互补教学科研平台。同时以电力企业项目和龙翔电气 JP 柜、变压器、开关柜等产品为核心,按照企业岗位标准融入教学任务,全员参与,开发立体化教材。从创新创业知识与专业知识互补的角度出发,不断开发适合不同学生群体的课程内容与实践案例。

(三)引导与制度融合

学院非常重视学生创业培训,将创新创业教育融入专业教育的理念贯穿到课程设计的全过程。结合专业特点,突出课程"意识培养+知识普及+体验实践"的教学功能,分门别类地设置必修课与选修课,采取 1+2 模式,即:一年级意识培养和知识普及,二年级和三年级选取几个专业化方向由学生自主选择,开展"线场模式"教学,在创新创业实践等方面取得的良好效果。

经过八年多的体制融合,学院建立了"管理共同领导""师资共同互补""专业共同建设""产学研共同创新""资源共同分享""文化相互交融"的六大机制。走过了由表及里、逐步深化的三个阶段,从表层的"主动贴近",到中端的"互相体验",再到如今的"体系相互融合""体制相互交融"。将电力企业、行业文化融于师生学习工作的全过程,使创新创业的企业发展理念深入人心;将企业流程规范、管理制度、激励制度等制度融入学校教育,作为新生入学的第一课,引导学生养成良好的学习习惯和精神状态,立足校情,结合专业特点,塑造了适合学院的创新创业文化生态。

产权融合有效调动了校企双方的优势资源,一方面电气工程学院利用龙翔电气的平台,使学院的高职教育立足于电力生态圈,深深扎根于电力行业,使学院的办学成为有源之水,有本之木;另一方面,龙翔电气依靠学院平台,解决了人才供给问题,节省了人员培训费用,扩大了龙翔电气品牌影响力,获得了资金、场地、设备、技术、信息等方面的资源,给企业带来了直接的经济利益,极大地促进了企业的办学动力。产权融合给校企双方带来了实实在在的利益,形成了互惠共赢的办学形态。

二、电气工程学院产权关系

电气工程学院是河南机电职业学院与河南龙翔电气股份有限公司联合共建的产权融合型产业学院。学院以学校管理为主,既是教学单位又是生产单位。学院占主导地位,双方投资增加比例相同,谁投资归谁所有,共同使用,共同管理,共享收益。校企共同设立二级学院管理委员会,管委会接受合作双方的领导,并对二级学院内部的机构设置、人事管理、财务管理、资产管理、教学管理、学生管理等重大事项,以及重要规章制度,进行协商、审议和决策。混合所有制学院财务由学院财务处代管,实行独立核算。学院运营经费由河南机电职业学院划拨生均经费、学生学费、校企合作运营项目、企业投资等构成。经费支出主要用于改善教学条件、发放教职工工资、聘用校外专家及社会人才、教学实践、办公和其他必要的活动等。合作专业学生归属于新建混合所有制二级学院,合作专业从招生宣传、教育教学、师资培训、日常管理和顶岗实习及学生就业等过程由校企双方共同协商进行,专业提升课程、职业教育课程、实训基地建设独立运营,通过充分利用双方资源优势,确保办学模式各方利益最大化,实现互惠互利多方共赢。

三、电气工程学院组织结构

产权融合办学的管理体制采用党领导下的院长负责制,产业学院成立由学校选派负责人和资方代表组成的管理委员会,制定管理委员会章程,在学校的统一领导下,经双方总体协商,企业选派一名骨干领导任院长,校方选派一名有丰富思想教育经验的干部任党委书记,打破传统高职院校校方单独管理的体制。学院的专业设置、人事变动、课程开发、技术研发等重大事项由管理委员会组织相关人员集中讨论决定,从而真正形成校企共建共管的高度融合的办学体制。

电气工程学院设立学院管理委员会,学院实行管委会领导下的院长负责制,"管委会"拥有最高决策权,对试点学院内部的机构设置、人事管理、财务管理、资产管理等重大事项进行协商、审议和决策。为此,学院聘请河南龙翔电气股份有限公司董事长担任电气工程学院院长,电气工程学院党委书记由河南机电职业学院任命。电气学院的副职由体制融合后的二级学院院长(企业董事长)、书记(学院任命)向学院推荐,由河南机电职业学院任命。党委对学校的领导核心地位是我国高等职业院校领导体制最本质的特征,必须牢牢坚持和不断加强。为了加强党的领导,围绕电气工程学院的"三融"改革,在院系党总支的领导下,教研室、线场教学点和特色班各自成立党小组(教研室:电气自动化技术教研室党支部、电力系统自动化技术教研室党支部、实训教研室党支部、综合教研室党支部;线场教学点:淮阳线场教学点党支部、鹤壁线场教学点党支部、民权线场教学点党支部;特色班:电力设备生产安装特色班党支部、电力设计特色班党支部、电力运维及工程施工特色班党支部、国网商城特色班党支部),实现院系教学场所党小组的全覆盖,在党总支的领导下,根据教学的具体情况,以实际情况出发,结合社会主义核心价值观宣传教育,开展不同内容、不同形式的思想政治教育工作,确保各项工作能够顺利展开。

四、电气工程学院运行管理

(一)产权融合办学的人事管理体制

电气工程学院实行管委会领导下的院长负责制,学院院长由企业董事长(或董事)担任,党总支部书记由学院委派,副院长两名,企业、学院双方各委派一名。河南机电职业学院对电气学院及其师生员工履行党团管理职权,确保党的教育方针的落实及意识形态领域健康发展。

河南机电职业学院派驻电气学院人员的人事劳动等组织关系由河南机电职业学院负责管理,并对河南龙翔电气股份有限公司派驻学院人员的入职资格条件等予以核准、备案。专业教师由学院原有教师及企业工程师共同组成。学院师资队伍结构及数量须严格遵照国家有关规定进行配置,专职教师比例不得低于教师总数的50%,教师任职条件及总数依据教育部相关评估指标计算。学院鼓励教师到合作单位担任技术管理职务,企业工程技术人员兼任系教研室主任或专职教师,通过这种方式开展课程开发、课题合作、职业培训等,实现在教学、科研、技术服务方面的深度合作。电气学院的教职员工管理遵守国家法律法规、河南省人力资源部门和教育行政部门有关规定。教职员工遵守教师职业道德规范,认真履行岗位职责,进驻企业必须遵守企业的规章制度。合作办学终止,河南机电职业学院派驻人员由河南机电职业学院负责安置,河南龙翔电气股份有限公司派驻、聘用人员由河南龙翔电气股份有限公司负责安置。

1. 集中与分散管理相结合

职业教育的校企合作主要的目的是实现校企的双赢,而产权融合的办学体制,就是要打造将专业建在产业上,实现产业式办学。为此产权融合的二级学院采用集中办学和分散办学相结合的办学思路:以新郑龙湖校区为总部,院系教师可以进行课程开发、标准制定、高端培训、研发、创新创业等教学科研活动,为校外线场教学点提供总体规划和技术指导;对于各个专业的办学,寻求和专业完全融合的产业集聚区,将专业以线场办学点的方式建在产业集聚区内,利用带队老师和企业工程师,以师带徒的方式,进行教学、销售、生产、检验、运维等学习活动,让学生在学习理论知识的基础上,参与企业一线工作,将教学和生产过程完全融合,达到真正的产教融合。

2.线上与线下管理相结合

由于产权融合制学院利用产业办专业,实现了线场办学,这就要求管理体制不能墨守成规,为了更好地实现对师生的管理,院系领导利用现代互联网手段,实现线上与线下相结合的管理方式。线下,围绕专业,每两个行政班派遣一名专业老师和一名辅导员,专业老师负责相关专业知识的讲解、辅导员负责学生的思想教育工作,形成线场办学点的"院长"和"书记"的职责,同时,专业老师和辅导员利用产业集聚区,肩负校企合作开展,为办学寻找实训指导师傅,实现生产一线、教学一线、管理一线、监督一线、考评一线的"五个一"工程。

线上,对于线场办学点,利用互联网技术,将办学场景时时传输到新郑龙湖校区总部。同时,通过互联网技术,可以对线场办学点的同学,开展相关课程的线上教学和指导,通过动态监控,实现线上指导和监督。

3.教师、企业员工和学生一体化管理

为了更好地服务于企业和线场教学,带队老师和企业人员(企业管理副总及以上)成立管理协调小组,实现互聘,明确双方人员职责,实现教师、企业员工和学生在协调小组领导下的教育教学和生产,同时,利用所合作企业的制度,将线场办学点纳入企业管理范畴,作为企业的一部分,实现企业的统一管理。

(二)产权融合办学的财产管理体制

电气工程学院财务严格执行财政部《高等学校会计制度》和各项法律法规,实行独立核算,自负盈亏。学院优先确保教育部关于《普通高等学校基本办学条件指标(试行)》和《高职高专院校人才培养工作水平评估方案(试行)》所规定范畴的教学业务费的投入。由于产权融合学院的资产属性不同,所以实行产权所有权和使用权分离。同时,院系财务纳入学校的管理范畴,由学校统一管理,实行学校监控下的院系独立账户。按企业与学校在产权融合后的学院中资源投入情况,实行"混合所有制"运营,企业化管理。二级学院无偿享有使用学院公共设施的权利(教室、餐厅、操场等),同时二级学院享有无偿使用企业实训车间及培训基地的权利。在合作过程中双方所投资产由学院的合作双方(学校和企业)共同管理使用,在经营期间创造的财富由双方按比例分配。产权融合后的办学具有了一定的效益追求,但是,由于学校的公益性,财产属于国家所有,所以产权融合学院在办学管理过程中的人员、财产的管理具有自身的特点。

1.学校为主导,保持产权融合学院的公益性

成立的产权融合学院是学校的一部分,在学校的领导下开展办学,学院的重大决定,必须通过管委会同意方可执行,保证学院性质和学校的性质一致,仍然具有公益性。

2.产权融合要突出党的领导地位,实现党对职业教育的引领作用

产业学院要充分发挥院级党委统揽全局、协调资源的核心作用,探索完善科学化、民主化、规范化的决策制度,科学、合理界定党委、院长的决策权限,切实加强党的领导。

3.确保合作企业的主体地位

企业作为办学主体已被证明是职业教育走向成功的基本因素,也是发达国家发展职业

教育的成功经验。因此,在产权融合办学的过程中要确保企业的运行主体地位,使得企业可以从多方面直接获得经济利益,比如通过订单式培养获得人才供给,节省企业培训费用;通过接受学生实习,节省企业人力成本;通过共享学校资源,获得资金、场地、设备、技术、信息等;通过校企联合培养,直接获得培养费用。

(三)产权融合办学的运营机制

1. 教学管理机制的创新

产权融合办学以行业或企业对接专业的形式进行专业设置,根据合作企业或者行业及市场的需求灵活开设专业,确保学生"入学即入厂,上课即上岗,入学即就业",进而实现减掉过时专业、过时教材、纯理论试卷考试和一般性校园招聘会,将专业学院转型为产业学院。

(1)教学组织与管理创新。随着经济结构调整,传统产业改造和新兴产业迅速发展,大批低技能岗位正日益转化为高技术含量岗位,急需一大批适应新要求的高素质技能型专门人才。要满足这一需求,必须走"校企合作、工学结合"之路,即针对市场设专业,依托企业办专业,校企双方在"资源共享、优势互补、责任同担、利益共赢"的原则下,各扬所长,合作开展专业教学。这既能培养出大批高素质的技能型专门人才,也利于提高企业劳动生产率;既是经济发展对企业提出的必然要求,也是高职院校走向市场,更好地服务于企业,加快自身发展的必然要求。电气工程学院不仅突破了单一办学主体下的育人模式,以校企深度融合为基础,以学生发展为导向,而且创造性地引入了河南龙翔电气股份有限公司的企业文化、企业理念、企业运行方式对学生进行培育和管理。在育人理念和育人模式上向市场化、企业化、员工化转变。电气工程学院专业教学模式带来的创新与突破有如下几点:

一是促进了课堂教学与岗位训练的紧密结合。电气工程学院将企业、行业实际生产项目引入专业教学过程,通过项目驱动式教学、学生实训实习,促使学生真学真用、学用结合。将理论学习和岗位训练紧密结合起来,构建了以传统技能训练和高新技术培养相结合,课内学习与课外实践相结合的教学形式,学生既可操作传统设备,也可在较先进的设备上一试身手。这种具有"特色"的技能人才,能较好地适应企业发展和产品结构调整的需要,深受企业的欢迎。二是促进了专业课程开发与企业主流技术的同步发展。用人单位的直接介入,为学院专业教学紧密结合企业主流技术的发展提供了平台,促使专业课程的设置和开发创新与企业的主流技术的发展保持同步,实训与企业产品结构紧密结合。首先,以提高学生岗位应用技能为出发点,根据企业拥有的现代化设备和高新技术的应用,确定实习训练的重点。其次,根据企业产品结构调整的需要和行业的发展趋势,帮助学生创新思维,掌握一定的具有领先水平的作业方法,以满足其继续学习和可持续发展的需要。三是促进了校企双方市场竞争能力的提升。企业利用龙翔电气工程学院的人才和知识优势,提高了企业可持续发展的能力。对电气工程学院而言,推动了专业建设和课程改革,改善了师资结构,建立了实训基地,利用企业的技术、资源和市场优势,提高了教学质量和人才培养水平。

(2)延伸办学空间,打造线场办学点。为了更好地打造真实的一体化教学场景,突破了学校的藩篱,将教学点办在企业,使教学点成为公司内部的一部分,采用公司化运营,使整个院系采用线上教学、指导、监督,线下组织管理、项目合作、一线作业、成绩考评等形式,实现线上线下相结合的管理模式,具体运营机制如下。

根据线场教学点的规定,按照2∶200的比例,选派一名专业老师和一名辅导员,形成线场办学点的管理人员和企业人员共同组成管理协调小组,完成对学生和企业员工的统一管理。其中,专业老师除了负责指导师傅和学生的日常管理外,主要负责业务合作,利用产业集聚区的企业资源,洽谈学生的联合培养,学校在满足企业人力需求的同时,需要企业提供免费的师资力量,指导学生的教学和实践;企业在满足学校的岗位、师资力量的同时,需要学校提供学生素质的培养和基础知识的传递,以此来保证培养出合格的职业技能型人才,具体做法如下:

一是专业带队老师,组织相关指导老师,开展教学内容讨论,形成根据人才技能需求的岗位教学时间和教学内容,让指导师傅规划上课内容,形成活页式教案。二是辅导员开展学生座谈,统计学生兴趣,统筹协调学生学习岗位,给学生分组,并选举各小组学生组长,协助辅导员对该小组学生的日常事务管理。三是关注指导师傅课前准备的情况,建立课前准备检查与报备制度。一体化教学多以项目化教学为主,所以检查包括备课、项目准备情况,所需器材、活页教材、学情了解、学习资源等方面的准备情况。四是实施课前考勤,管理一体化课堂的组织纪律。要求指导师傅提前十分钟到达岗位场景,准备妥当后,课前 5 分钟点名,记录学生出勤情况,掌握管理教学纪律,调动学生上课的积极性,处理个别同学违反教学纪律的行为。五是查看学生作业。要求根据讲解后的项目内容,让学生准备相关的作业,指导师傅检查评定,在下一次上课开始时,根据作业情况,分析作业的优劣,培养学生分析解决问题的能力。六是准备课外辅导。针对在班级中有30%(含)以上学生反映不理解的问题,利用课余时间,安排辅导,保证学生学会学懂,提高教学质量管理的意识。七是进一步树立向管理要质量的意识。充分认识加强教学管理,对于提高教育质量的指导性、基础性、激励性、保障性作用,对教学管理中存在的突出问题,采取有效措施,切实提高教学管理水平。

(3)教学监督管理机制的创新。一是开展听课评议。听课评议本是传统教学的监督管理方法,但是在项目化教学的过程中依然可行。根据教学的实际情况,制作听课记录本,对指导师傅上课指导存在的问题进行现场说明,并做记录,让指导师傅签字,并上报给管理协调小组,为开指导师傅交流会提供材料说明。听课评议有利于教学问题准确诊断、正确决策;有利于改正指导师傅只会做不会说的弊端;有利于指导师傅之间的相互学习、切磋技艺、交流经验。对推进素质教育实施,加强师资队伍建设,全面提高教学质量有着不可低估的作用。二是对上课的情况进行督导检查。督导人员由管理协调小组的管理人员、高级技工和高级工程师组成,当天负责督导的人员 8:20 在管理协调办公室签到,并领取督导评价表,对当天教学情况进行督导,包括教师是否有迟到现象、教学所用工器具是否准备到位、学生迟到请假情况等。督导的签到和评价表交到管理协调小组办公室,反馈的问题于每周五下午一周总结会上统一沟通解决。三是开展教学质量评价。教学质量检测与评价是学校管理的重要手段,优良的教学质量是培养合格人才的根本保证。管理协调小组针对线场办学点的教学,开展多层次、多形式的定项评比活动,以此加强对知识、技能、情感态度和价值观等综合素质的监控。例如每月进行一次满意度调查,及时收集掌握学生对指导师傅的授课风格、内容和课堂管理等方面的意见;同时也通过各指导师傅之间进行听课评议等形式来对各指导师傅进行教学质量的评价;还通过组织开展作品展示,及时进行教学质量分析,了解教学情况,督查指导教师教学。

2. 学生管理运营机制的创新

电气工程学院打破了传统的教学模式,注重教学过程的开放性、实践性。学生在校企共同培养中切身感受到所学知识对工作实践的有效性,了解岗位对专业知识和技能的要求,从而明确学习目的,转变学习态度,进而激发学生对学习和训练的积极性,促使他们主动加强有关专业知识学习和技能训练,养成严谨求实的学风和工作作风,为以后的就业奠定扎实的基础。这种新型的教育模式,不仅对学生知识、技能的培养提出了更高要求,也给学生的管理工作带来了新的挑战。为了适应这种新的模式,学生管理工作者必须充分认识到校企深度合作办学给学生工作带来的新挑战,及时改革和调整学生管理机制,以适应教育环境的变迁和未来教育发展的趋势,为此电气工程学院形成以下学生管理制度。

(1)全新的学生管理机制。产权融合后的二级学院要从管理主体的角度去创新学生管理机制。这里包括组织领导管理机制、齐抓共管机制以及学生自我管理机制等。建立健全组织领导管理机制,是进行学生管理工作的关键。就混合所有制学院层面来说,学生管理工作不单单涉及学工系统,应建立并完善以整个二级学院行政系统为主实施的学生管理机制。这就要求二级学院领导必须明确自己的职责,切实加强对学生管理工作的领导,并建立一套行之有效的管理制度。

(2)灵活有效的心理教育模式。根据校企合作模式下学生的心理特点,要制定灵活有效的心理教育模式,这种模式应该贯穿学生的整个大学生涯,分为实习前、实习中和实习后三个阶段。一是要建立心理疏导机制。在实习之前,有些学生可能会对实习不理解,不认同学校的这种安排,认为大学生就应该在校园里多学习知识。另外还有一些学生踌躇满志,向往社会,向往工作,实习满足了他们开拓新天地的渴望,但又感到自己缺乏专长,缺乏竞争力,对即将面临的实习感到恐慌。基于这种情况,应建立起一套完整的心理疏导机制,即从二级学院领导到相关教师再到辅导员都必须重视学生的心理波动。耐心讲解实习的目的、意义,使学生站在更高的层面上和更广的社会背景中去看待问题。学生在校期间,开展灵活有效的活动,如运动会、文艺汇演、演讲比赛、知识竞赛等,有助于学生在活动中锻炼自己、正确认识和评价自己,有助于培养学生自理自立的能力,在活动中创设良好的交际环境,纾解心中的压抑和焦虑,在交往中培养学生宽阔的胸怀和乐观的态度。二是要建立心理互助小组,倡导德育同伴的心理教育。三是建立有效的沟通机制。辅导员、相关教师和企业指导教师要及时沟通,辅导员和学生加强交流,通过这两种有效的沟通渠道使学生心理疏导难题得到较大缓解。四是健全实习结束后的心理辅导机制。学生结束实习返校,辅导员及相关教师可采取总结报告、座谈讨论、个别谈心、评比竞赛等方式,引导学生结合企业学习,搞好分析总结,并注意在今后的学习、工作中不断改进、提高。只有这样,校企合作模式下学生管理工作才能产生实际效果。

(3)新型的教育理念和管理手段。在校园文化和企业文化不断融合过程中,学院应该充分发挥企业文化的积极作用,针对学生懒惰、依赖性强、功利性、自我意识强、不懂得感恩等现实状况,引导学生通过企业实习锻炼、企业调研、与企业人员交流等途径了解、学习企业文化和企业精神,并逐步内化为自身的自觉行为。在学生管理模式上可以参照企业的组织模式设置班委,以企业的管理模式实行"(班长)负责制",按照企业的制度制定班级规章制度,结合企业和专业的特点规划班级活动,以项目的形式组织班级活动,从而使学生在校期间就能感受企业文化氛围,帮助学生毕业后更快适应企业的工作。

(四)产权融合办学的保障措施

1. 资产设施保障

办学总部的办公设施、教学设施、实验室设备等,由校企双方共同建设,资产的所有权分属投资者所有,供学院办学使用,学院的住宿、餐饮由学校统一安排,保障办学的设施需求。线场办学点,因纳入企业内部管理,基础办公设备、住宿设施由学校购置,场地、教学设施、住宿场地、餐饮等借助企业设施,按年评估,给予企业一定的租赁费用,保障教学的开展。

2. 师资保障

学院师资主要由三部分组成:负责基础课教学及办公室工作的编制内高职院校教师,负责专业教学工作的企业优秀技术人员和负责日常管理工作的校聘教师。人员根据是否在编划分为在编、校聘教师(由学院研究决定工资待遇)和企业员工(由企业发放薪资或者学院适当给予课时费)。

3. 经费保障

学院向学生收取的各项费用(含学费及其他各项代收的服务性收费)必须严格执行国家规定的收费范围和标准,不得自行制订收费项目、提高收费标准或扩大收费范围等。学院运行经费由学校划拨经费、学生学费、企业投资等构成,在学校的财务监督管理下使用。学校投入资金、生源等,企业投入场地和资源。支出主要用于改善教学条件、发放教职工工资、聘用校外专家及社会人才、教学参观实践、办公和其他必要的活动等。

4. 考核保障

电气工程学院实行目标管理与考核,责任人与管委会签订《目标管理责任书》。河南机电职业学院依法按照教育行政部门办学要求对电气工程学院的办学进行监控、管理和指导,每年进行一次现代职业教育改革进展和办学成绩的评估。

五、电气工程学院办学成果

电气工程学院以市场需求为导向,以培养具有国际竞争能力的多层次实用型人才为目标,保证和提高教育教学质量,建设一流的教学与实践条件,努力把电气工程学院办成世界一流水平。为此,学院在产权融合怎样推动"产学研创"四境建设方面狠下功夫。实现素质教育与技能培养同步、专业与产业对接、学习环境与工作场景对接、知识与能力对接的一体化教学模式。

(一)真实场景建设

把教室建到车间,教学场所车间化,实现厂区就是教室,教室即是厂区,达到校企不分家。河南机电职业学院在学院产业园区无偿划拨土地给河南龙翔电气股份有限公司在学校建设生产车间。为学校节约了5000万元的实训基地投入,更重要的是引入了企业的技术力量和企业文化,为数千学生提供了直接面对实际产品、真实生产任务的校内工学结合岗位。

(二)形成相互促进的和谐共生状态

老师可以就近指导学生,根据企业生产实际调整教学计划和内容,实现理论教学与实践操作的"零距离"对接。双方自合作以来,取得了显著的成绩。其合作模式和办学理念得到了国家领导人和社会各界的认可,高质量的就业得到了学生和家长们的一致好评。几年来联合培养在校生人数累计达 2678 人,已安排毕业生就业人数达 1470 人。校企双方协同育人重在培养实用型技术人才,学生毕业即具备用人单位要求的技能,协同育人的成果得到了用人单位的认可,解决了新郑市部分企业实用型高技能人才的缺口。

(三)提高了人才培养质量

以龙翔电气需求为导向,解决电力人才的教育供给与产业需求重大结构性矛盾,建设了淮阳体验式教学基地,将产品生产、检验、技术工艺等环节直接引入体验式教学,将电气产品生产流程分解为 4 道工序,每道工序里又分解成 20~30 道子工序,将学生按照 4 道工序对应分组,再有计划分步骤学习其中的各个小工序。开发了《应用型新工科》《龙翔电气的制造与维保》《电能计量》等多套融课程教材。电气工程学院组织课程研发团队,进入生产一线,经过观察、分析、归纳、总结,梳理出岗位需要的技能,然后设计教学项目,并在实际的生产中进行教学、考评。经过以上融课程教育的学生,学习兴趣和学习效果显著好于其他学生,学生对课程的好评度也显著高于其他学生。

(四)促进了企业发展

龙翔电气自入驻学院工业园区以来,累计营业额近 7.4 亿元,依法纳税 3000 万余元,为新郑市的发展做出了应有的贡献。作为上市公司,龙翔电气积极承担相应的社会责任,响应新郑市人力资源和社会保障局的号召,积极承担农村转移劳动力培训近 2000 人并为他们安置就业;同时还积极承担 SIYB、GYB 培训,鼓励并扶持参训学员自主创业。

(五)完善了双师教师队伍

学院挑选 20 名优秀老师与 20 名企业员工组建师资团队,参照学校与企业规章制度,挑选技术工程师、检验工程师、生产技师,经过教学基本功培训、现场授课考核达标,主要在生产线上开展体验式教学活动,以培养学生的电力变压器、成套设备的生产、质检、运维工艺流程及管理规范,其间辅以电力变压器、成套设备专业讲座,达到理论与实践相结合的目的。企业员工以讲授实践教学活动为主,理论教学为辅,学校教师主要以学生思想素质教学、理论教学为主,实践教学为辅。

第三节　以企业为主体的产权融合型产业学院建设

以企业为主体的产权托管办学线场管理体制是河南机电职业学院送教入企,走出去办学的又一成果。学校按照专业对接产业、课程对接岗位、教学过程对接生产过程,深化产教融合,形成了专业链、产业链、教育链、人才链"四链"融合发展的校企合作命运共同体建设。提高了人才培养质量,促进了企业的发展。

一、体育健康学院办学概述

体育健康学院是积极响应"健康中国"战略,通过校企合作成立的河南机电职业学院二级学院。习近平总书记在党的十九大报告中指出:"人民健康是民族昌盛和国家富强的重要标志。要完善国民健康政策,为人民群众提供全方位全周期健康服务。"2018 年 4 月 11 日,习近平总书记考察博鳌乐城国际医疗旅游先行区规划馆时强调:"实现'两个一百年'奋斗目标,必须坚持以人民为中心的发展思想。经济要发展,健康要上去。人民群众的获得感、幸福感、安全感都离不开健康。要大力发展健康事业,为广大老百姓健康服务。"我国全民健康事业在新时代得到了党和国家领导人的高度重视,并将其纳入全面建成小康社会的重要指标。

(一)体育健康学院办学背景

1. 国家发展战略

2016 年 8 月,习近平总书记在全国卫生与健康大会上强调,要倡导健康文明的生活方式,树立大卫生、大健康的观念,把以治病为中心转变为以人民健康为中心,建立健全健康教育体系,提升全民健康素养,推动全民健身和全民健康深度融合。2017 年 10 月,党的十九大作出实施健康中国战略的重大决策部署,强调坚持预防为主,深入开展爱国卫生运动,倡导健康文明生活方式、预防控制重大疾病。党的十八大提出了到 2020 年全面建成小康社会的奋斗目标,这是党向人民、向历史做出的庄严承诺。这个宏伟目标,是"两个一百年"奋斗目标的第一个百年奋斗目标,是中华民族伟大复兴征程上的一座重要里程碑,是我们国家"四个全面"战略布局的核心内容之一。全面建成小康社会的建设要求明确包含了"人民生活水平和质量普遍提高""国民素质和社会文明程度显著提高"等内容。《"健康中国 2030"规划纲要》指出:推进健康中国建设,是全面建成小康社会、基本实现社会主义现代化的重要基础,是全面提升中华民族健康素质、实现人民健康与经济社会协调发展的国家战略,是积极参与全球健康治理、履行 2030 年可持续发展议程国际承诺的重大举措。未来 15 年,是推进健康中国建设的重要战略机遇期。经济保持中高速增长将为维护人民健康奠定坚实基础,消费结构升级将为发展健康服务创造广阔空间,科技创新将为提高健康水平提供有力支撑,各方面制度更加成熟更加定型将为健康领域可持续发展构建强大保障。到 2030 年,促进全民健康的制度体系更加完善,健康领域发展更加协调,健康生活方式得到普及,健康服务质量和健康保障水平不断提高,健康产业繁荣发展,基本实现健康公平,主要健康指标进入高收入国家行列。到 2050 年,建成与社会主义现代化国家相适应的健康国家。

2. 新时代健康观

2013 年 8 月 31 日,习近平总书记在沈阳会见参加全国群众体育先进单位和先进个人表彰会强调:"全民健身是全体人民增强体魄、健康生活的基础和保障,人民身体健康是全面建成小康社会的重要内涵,是每一个人成长和实现幸福生活的重要基础。我们要广泛开展全民健身运动,促进群众体育和竞技体育全面发展。"2016 年 8 月 19 日至 20 日,在全国卫生与健康大会上的讲话中,习近平总书记指出:"没有全民健康,就没有全面小康。要把人民健康放在优先发展的战略地位,以普及健康生活、优化健康服务、完善健康保障、建设健康环境、发展健康产业为重点,加快推进健康中国建设,努力全方位、全周期保障人民健康。"党和国家第一次明确把人民的身体健康纳入全面小康社会建设范畴。人民对健康的认识已经发生根本性的变化。未雨绸缪、治未病已经成为大家公认的"健康观"。

3. 健康产业发展

21 世纪,健康产业将成为继汽车、房地产、IT 和互联网产业后的第五波财富浪潮,在全球创造出不可估量的财富和机遇。目前,中国健康产业发展迎来了空前的黄金机遇。从

GDP的占比来看，欧美等国家的健康产业总产值占GDP的比重超过15%，而中国健康产业总产值仅占GDP比重的5%。《2018—2024年中国健康产业市场运营态势与市场发展前景预测报告》显示，2016年我国人口达13.79亿人，人均GDP达8123美元，为健康产业的发展奠定了坚实基础。《"健康中国2030"规划纲要》提出到2030年具体要实现的目标中包括：①健康服务能力大幅提升。优质高效的整合型医疗卫生服务体系和完善的全民健身公共服务体系全面建立，健康保障体系进一步完善，健康科技创新整体实力位居世界前列，健康服务质量和水平明显提高。②健康产业规模显著扩大。建立起体系完整、结构优化的健康产业体系，形成一批具有较强创新能力和国际竞争力的大型企业，成为国民经济支柱性产业。其中健康生活指标为：到2020年经常参加体育锻炼人数达到4.35亿人，2030年达到5.3亿人；健康产业指标为：健康服务业总规模2020年高于8万亿元，2030年达到16万亿元。随着经济的发展，人民对健康标准的要求越来越高，在我国健康产业又是一个蓬勃发展的朝阳产业。

4. 从业人员教育

2013年8月，时任国务院总理李克强主持召开国务院常务会议研究部署促进健康服务业发展时提出，要"壮大健康服务人才队伍，鼓励社会资本举办职业院校，规范并加快培养护士、养老护理员、康复治疗师等从业人员"。同年10月，国务院印发《关于促进健康服务业发展的若干意见》提出了促进健康服务业发展的政策措施，指出："健全人力资源保障机制。加大人才培养和职业培训力度，促进人才流动。"《"健康中国2030"规划纲要》提出：将健康教育纳入国民教育体系，把健康教育作为所有教育阶段素质教育的重要内容。以中小学为重点，建立学校健康教育推进机制。构建相关学科教学与教育活动相结合、课堂教育与课外实践相结合、经常性宣传教育与集中式宣传教育相结合的健康教育模式。培养健康教育师资，将健康教育纳入体育教师职前教育和职后培训内容。同时还要求：调整优化适应健康服务产业发展的医学教育专业结构，加大养老护理员、康复治疗师、心理咨询师等健康人才培养培训力度。支持建立以国家健康医疗开放大学为基础、中国健康医疗教育慕课联盟为支撑的健康教育培训云平台，便捷医务人员终身教育。加强社会体育指导员队伍建设，到2030年，实现每千人拥有社会体育指导员2.3名。健康产业的发展，必定人才先行，健康服务业是大健康产业的核心，健康服务业人才的培养成为大健康产业最重要也是急需解决的问题。

（二）体育健康学院办学概述

体育健康学院是河南机电职业学院与河南动力森林健康产业有限公司校企联合独立设立的河南机电职业学院二级学院。学院在河南机电职业学院"三融四境""一院一策"的办学思想指导下，扎根健身行业，依托专业人才师生共同创业，做强健身健康品牌产业促进学生高质量就业，师生创业成功反哺学院办强专业。学院为适应健身健康行业快速发展需求，现设有全日制三年健身指导与管理、体育保健与康复、健康管理专业，学院现有在校生300余人，专兼职教师、教练30余人。

二、体育健康学院产权关系

体育健康学院是由河南机电职业学院提供办学场地，由河南动力森林健康产业有限公司进行投资和运营的独立管理二级学院。学院建设面积8000余平方米，由河南机电职业学院提供,保证所提供房屋所有权的合法性,协助企业进行合作共建项目的水、电、气、暖等基础配套设施的建设,并且派人参与施工质量、进度、安全等各项工作的监督管理。合作办学协议签订两年内,河南动力森林体育健康产业有限公司投资约 1800 万元,对该项目的办公、教室、设备区、实训中心、公共区域进行改建、装修;投资约 200 万元为体育健康学院实训中心购置运动器材、训练设备,满足并达到专业人才培养、体育达标检测等国家规定项目和标准;在学院运行期间,聘用的健身教练与学院在编教师一起承担体育健康学院的实训教学,确保每周按时、按需安排学生实训上课。

学院按照"产、学、研、创"四位一体的综合体建设,逐步实现从传统专业学院到新兴产业学院的完美转变,从校企联合体到生命共同体的转变;实现学校与企业在人力资源、文化、制度、管理、经营等多方面的转化和融合;实现"我中有你、你中有我"到"我就是你、你就是我"的完美融合。

三、体育健康学院组织结构

体育健康学院作为河南机电职业学院和河南动力森林健康产业有限公司合作成立的独立学院,其性质是河南机电职业学院的二级学院,是对甲方负责的独立管理运行单位。学院设立党支部,实行党政联席会议制度,为学院的最高决策机构。党支部书记由河南机电职业学院委派,主要负责体育健康学院的党、团建设,确保学院办学方向正确和安全稳定。院长由河南动力森林健康产业有限公司负责人担任并主持学院日常工作。学院其他组织架构根据教育教学、公司运营、项目拓展、社会培训、创新创业等工作需要设置,其人员构成由企业和河南机电职业学院教师组成,完全实行企业化运营和管理机制。

四、体育健康学院运行管理

为确保校企合作共建体制下的二级学院独立和正常运行,根据《河南机电职业学院聘用人员管理办法(试行)》等文件,体育健康学院先后制定了《体育健康学院校企合作管理办法》《体育健康学院教职工聘用及管理办法》《体育健康学院教职工行为规范》《体育健康学院教职工职称评审管理办法》《体育健康学院教职工考核管理办法》《体育健康学院教职工考勤管理办法》《体育健康学院社会培训管理规范》《体育健康学院师生创新创业奖扶办法》《体育健康学院安全管理办法》等诸多配套运行管理制度。为体育健康学院的日常管理和开展工作打下了良好基础。体育健康学院成立以来,在党政领导班子的正确领导下,得到了快速健康的发展。

体育健康学院作为河南机电职业学院的二级学院,运行的是党总支领导下的院长负责制。院长作为第一责任人,在贯彻落实党的教育方针和社会主义办学方向的前提下,依托企业行业的发展需求、运营管理要求,行使学院发展规划、人才培养以及运营运转等各方面的决策和管理权利。

体育健康学院完全实行企业的管理和运行机制。学院在人力管理方面完全打破了传统学校的管理模式,派到体育健康学院的在职教职工,除其身份(事业单位编制)没有发生变化外,其角色已经发生了完全变化,既承担正常的教学任务又承担着企业的"教练"职责,其在考核、管理、薪酬等方面完全实行企业化运行管理模式。在人才培养方面亦是如此,每个学生在接受文化课学习之外,必须完成企业要求的专业技能的学习和培训,在学习期间既是学生也要承担着企业职工的一般工作,其大部分专业课程大都在实践岗位上由教师、教练带领完成,成绩或业绩好的可以获得创业支持。

五、体育健康学院办学成果

(一)实现学校与企业的"五融合"

深化产教融合,促进教育链、人才链与产业链、创新链有机衔接,是推进我国人力资源供给侧结构性改革的迫切要求。2017年12月国务院办公厅下发的《关于深化产教融合的若干意见》,对促进人才培养供给侧和产业需求侧结构要素全方位融合,培养大批高素质创新人才和技术技能人才进行了全面部署,借以推动构建教育和产业统筹融合的发展格局。体育健康学院基本实现了学院发展和人才培养与企业行业发展需求五个方面的融合。

1. 专业设置与产业发展需求相融合

专业设置是高职教育与社会需求紧密结合的纽带。专业设置是否科学合理,是职业教育为实现高职教育人才培养目标,提高教育质量,满足社会需求的关键环节。高职院校专业设置及调整应与地方经济产业结构的变动趋势相适应。如学院开设的健身指导与管理专业、体育保健与康复专业等,从其招生已经打破了传统的高中、中职等学生而扩大到了具有报名资格的"健身从业人员、健身爱好者、运动康复从业人员、按摩师、护士"等从业人员。完全实施"订单式"培养模式,以行业的需求为培养目标,以职业能力为本位,按照行业要求优化课程体系,创新教学模式,强化实践教学,使学生具备各方面综合技能。

2. 企业文化与学校文化相融合

校企文化融合是提高人才培养质量,建立现代职业教育体制,服务产业建设的根本途径。职业院校校园文化的建设,要在校企合作、校企共建的过程中,吸收、借鉴更多的优秀的企业文化,与学校的教育教学实际结合,形成浓郁的育人氛围,加强学生的职业能力与职业养成训练,培养学生的综合职业素养,使学生确立职业意识、职业理想,形成正确的职业价值观,为学生顺利实现从学校人到职业人的转化,为健康产业可持续发展奠定基础。教育部原副部长鲁昕指出"把工业文化融入职业学校,做到产业文化进教育、工业文化进校园、企业文化进课堂",为职业教育的校园文化建设指明了方向。产教融合、校企合作就是要将两种文化融合,在校企利益共同体层面形成集体文化。学生在理论和实践技能学习的同时,受到企业文化的浸染,培养学生具有企业精神、企业道德、企业价值观念,更快地熟悉职场的情景,为未来做准备。而企业吸取合作学校的价值观念、精神追求和科研成果,更新员工知识体系、创新员工思维方式。通过融合双方文化理念,为培养优秀人才奠基。主要包括五个方面:建设融合现代企业人文精神和科学精神的校园精神文化,建设融合现代企业经营理念和管理方法的学校制度文化,建设融合现代企业职业道德和奉献精神的校园环境文化,建设融合现代企业生产环境和生产方式的教学环境文化,建设融合现代企业人才需求和人才发展战略的人才培养文化。体育健康学院在"三融四境"和"1+X"办学模式指引下,结合自身特质,实施了双融教学模式,即专业老师理论传授与行业精英实践操作共同配合下的新的课堂模式。理论与实践有机融合,不仅便于学生理解吸收,而且也让课堂兼容了企业发展理念及营销新动向,体现了润物细无声的职业教育观。学院还借助赛事,创建行业品牌效应。学院通过承办"2019(年)CBBA'动力森林杯'中国健美健身公开赛(河南站)"等重大国家级比赛,在增强师生的凝聚力、自信力的同时,也让每位师生看到了自己的未来。然而,最大的增长点是引起了诸多相关企业、用人单位及社会同行高度关注,大大提高了体育健康学院的社会知名度,是未来校企再度融合、深度合作的最好平台。

3. 人才培养与企业经营相融合

在培养目标上,以企业岗位群对职业素质、能力、技能的要求为导向,不仅强调专业知识和技能的培养,还重视学生综合职业素质即核心能力的培养,强调安全意识、环保意识、质量意识和工作计划能力、工作协调能力、汇报沟通能力的培养。完善"工学结合"制度,在专业设置、课程开发上,及时根据行业发展和企业人才需求变化调整。在教学计划上,聘请企业生产人员参与教学和实践,将企业生产的专业技能、实践操作带进课堂,同时也把企业的职业知识、职业道德、职业文化等内容不断地融合到教学内容之中,重视校内学习与实际工作内容的一致性和先进性,将职业技能与职业素养结合。体育健康学院"对准市场设专业、对准岗位设课程、对准职业练技能",创办了游泳、羽毛球、搏击、瑜伽、健美操等社会培训课程,和军地两用人才培训、国内外联合办学等,均为依托行业发展和企业人才需求而变化,深度融入职业教育的重要切入点。

4. 学校制度与企业制度相融合

一套科学完整的企业管理制度可保证企业正常运转,使员工个人的活动得以合理进行,又成为维护员工共同利益的强制手段。学校制度与企业制度有很大的差异,校企双方相互借鉴,学校教育中,除了保证在课堂有效时间传授知识外,还要提前在教育内容中渗透现代企业制度的学习,培养学生的规则意识,把未来职业要求以多种形式呈现在学生面前,为学生职业发展做好准备。产教融合就是要将优秀的企业制度中的基本要求融入学校教育教学和学生的日常生活中。体育健康学院从教育体系的系统性和严谨性、企业发展的实效性和创造性出发,着重于专业技能和工作激情的培养,兼容企业理念实施了以下制度:①调休制。全体教职员工,可在日常工作的前提下,依据自己生活所需,适时调休,不仅提升工作实效,也体现了工作与生活的融合。②教师双重制。学院教师既是教练又是创业导师,时时担负着教练、教师的双重身份。

5. 学生培养与创业就业相融合

"以服务为宗旨,以就业为导向"是职业教育的主要办学方向。学院要主动适应经济和社会发展需要,以就业为导向确定办学目标,找准学院在区域经济和健康产业行业发展中的位置,加大人才培养模式的改革力度,坚持培养面向生产、建设、管理、服务第一线需要,"下得去、留得住、用得上",实践能力强、具有良好职业道德的高技能人才。体育健康学院设立的初心就是以河南省健康产业发展为背景,对接健康产业发展对人才的需求开设专业和制定培养方案。在学生培养过程中融入企业产业发展教育和创新创业教育,将就业创业能力纳入培养过程中,在培养过程中完成心理和角色转变。如学院将专业课程放在企业的实体项目经营环节中完成,学生既掌握了专业技能又学会了管理、经营以及创业的政策和基本条件。

（二）实现了"五对接"

1.专业设置与职业岗位对接

专业设置与职业岗位对接实施职业教育"就业导向"核心内容之一。也是实施产教融合、校企合作,深化职业教育人才培养模式改革的基本要求。专业与产业、职业岗位对接,是根据产业发展和岗位需求动态调整专业设置。体育健康学院开设的健身指导与管理和体育保健与康复专业正是根据健康企业、行业发展对应用型技术人才的需求设置的,摒弃了传统体育相关专业设置,如各种传统田径项目。健身指导与管理专业主要对接各类大型健身健美俱乐部,从事私人健身教练、有氧团操、搏击、瑜伽、舞蹈、游泳、普拉提等团课教练,以及场馆管理、赛事策划与组织、健身运动管理咨询、经营开发等工作岗位。体育保健与康复专业对接运动训练基地、专业运动队、各级医院的康复机构、健康休闲俱乐部、职业运动俱乐部、养老院、社区、健康与康复科研所、体育与卫生行政部门等机构从事康复治疗、健康教育、健康测定与评估、健身指导、卫生保健等工作岗位。

2.课程内容与职业标准对接

专业课程内容与职业标准对接,是指根据产业转型升级对职业标准提出的新要求,将职业标准融入课程标准、课程内容的设计和实施中。体育健康学院在专业课程中加入了私教概述、私教职业道德操守和俱乐部运营流程等课程,由企业方教师授课,利用他们丰富的健身房工作经验,传授学生真实的工作案例,使学生在校学习期间对将来所从事的工作有了详细了解,明确自己的职业定位和发展方向。

3.教学过程与生产过程对接

教学过程与生产过程对接,是指强化工学结合,加强实习实训环节,培养符合产业标准的人才。体育健康学院对在校生实行学习积分制,参与实训学习、备赛训练、考取证书都能获得一定积分,积分达标后就可以到实训中心上私教课,使学生在实践中锻炼自己的能力,并获得相应的劳动报酬,在一定程度上激励学生们的学习训练热情。

4.学历证书与职业资格证书对接

学历证书与职业资格证书对接,是指大力推行"双证书"制度,提升人才培养的针对性。推行"1+X"模式。"1"是学历教育证书,"X"是职业技能等级证书,如"健身教练国家职业资格证书"、CPR（救护技能证书）、CBBA（中国健美协会专业健身教练证书）、动力森林高级私人教练认证等证书。体育健康学院具有颁发以上证书的资质,开设的课程完全契合职业技能等级证书的要求,使学生在校学习期间不但掌握知识技能,在通过相应的考试后获得所需从业资格证书,学生毕业后可直接走上相应的工作岗位。

5.职业教育与终身学习对接

职业教育与终身学习对接,是指根据产业发展和技能型人才成长需要,拓宽继续学习渠道,为人才可持续发展提供支撑。体育健康学院不但承担学生在校期间的专业学习、就业创业,因学生本身又是企业的职工与合作伙伴,学院还承担其就业创业后续的跟踪和培养,实现职业教育与终身学习的有效衔接。体育健康学院设立大学生就业创业基金,学生毕业后提供相应的创业项目书,评审通过后可获得企业资助的无息贷款,帮助学生尽快获得创业所需资金。体育健康学院定期邀请业内的名师大咖前来讲学授课,凡是体育健康学院的毕业生,可终身免费回母校进行毕业生再培训。

（三）实现了五个转变

1. 专业学院向产业学院的转变

学院把特色产业学院作为学校创新人才培养模式的重要载体,采取"产学研创"四位一体的育人模式。其基本特征就是企业将自身实体产业的生产过程与人才培养完全结合起来,或职业院校将本身建有的实体产业与学生的培养完全结合起来,其目的主要是实现"产教融合"。体育健康学院拥有自营健身房,承接对外健身教练的培训,与企业共同开发健身器材,并且开设有多种体育项目的青少年及成人的培训,这些产业为学生提供大量的学习机会和实践岗位,也为企业带来了丰厚的收入,从而实现"产教融合"的良性生态圈。

2. 学校单主体育人向校企双主体育人的转变

产教融合的核心是要让行业企业成为重要办学主体,这是深化教育供给侧结构性改革的重大举措,将深化人才发展体制机制改革和推进供给侧结构性改革结合起来统筹推进。同时,将落脚点放在提高教育质量,优化服务供给,切实解决人才供需"两张皮"的现实问题上,推动教育与经济社会发展相协调,促进就业创业,引领和支撑产业转型升级。人才培养与企业需求不相符一直是困扰职业院校人才培养的一大难题,体育健康学院依托行业办产业、依托产业办教育,学生们学习、实践的环境就是完全真实的工作场境,解决了在校优等生就业以后却"水土不服"的问题。

3. 学校教师与企业教练角色转变

学校与行业企业,在管理层面上组成教育治理共同体,人员交叉互担实职,改单项聘任兼职为双向兼职。体育健康学院的院长由企业方总经理兼任,总体负责学院的管理工作;学校方派副院长在企业方兼任副总经理,参与企业的运营;校方教师的管理制度参照企业人员管理制度;企业方派出实训教师参与教学工作,实现真正意义上的"校企深度融合"。

4. 学生与企业职工角色转变

传统的职业教育使大学生从学校走向社会,是一个艰苦的角色转换过程,由于受自身因素和客观环境因素的双重影响,在角色转换过程中常产生一些心理障碍。如:①心理期望值过高,与现实有落差,产生失落感。刚刚进入企业的大学生,每个人都有很高的理想抱负,真正开始工作后,由于种种原因,部分毕业生认为自己所落实的工作岗位不够理想,与原来设想中的岗位相差甚远,却又无法改变现状,因而产生失落心理。②不适应新的环境而产生畏难心理。有的大学生在进入新的工作单位后,缩手缩脚,不敢大胆开展工作,究其原因,很大程度上是因为面对新的环境,不知道如何着手开展工作,因而难以进入状态,总觉得不适应,这样就产生了急躁、畏难心理。③自以为是,过高估计自己而表现出自傲心理。有些毕业生轻视实践,放不下架子,实际上是眼高手低,大事做不了,小事又不做,从而很难完成从"学生"到"企业员工"的角色转换。④见异思迁的浮躁心理。一些大学生在角色转换过程中表现出不踏实、不稳定的特征。这山望着那山高,一阵想干这项工作,一阵想干那项工作,对本职工作坚持不下去,缺乏敬业精神。体育健康学院的学生因为长期在完全真实的企业环境中学习实训,经常在实景课堂中历练、熏陶、成长,明确自己的定位,熟悉企业的制度和文化,从而在毕业后能够迅速实现学生角色和企业员工角色的转变,消除了各种不健康就职心理,更快适应新的环境。

5. 理论教学与实践教学方式的转变

教育教学方式的转变是职业教育实施产教融合的一大特点,改变了传统教室、实训室时空教学方式,实现了理论教学与生产、研究、就业、创业相结合,实践教学变为生产实岗相结合。体育健康学院所开设的专业均为实践性比较强的专业,需要学生有扎实的理论知识和实践能力,学生在校期间,大量的时间和精力都用在自身能力的培养上,在经历一系列的学习实践后,他们能完全适应企业需求,清楚职业定位,并且拥有一定的创业能力,成为社会需要、企业需要、自身发展需要的合格健康产业人才。

第四章 产权协同型产业学院建设

第一节 产权协同型产业学院的基本特征

一、基本概念

(一)协同理论

协同就是指两个或者两个以上的不同资源或者个体,共同完成某一目标的过程或能力。经济学领域主要是考虑其"协同效应",指企业生产、营销、管理的不同环节、不同阶段、不同方面共同利用同一资源而产生的整体效应,简单地说就是放大效应、增效效应。即结构元素各自之间的协调、协作形成拉动效应,推动事物共同前进,对事物双方或多方而言,协同的结果是使各个获益,整体加强,共同发展。导致事物间属性互相增强、向积极方向发展的相干性即为协同性。协同论认为,千差万别的系统,尽管其属性不同,但在整个环境中,各个系统间存在着相互影响而又相互合作的关系。其中也包括通常的社会现象,如不同单位间的相互配合与协作,部门间关系的协调,企业间相互竞争的作用,以及系统中的相互干扰和制约等。

(二)产权协同型产业学院

产权协同型产业学院参照协同理论的增强效应,基于"人才"这一共同目标,通过产权投入,各司其职,协同育人。其目标是使校企双方获益,整体加强,共同发展。围绕"育人"这一目标,企业按照人才需求安排实习实训、生产岗位、提供生产技术,学校则按照人才培养目标和人才成长规律开展教学。但二者需具有协调性,相互配合。为实现这一目标,根据产业学院管理主体不同,产权协同型产业学院分为两种情况,一种是以学校为主体的产权协同型产业学院,另一种是以企业为主体的产权协同型产业学院。

二、产权管理

(一)以学校为主体的产权协同型产业学院的产权管理

以学校为主体的产权协同型产业学院的产权管理,与以上产权托管、产权融合相比,其产权使用、管理等,既具有独立性又具有协同的特点,在不影响各自使用的前提下又要具备协同育人的作用。

1. 人的管理

以学校为主体的产权协同型产业学院对于校企双方投入的人力资源,由以学校为主组建的管理团队实施全面协调管理。企业投入产业学院的管理、技术人员等应服务产业发展需求,按照产业学院分工承担管理、教学、科研、生产等任务,但与产权托管、产权融合产业学院相比,其仅限于实现自身工作岗位的育人功能。

2. 物的管理

校企为共建产业学院投入的土地、建筑、设施设备(以上均为使用权)等,在所有权不变的情况下,均由以学校为主组建的管理团队实施全面管理并负责日常维护。同时,学校在对物的使用时必须按照双方共建产业约定的范围、方式等使用,不得超越双方约定的适用范围。

3. 经费的管理

由校企双方投入产业学院的办学经费,依据约定由校企双方各自投入。其中企业投入的经费按照自身财务管理规定实施。在经费管理中,学校不具备直接管理权限,但是对企业经费投入方式、使用范围等应按照约定实施。

4. 无形资产的管理

这里主要指对共建产业学院校企双方的校名校誉、企业的商誉、专利、著作等无形资产的管理。对于无形资产的管理,学校必须按照双方约定的方式、范围使用,对于能够直接产生经济效益的无形资产,如专利、著作以及成果转化等,必须按照双方约定执行。

(二)以企业为主体的产权融合型产业学院的产权管理

1. 人的管理

以企业为主体的产权协同型产业学院对于校企双方投入的人力资源,由以企业为主组建的管理团队实施全面协调管理。学校投入产业学院的教师、管理等人力资源应服务产业学院发展需求,按照分工承担管理、教学、科研、生产等任务,但仅限于实现自身工作岗位的育人功能。

2. 物的管理

校企为共建产业学院投入的土地、建筑、设施设备(以上均为使用权)等,在所有权不变的情况下,均按照约定承担育人功能。

3. 经费的管理

由校企双方投入产业学院的办学经费,依据约定由校企双方各自投入。其中学校投入的经费按照自身财务管理规定实施,不受企业一方监督。在经费管理中,企业不具备直接管理权限,但是对经费投入方式、使用范围等应按照约定实施。

4. 无形资产的管理

这里主要指对共建产业学院校企双方的校名校誉、企业的商誉、专利、著作等无形资产的管理。对于无形资产的管理,须按照双方约定的方式、范围使用,对于能够直接产生经济效益的无形资产,如专利、著作以及成果转化等,按照双方约定执行。

三、运行管理

(一)机构设置

1. 理事会(管理委员会)

产权协同型产业学院根据发展和管理需要,一般设立理事会(管理委员会),实行理事会

(管理委员会)领导下的院长负责制。理事会或管委会是产业学院的决策机构,由合作学校、企业按照约定人数组成,主要审核产业学院的发展规划,审定人才培养方案、任免产业学院人事任免等重大事件。

2.组织建设

产业学院设立党总支或党支部,隶属于学校党委,党组织负责人一般由学校任命,主要负责产业学院思想政治教育工作。

(二)运行机制

1.人才培养

学院和企业共同制定专业人才培养方案,按照约定承担育人功能。校企双方共同制定人才培养标准,确定培养方案。按照分工双方提供教育资源,开发课程,实施人才培养。

2.教学管理

产权协同型产业学院的教学管理,按照约定和共同制定的培养方案实施,校企双方各司其职,协同育人。

3.质量监控

双方根据共同制定的人才培养标准、培养方案,以任务为驱动,以项目为导向,以提高学生传媒职业技能与素质为目标,制订具有专业特色的教学计划和实习课程标准,包括教学大纲、教学实施方案、专业实习实训大纲和顶岗实习方案等。教学督导组对教学和实习教学质量进行监控,并定期检查教师教案、教学日志、记分册记载情况。

4.评价与管理

校企双方共同制定课程和实习实训考核方案,在学院学习的课程基地要提出具体考核标准;在基地进行的课程、研究院实习和项目组实习,双方要共同制定考核标准。

(三)保障措施

1.经费保障

产权协同型产业学院的办学经费由共建各方按照约定共同承担,分别支出。学校投入将产业学院办学经费依据学校财务有关规定单独预算,按照支出范围、方式、比例、管理权限等纳入产业学院统一管理。企业投入经费方式、数量、适用范围、支出方式等由企业按照其财务管理规定投入产业学院。

2.制度保障

产业学院无论托管方为合作企业或是学校,其均为非法人性质学校二级单位,独立管理。根据学校人才培养和企业生产需求,建立校企协同的管理体系和组织机构。形成以理事会章程或管理委员会章程为依据的制度体系。

第二节　以学校为主体的产权协同型产业学院建设

新时代,在行业形势及国家政策推动下,我国智能制造产业发展迅速,随着企业智能制造转型升级的不断升温,人才结构正在发生重大变化。河南机电职业学院紧抓时代机遇,通过与企业联合创办公司、联合创办科研平台、联合创办科技学院,走出了一条以学校为主体的产权协同线场体制下人才培养与人才供给相得益彰的创新之路。

一、智能工程学院办学概述

(一)三个平台介绍

1. 智能工程学院

智能工程学院是河南机电职业学院在《中国制造 2025》提出的制造强国背景下,高标准建设的二级学院。为与时俱进服务"产业数字化、制造智能化"的工业变革,学院与国内多家知名智能制造企业开展战略合作,开设工业机器人技术、智能控制技术、机械制造及自动化、数控技术、模具设计与制造、材料成型及控制工程(本科)、自动化(本科)七个专业,按照校企联合"线场教学、协同育人"的"线场模式"办学,为我国新一轮科技革命和产业变革培养紧缺人才。学院现有专兼职教师 106 人,其中教授 6 人(含教授级高工 2 名)、副教授和高级工程师 35 人、河南省职教专家 1 人、河南省文明教师 2 人、河南省教育厅学术技术带头人 7 人、河南省技术能手 3 人。教学团队结构合理,成绩突出,先后被评为"河南省首批高校黄大年式教师团队"和"河南省创新型科技团队"等。

2. 河南省超硬材料智能制造装备集成重点实验室

该实验室是由河南机电职业学院与郑州华晶金刚石股份有限公司(明华智能系统研究院股东)联合共建的省级重点实验室,本着校企人才共用、资源共享以及合作共赢的原则,主要在超硬材料的制造工艺与装备技术、超硬材料的智能制造监测和控制技术、超硬材料大数据的采集和管理及分析应用技术三个方面开展创新研究和人才培养。

3. 河南明华智能系统研究院有限公司(以下简称明华研究院)

该公司是由河南机电职业学院与郑州大华机电技术有限公司、洛阳启明超硬材料有限公司、郑州华晶金刚石股份有限公司四家股东联合创办的创业公司,明华研究院创办的初衷,一是面向超硬材料行业提质增效,为企业智能制造转型升级提供智能生产系统解决方案,二是为企业智能制造转型升级培养紧缺人才。我校智能工程学院代表学校参与联合创业,探索校企协同育人新路径。

(二)合作背景

超硬材料被誉为"工业牙齿",河南省是国内超硬材料行业的领航者,产量占全国市场的80%以上。虽然河南省超硬材料及制品产业已形成明显的产业链竞争优势,但"大而不强"的问题也愈来愈突出,以超硬材料的产品为例,超硬材料制造成砂轮片市场价大约 100 元,而制造成高铁刹车闸片,进口 10 000 元以上,国产化 3000 元左右。高铁刹车闸片关乎生命安全,故在产品性能指标达到技术标准后,更需要在生产过程中减少人员干预,提高产品一致性,保证产品合格率,提高生产过程标准化作业。智能化生产是解决以上问题的有效方案。

从超硬材料行业可窥见我国制造业企业智能制造转型升级的必要性,随着智能制造的推进,企业的岗位设置正发生着变化,一些传统岗位正在消失,一些新兴岗位人员需求旺盛,人才结构正在发生重大变化,由过去的三角形向着菱形发展。三角形是底层流水线工人、技术工人占比大,菱形是中间的工程师占比大。以此引发的是企业转型升级后对人才的井喷式需求。

智能工程学院正是抓住了企业对智能制造人才紧缺的时机,通过与企业联合创业办产、与企业联合建科研平台的方式,推倒校企各自的围墙,以人才供给为共同利益取向,按照人财物、责权利三权分置的制度建设,保障企业对人才的培养权(企业课程输入)和优先选择权,保障教师在"四境"中知识与能力的提升权,保障学生在"产境"下的学习权与优先就业权。这种以学校为主体的联合创业,破解了专业教育体系封闭,校企合作"一头热""两张皮"的问题。

二、智能工程学院产权关系

智能工程学院与企业联合创办公司明华研究院,公司投资装修毛坯楼层,拥有 500 平方米的使用权。公司法人由职业经理人华淑杰担任,监事由学校教师担任。公司独立自主经营。学校独具本校人事、财务、固定资产的所有权、管理权、使用权。学校教职工和企业员工党组织关系统一归属智能工程学院党总支。公司拥有学校的固定资产使用权,但需要与学校协商方能使用;学校师生有公司建设项目参与权,签订校企联合协同育人协议。

智能工程学院与企业联合建设的重点实验室享有学院所有固定资产的使用权。实验室主任由智能工程学院院长兼任,副主任由学院教师兼任,办公室主任由学院教师兼任。实验室人员由学院、企业及其他科研院所人员兼职担任,实验室不负责工作人员的基本工资,实验室经费来源由专项拨款和社会服务组成,独具财务的所有权、使用权和管理权。实验室政府经费购买的固定资产所有权、使用权、管理权归学校所有。科技攻关的知识产权归企业、学校和实验室三方共同所有。

三、智能工程学院组织结构

重点实验室与智能工程学院是平行机构,学院部分教师兼任重点实验室研究人员,但他们都是教师身份。两个部门教师同时兼任明华研究院的工程师,但主身份是教师,明华研究院的工程师兼任学院线场教学的教师身份,但主身份是工程师,他们都具有"双身份"。

(一)教师的"双身份"

部分教师融入明华研究院工程期 2 年以上的智能工厂建设项目,在项目研发设计期、制造期、首台套装备出厂调试期、智能系统现场总装联调期,2~3 名教师全过程参与,教师脱离学校由企业全权管理。众所周知,教师是学院建设发展的"第一资源",是具有高度关联的第一位战略资源。教师能否开发"线场课程"、胜任"产境"下的"线场教学",是学校"线场模式"办学的关键。现实中大多数的职业院校教师都是从学校到学校,没有产业经历,即便从企业引进的工程师,在新一轮科技和工业革命中,技术也日渐落后。教师实践能力不足、知识不能保鲜的问题,导致了教学内容不能实时更新。所以我们提出了教师的培养培训体系,学院要求研究生以上学历的教师全部要有"双身份",即教师身份和在产境、研境里的工程师身份。这两个身份有主次之分,要明确自己的主要工作和次要工作。例如在"产境"中担任主身份的教师全程参与明华研究院智能工厂建设项目,并承担在项目中开发培养、培训课程。

（二）工程师的"双身份"

学院的学生参与明华研究院项目的首台套装备出厂调试期,此时期之前(含此时期)由学校管理,此时期之后由企业全权管理。学生按电气、机械、工业机器人岗位分组配备给公司的工程师,此期间工程师在项目岗位中兼任教师身份,签订企业(工程师)兼职教师教学工作协议书。

四、智能工程学院运行管理

学校线场体制提出三权分置、产权协同的根本是促进校企同步发展,双方互惠互利。因此明确人财物、责权利的制度建设是可持续发展的前提。

（一）建章立制是产权协同的保障

完善的产权协同制度体系是校企联合办学、办产、建科研平台的基本保证。为保障智能工程学院与河南明华智能系统研究院有限公司产教融合的进一步深入,联合协同育人的顺利进行,学院与企业协商共同制定了校企联合办学制度体系(见表4-1),保障产权协同。

表4-1 智能工程学院校企联合办学制度体系

序号	层面	相关制度	备注
1	基础性制度	1.《河南明华智能系统研究院有限公司章程》 2.《智能工程学院与河南明华智能系统研究院有限公司协同育人协议》	
2	具体规章制度	1.《智能工程学院日常教学管理制度》 2.《智能工程学院协同育人教学资源管理办法》 3.《智能工程学院协同育人师资队伍管理办法》 4.《智能工程学院兼职教师(企业工程师)管理办法(试行)》	
3	实施操作制度	1.《智能工程学院智能控制技术专业发展规划》 2.《智能控制技术专业人才培养方案》 3.《智能工程学院协同育人师资队伍建设》 4.《智能工程学院协同育人课程建设方案》 5.《智能工程学院协同育人顶岗实习管理办法》 6.《智能工程学院协同育人学生评价机制》	

校企联合办学的制度体系包含三个层面:一是基础性制度层面,包括河南明华智能系统研究院有限公司章程、智能工程学院与河南明华智能系统研究院有限公司联合办学协议,用以明确联合办学的定位、功能,明晰管理体制,规范各方责权利等,符合国家法律,充分体现"自由、平等、守信"的契约精神;二是具体规章层面,以基础性制度为前提,制定日常教学管理、资源开发、合作共享、队伍建设等实施性制度,保障人才培养的有效实施;三是实施操作层面,在前两类制度基础上,形成项目具体实施办法,即发展规划、专业建设、课程开发、师资培养、实践教学、考核评价等方面的实施办法。如果把第一层制度视为掌舵,第二层制度视

为运作,那么第三层制度就是作业书,三个层面缺一不可,通常是伴随校企联合办学实施进程的深入而逐步完善的。

(二)资源共享是产权协同的基础

校企资源互补,产生叠加和扩大效应,是校企合作的根本目标之一,因此要在实习、实训资源、人力资源两个方面达到最佳的结合以实现高效融合。

1. 教学资源的共享

学校主要提供基础的实验室、校内实习实训场地,企业则能够提供一线真实的生产岗位、技术装备和相应的研发岗位,使学生在真实的环境中进行锻炼,培养学生解决实际问题的能力。因此校企协同育人环境下,建立互惠互用的一线场境是学生在校期间实践能力培养和职业素质养成不可缺少的教学场所。

校企协同育人资金以货币资金、实物、房屋等有形资产或土地使用权、知识产权折价投入,同时包括教学设备捐赠等,视为联合办学的启动投资;后续则根据需要分期投资或追加投资,以保障学校正常运转和持续发展。校企联合办学,企业与学院共享实验平台,共建具备教学、科研的实验平台,为师生提供教学、科研所需的软硬件环境,让教师与工程师工作环境深度融合。师生既可以在共建实验室完成教学,也可以使用企业的实验设备从事研发,工程师也可以利用共建的实验室平台验证项目研发情况,真正实现实验室资源的开放和共享,智能控制技术专业教学资源见表4-2。

表4-2 智能控制技术专业教学资源

专业	场地性质	实验、实训室	所有权
智能控制技术专业	基础性实训基地	计算机机房、电工电子实训室、液压气动实训室、电机实验室、PLC实验室、传感器实验室、单片机实验室	学校
	综合性实训基地	钳工车间、机加工车间、工业机器人仿真实训室、工业、工业网络实验室	学校
	教学科研型实训场地	智能工厂、机器人应用培训中心	学校
	科研型	明华研究院、河南省智能工业云平台工程技术研究中心、河南省超硬材料智能制造装备集成重点实验室	校企共建
	分布式办学点	明华研究院甲方项目建设点	校企建设权

2. 人力资源的互补

校企合作共同体成员除了本职工作,还要承担协同育人工作。学校的教师参与企业的项目并开发课程,同时深入了解本专业的研究动态和发展趋势,保障知识和能力的保鲜。企业工程技术人员除了完成企业工作以外,要将项目建设的技术方案教授给学生,并在项目现场按照师傅带徒弟模式完成工作任务。

五、智能工程学院办学成果

学院自 2016 年创办到 2019 年 7 月将学校原机械工程学院合并以来,以智能制造为主攻方向,以工业机器人技术为引领的专业群建设,始终沿着校企共赢这条主线,以人才为利益纽带开展项目实施、生产经营、科技攻关,从而实现学院和公司的良性互动、互惠互利、共同发展。

(一)校企联合赋能产业学院

明华研究院的创办,打开了智能工程学院在新一轮科技革命和产业变革下面向市场办学的大门,走出了真正把学院办成产业学院的新路子,形成了"合作企业的生产线建在哪里,我们的人才培养就跟到哪里"的"线场"育人模式。这一育人模式驱动着我们的人才培养从底层技术工人向着智能制造产业链工程师的精准转型。形成了各专业对口的合作企业不同,课程的"学境"与"产境"交替模式不同的"1.5+0.5+1""1.5+1.5""0.5+1+1"的阶段性课程体系。

(二)校企联合赋能企业人才红利

明华研究院自创办以来,在赋能办学的同时,研究院在投标项目里中标率高达80%。公司两年来中标的学校项目见表4-3,其主要中标原因是基于教学的增值服务,即师资培训和课程配送。

表 4-3　公司两年来中标的学校项目

序号	客户名称	项目名称
1	山西机械高级技工学校	焊接工业机器人
2	山西机械高级技工学校	焊接 X 射线检测系统
3	唐山劳动技师学院	数字制造工厂实训成套设备

石家庄博深工具有限公司中标的主要原因一是研究院技术实力,二是为企业转型升级提供人才供给。石家庄博深工具有限公司先后两次到学校参观考察,一再强调要保障学校给企业的人才输送,2018 年 9 月学校 2016 级学生按期到岗。2019 年年初,学校与内蒙古某企业有 14 亿的项目,甲方当地政府旗长来学校考察,委托学校培养当地学生。2018 年以来学院与苏州博众、上海赫比持续保持线场教学合作关系,每年有近 500 名学生在企业完成线场教学任务。

(三)校企联合建科研平台互惠互利

企业参与办学根植于市场经济,需要兼顾两方面的需求,一是遵循职业教育发展规律,增强学校办学实力,二是遵循企业发展规律,抓住人才和技术这两个提高企业竞争力的核心要素,服务于企业发展。企业提出需求,双方研发关键技术,2018 年围绕产业关键技术、核心工艺,学校将三家股东生产一线需求作为技术服务和科研选题,在郑州华晶金刚石股份有限公司市级重点实验室的基础上,成功申报了河南省超硬材料智能制造装备集成的省级重点实验室,并整合学院博士和企业专家开展研究,主要研究方向为超硬材料的制造工艺及装备技术、超硬材料的智能监测和控制技术、超硬材料大数据的采集和管理及分析应用技术。通过对超硬材料产业的深入研究,为行业发展提供前沿和共性关键技术,满足高档产品发展需求,推动行业快速、稳步发展,促进河南省超硬材料等优势产业转型升级。

教师是事业编制,人事相对稳定,学校是高学历人才集聚之地,近几年随着职业院校教师待遇的提高,博士也开始选择职业教育。学校组建科研团队根据合作企业的需求科技攻关,师资队伍由过去的"跟跑"企业转变为现在的"并跑"以及关键技术的"领跑",充分发挥学校的高端人才优势赋能企业,双方需求互补从而增强企业与学校合作的黏合度。

(四)校企联合创业硕果累累

近三年来,校企联合创业通过办学、办产、建研究平台,在教学成果、科研平台、学生赛项取得了丰硕的成果。包含1个"1+X"证书河南省牵头专业、2个河南省特色专业;拥有1个省级重点实验室、1个省级工程技术研究中心、1个国家级实训基地、省级教学成果一等奖2项、省级科技成果二等奖3项及三等奖1项;河南省首批高校黄大年式教师团队1个,河南省创新型科技团队1个,河南省职教专家1人,河南省教育厅学术技术带头人7人,河南省文明教师2人,河南省技术能手3人,学生职业技能大赛国家级一类赛项一等奖、二等奖各1项,省级技能大赛一等奖16项、二等奖19项;省级及以上科研成果5项,发明专利40项。

六、智能工程学院线场体制新动态

经过近三年的联合创业,学院打破封闭的教育体系,及时明晰产业发展趋势、重点所在,清楚企业人才需求,在人才培养、专业服务产业发展方面深受合作企业的认可,学校的价值在企业的发展中愈来愈升值。"栽下梧桐树引来金凤凰",在卓尔不群的办学声誉下,2020年5月河南机电职业学院与世邦工业科技集团股份有限公司共同创办了世邦科技学院。

世邦工业科技集团股份有限公司主要从事高端矿山机械、工业磨粉机、城市智能盾构机、新能源重卡的研发制造和绿色矿山设计工程服务等,为建筑骨料、工业磨粉、矿石加工和绿色建材领域提供的智能解决方案和成熟的配套产品,赢得了全球130多个国家客户的高度赞誉。集团下属9个高端装备制造有限公司、4个世界分支机构和3个互联网电商平台。2020年集团新成立河南世邦教育科技有限公司与我校智能工程学院共同管理运营世邦科技学院,双方依托各自优势,培养智能制造与互联网高技能人才。开启真正意义上的校企混合所有制办学之路,为校企产权协同办学在线场体制建设、线场人才培养体系建设、线场课程建设方面探索新方法和新路径。世邦科技学院第一批学生为智能工程学院2019级机械制造与自动化专业4个教学班,在完成第一年校本部教学后,后两年在企业完成线场学业。世邦科技学院一期建在世邦修武产业园,学校投资实训设备、建PLC实验室;企业投资建设机房、实训车间、教室、宿舍、体育活动场地,企业生产车间全面作为学院教学资源。目前校企双方正基于企业用人岗位和典型产品、典型任务开发课程,学校也发挥自身优势组建智能焊接教师团队助力企业产业升级。

第三节 以企业为主体的产权协同型产业学院建设

云商学院是河南机电职业学院积极响应教育部原部长陈宝生提出的号召,在全国范围内率先"把学校建在产业基地和开发区里,把专业建在产业链和需求链上"的二级学院。学校利用华南城的产业优势以及企业发展、产业转型升级、招商引资等对人才的极大需求,通过深化产教融合、校企合作,对企业生产、经营、创新创业环境再造,打造了"四真"(真场景、真实习、真项目、真绩效)育人模式;创建了由企业家、研究员、创新创业导师和理论老师组成的"四导师"教学团队,实现了理实一体化培养。华南城2万多商户成了云商学院发展的"沃土",很多企业成了合作伙伴,成了上专业课的"教室",打造了多主体协同育人的长效机制,构建了产教融合、校企合作的良好生态。云商学院以其独特的办学模式得到各级领导、企业家和学生的认可,成为各级媒体追捧的对象,新商科办学的典范。

一、云商学院办学概述

(一)云商学院办学背景

2018年3月,时任教育部部长陈宝生在答记者问时指出,职业教育要推动向深度发展,需要明确"产教协同"中,"产"是支撑,"教"是核心;"校企合作"中,"校"是龙头,"企"是基础。"把产业基地建在开发区里,把专业建在产业链上、需求链上,这样我们的职业教育、产教融合、产教协同、校企合作就能取得更大进展。"为落实河南机电职业学院"三融四境"办学模式,同月,河南机电职业学院商贸物流学院整体搬迁至郑州华南城电商产业园,组建云商学院。4月19日,在郑州华南城招商中心举办了云商学院揭牌仪式。云商学院充分贯彻职业教育发展理念,职业教育发展供与需相匹配。华南城需要什么专业,我们办什么专业。云商学院目前设有电子商务、网络营销与直播电商、大数据与会计、大数据与财务管理、特色"创业班"等专业,与华南城商业业态具有很高的契合度。云商学院依托华南城商业环境,与周边锐普电商、千蚁电商、迅语科技、酷众电商、他山科技、百益汇会财务、瀚义地产等企业合作,采用"四真"场景(真场景、真实习、真项目、真绩效)培育人才,提高教学质量。通过融商业场境、融学习场境、融创业场境、融研究场境,构建混合所有制二级产业学院、"1+X"证书制度、智慧学习工场、智慧创业生态部落、商业研究体系,提升社会服务能力,构建人才培养保障体系,形成"产学研创"生态圈,夯实职业教育改革的基础,实现职业教育服务区域经济发展的目标。

新郑市国民经济和社会发展"十三五"发展规划明确提出:以郑州华南城为依托,打造千亿级商贸物流产业集群。不断强化郑州华南城等龙头骨干引领带动作用,加快推动商贸物流业扩容提质、增效升级,打造在中部地区有影响力、有辐射力、有资源整合力的商贸物流基地;打造千亿级电子商务产业集群。以互联网零售为主体,以华南城为先行示范,鼓励华南城、华商汇等物流企业开发电商平台,形成"店商+电商+零售服务商"的新型商业模式。加快打造中部电商基地,加快华南城推进特色商业区建设。完善华南城电子商务产业园和华南城网商创业园,着力打造中原地区最大的"互联网+"创业平台。到"十三五"末,建成辐射中原经济区的商贸物流中心。云商学院正是全国第一个把学校办到企业里的校企合作项目,切实响应党的十九大"产教融合、校企合作"的号召,教育部和教育厅多次派专家来论证这种产教融合、校企合作新模式。这种模式可以解决企业人力资源拓展难题,为企业低成本注入创新创业活力,提升了企业形象,学校师资队伍可以增强企业科研智能智造力量,以需求为导向订制开发的互联网产品可以优化传统企业产品结构,线上线下结合可以提升企业经营效益,带动传统企业转型,真正深化产教融合,能批量培养企业需要的复合型人才。

华南城作为大企业平台,负责牵头匹配企业人才需求和对口院校专业,然后让需求企业租华南城场地,要求他们提供实训场地、业务设备、双创教学、产品支持,学校提供基础课程教学、学生管理和部分教学设施,让学生在校企共建、校企融合的环境下进行学习,在学习和训练的过程中就能创造真实效益。学生从大一开始一直到毕业,长时间在华南城生活读书,给华南城带来了人气,带动了华南城全业态招商——写字楼(教学场景)、专业市场(双创实训场景)、商业配套(生活消费场景)、产业地产(生产装配场景)、住宿(教师公寓、学生宿舍场景)。

(二)云商学院办学模式

云商学院根据华南城业态办学,逐渐形成了真场境、真项目、真实习、真绩效的"四真"教学场境,培养知识型、技能型、创业型"三型"新商科人才,引领职业教育改革的方向。

1. "四真"场境

(1)真场境。即让学生以真实的身份融入郑州华南城商贸物流环境中去,以人才培养方案中的教学任务为依据,积极利用好郑州华南城的各种真实场景,有企业上云场景、会计代理记账场景、电子商务销售平台的场境、乾龙物流园区各种物流生产运作场境,以这些真实的场境为基础,帮助学生快速掌握新商科各种场境下的技能,解决校企之间的人才供需矛盾。

(2)真项目。合作企业从实际工作中选取典型的项目,交给学生设计方案,学生在教师指导下,利用所学的专业知识,搜集前沿性资料,经过多方酝酿,理出思路,完成设计方案。设计方案反馈给企业,企业组织专家对这些方案进行评估,选出有实用价值的方案,根据方案优劣给学生划分不同的层次,企业采用这些方案,给学生一定的设计费作为报酬;学校根据企业的评判,作为学生的成绩,计入学习档案。从接手项目到方案设计,再到方案实施,通过完成各个阶段的任务,将学生的职业能力和职业素养进一步升华。

(3)真实习。传统的实习是在实验实训室进行,都是借助工具或软件模拟实习。云商学院搬到华南城后,根据课程的安排,分步骤、分阶段到华南城企业顶岗实习。学生在企业完成一项具体的任务,把学习的理论知识和实践技能充分结合,在提升自己的同时可以获取劳动报酬。这种实习使学生在真实的工作环境下,完成真实的工作任务,最终为提高人才培养质量,为实现充分就业打下坚实的基础。

(4)真绩效。即学生在真项目、真实习过程中为企业创造了真正的效益,为社会创造了价值,同时学生自身也同样要获取相应的劳动报酬,使得学生在"四真"教学环境下更有进取的动力和积极性。

2. "三型"人才

(1)复合型。复合型人才包括知识复合、能力复合、思维复合等多方面。当今职业教育的重要特征是学科交叉,知识融合,技术集成。这一特征决定每个人都要提高自身的综合素质,个人既要拓展知识面又要不断调整心态,变革自己的思维,成为一名"光明思维者"。

(2)创业型。创业型人才是潜在的创业人才。他们都具有创业的冒险精神和创业的坚强意识,同时也具备了深厚的创业技能和创业知识,能够发现、抓住创业机会。

(3)技能型。技能型人才就是把成熟的技术和理论应用到实际的生产、生活中的人才。技能人才的培养更加重视实践性教学环节如实验教学、生产实习等,通常将此作为学生贯通有关专业知识和集合有关专业技能的重要教学活动。

二、云商学院产权关系

为加强财产管理,明确经济责任,保证资产的安全完整,账实相符,防止固定资产流失,根据有关财经法规,结合学校实际,制定了资产管理制度。在原有管理制度的基础上,校企双方约定,按照协议,双方对投入的设备设施所有权不变,使用权归双方合作建立的主体。在资产清查方面,对所有固定资产,每年进行一次清查,以物对账、以账对物,做到账表相符、账账相符、账实相符。发生盈亏、报废等情况时及时处理调整账户,保持固定资产账、卡、物相一致。学院在进行财产清查时,要在学院领导的安排下,由办公室主任具体负责,组织企业和学校相关人员参加,进行清查。

三、云商学院运行管理

为企业服务是学校的指导思想,也是打开校企合作大门的前提和基础,决定着合作成败和成功率的高低。学校主动深入企业调研,了解企业人才需要状况、用人标准、技术需求,积极为企业开展培训,急企业之所急。校企合作双方互利是校企合作的基础。企业有权优先选拔留用学生,有权根据学生能力对学生就业进行部分淘汰。校企合作是双项活动,校企双方的利益与责任必须高度统一,必须统一领导、统一管理、统一规划、统一实施、统一检查考评。学校定期组织专业理论教师到企业现场培训,请企业高级主管或能工巧匠来学院讲座。通过校企互动,学校教师在企业学到了实践知识和能力,企业技术人员增长理论知识,实现理论与实践互补,实现理论与实践一体化。鼓励企业积极参与和支持校企合作培养高级应用型和高素质技能型人才工作。建立健全校企合作培养高级应用型和高素质技能型人才的工作机制。及时将企业对应用型人才的需求信息,包括专业、知识结构、素质能力等反馈给合作学校,指导学校合理制定人才培养方案、设置课程和安排教学,并为学生提供实习实训场所和设备、接受合作学校教师到企业生产一线实践、选派中青年老师担任合作学校指导教师、组织优秀学生代表利用假期直接参与企业的运营工作。

四、教学运行机制

教学的过程中,创设企业真实环境,力求根据现代企业的要求,把工场建设成为"教学工厂",做到"三引":一是引进合作企业的设备和技术;二是引入合作企业的管理机制,工场负责人从企业引进,实习(生产)车间的主任、实习(生产)指导教师或引进、或聘请、或由企业直接选派优秀的技术人员担任,学生就是"教学工厂"的员工;三是引入合作企业的文化,使之与校园文化相融合。

1. 人才保障

根据学校专业需求,支持学院引进高层次人才,同时鼓励学校与企业合作开展"四师型"教师培养培训,着力打造高质量"四师型"教师队伍。

2. 资金保障

近年来,学校在地方财政十分紧张的情况下,逐年加大对云商学院的资金投入,2023年建设大学生活动中心、图书室、云溪阁等基础设施,保障了学校转型发展的需要。

3. 政策保障

国家层面、学校层面鼓励和支持校企合作、产教融合的配套政策,为产教融合、校企合作创造更优环境,提供更大支持。充分调动了云商学院和华南城的积极性,推动了地方高校与企业行业的深度合作。

五、云商学院办学成果

(一)科研成果——三个创新团队

1. 产业优化与区域发展创新团队项目

项目名称:河南省要素资源协同经济增长的机理与政策研究。

项目负责人:张震。

预期成果:河南省高等学校哲学社会科学应用研究重大项目(2019-YYZD-07)成果结项评价"优秀"。

依托单位:云商学院。

2. 特高校建设创新团队的项目

项目名称:职业院校混合所有制体制创新和生态发展机制研究。

项目负责人:王本亮。

预期成果:河南省教育科学规划重大招标课题成果结项评价"优秀"。

依托单位:云商学院。

3. 区块链教育创新团队的项目

项目名称:引领新技术教育赋能,创新区块链复合型人才培养。

项目负责人:王全录。

预期成果:省级科研奖励一等奖以上。

依托单位:云商学院和北京知链科技有限公司。

主要成员:王全录、袁芳文、刘全宝、张林峰、王建、刘富潮。

(二)创新创业成果——五种创业形态

1. 学徒制

云商学院创业社团组织学生给华南城店铺当学徒,学习商品知识、商业技能、商业文化。帮助华南城商户理货,制定营销方案,提升商户品质。既解决了华南城商铺用工难问题,更重要的是,学生在学徒过程中提高了专业技能,锻炼了社会实践的能力。

2. 创业部落

创业部落给学生提供创业空间和交流平台,学生在此进行创新创业思维的交流和碰撞,学生在专业教师的指导下,在创业部落中进行讨论分析,提出商业创意。学生根据创意,撰写项目计划书,项目负责人组建创业团队,在路演厅通过路演、演示产品、推介理念,吸引到更多的投资合作伙伴。创业部落为大学生创业者提供良好的工作空间、网络空间、社交空间和资源共享空间,项目在众创空间孵化成功后,到华南城独立开办公司。云商学院2016级学生郝奕霖组建创业团队,在创业孵化环境下创业成功,成立郑州悦霖保洁服务有限公司,为云商学院16号公寓楼提供物业服务。

3. 工作室制度

云商学院建立了工作室制度,教师成立公司,带领学生创业经营,目前已经建成了6个工作室,为学生提供实习岗位200个、工作岗位30个。同时为每个工作室配备学生创业团队,教师带领学生团队在共享办公区域交流想法,碰撞思维的火花。

(1)雷根强工作室。雷根强是河南机电职业学院1997届的校友,他创办的蓝龙环保科技有限公司,主要从事环保工程领域的技术开发、销售和服务。该工作室为学生提供实习岗位50个,工作岗位15个。

(2)李俊梅工作室。李俊梅是财务管理专业带头人,她带领财务管理教师团队成立李俊梅工作室,该工作室旗下公司郑州龙润会计有限公司成立于2015年,主要经营公司注册、代理记账、税务咨询等业务。

(3)宋新方工作室。宋新方是电子商务专业教师,他依托河南阿里菜市实业有限公司,主要经营生鲜蔬果、特色小吃以及上门配送服务。他组织物流专业学生成立线上营销团队,提供客户服务和上门配送。

(4)李晶晶工作室。李晶晶是电子商务专业教师,她依托河南茂承电子商务有限公司组建李晶晶工作室。主要从事基础服装经营,整合来自国内外优质的服装品牌,提供个性化服装定制。

(5)李倩工作室。该工作室发掘市场需求,利用公司丰富的社会和媒体资源,如河南电视台、《郑州日报》等省内大型媒体,《经济日报》《大公报》等省外知名媒体,以及众多知名网络媒体等,为华南城企业、商户提供广告垂询、投放,软文宣传,媒体公关等服务。

(6)郭文斐工作室。郭文斐是市场营销专业带头人,他带领市场营销专业教师团队组建郭文斐工作室,依托北京多采多宜网络科技有限公司,主营业务为资产管理、投资管理、企业管理咨询等。

4. 合伙人制

为帮助云商学院学生创业,郑州华南城控股有限公司免费提供150间店铺,林景店社区出资装修店面,合伙企业提供商品,云商学院师生负责线上线下运营,经营产生利润由四方分成,探索出一种新的商业零售模式。另外,部分入驻华南城的商户,与学院合作开展实习实训,企业与学生签订实习协议,学生实习业绩达到企业规定要求后,可以转化为企业的合伙人,享受企业利润的分红。

学院与百业会计共建财务共享中心,与顺丰共建河南顺丰线场教学基地,与悦信达共建电商直播基地,与讯语共建电商推广、电商运营基地,与千蚁共建电商客服中心及短视频运营中心,共计使用面积3300平方米。2018级学生王鹤杰,2023年"618"达到日销售额300多万,每月销售额近千万;2018级学生刘玲在"618"当天和团队创下500万惊人业绩,月销量达到千万。

5. 驻场包线

郑州风神物流有限公司为物流管理专业学生提供承包东风汽车主机厂零部件供配业务,为鼓励学生积极性,企业让渡10%红利股给学生。学生在真实的生产经营中学会汽车制造业零部件仓储、运输、库存管理等专业技能。

通过驻场包线,使学生了解企业一线的真实场境,在实践过程中不断对与课堂教学有关的问题进行思考,帮助学生完成由生手到熟手,进而转变为能手的过程;同时,也使得参与实践的教师,对如何培养高素质高技能的应用型人才有了更深刻的认识和理解,认识到当前人才培养与企业需求之间的差距,为以后在专业建设、课程开发、教学工作中有进一步提高打下了良好的基础。在驻场包线过程中,校企组成专业团队,将企业培训课程与学院理论课程通过"四境"因子进行深度融合。风神物流对员工培训工作高度重视,不论是新进人员还是老员工,每一年度按照不同的人员等级,从一线员工到管理人员、领导层,均安排有定期的培训工作。校企双方针对企业培训与职业教育的不同之处和切合点,对现有的课程资源、培训资源进行整理再编,以满足校企双方的共同需求。

云商学院师生在驻场包线过程中对风神物流的轮胎压装线进行调研,与企业技术人员一同深入现场,详细了解轮胎压装线的实际生产情况,了解叉车等物流设备的路线规划等,此前,总成排序区安装防呆系统为一料一位布局,距离排序辊道较远,平均搬运每个轮胎需走6米,作业员劳动强度大。针对此问题,学院师生与物流技术人员共同商议,根据轮胎尺寸及排序区作业面积制作一辆小推车;员工在排序时将整台车的轮胎码放在小推车上,推到相应的辊道边,和辊道对接,推到辊道上,减少轮胎搬运次数及搬运距离,对降低劳动强度起到了很好的效果。

师生驻场包线的模式,也弥补了企业在物流仿真技术方面运用不足的缺点。云商学院师生通过对现场的调研,运用物流仿真技术,将实际生产场境搬入仿真软件 Flexsim,在虚拟环境中建立仿真模型,并设定实际工况、实际工时,对该生产线进行仿真,对生产过程中主要数据进行统计,输出生产线设备利用率、平衡率等数据供企业参考,为企业的生产运作管理提供借鉴和理论参考。

(三)课程教学成果

1. 成立产教融合教学指导委员会

云商学院与华南城、合作企业共同成立产教融合教学指导委员会,充分保障"产教融合、校企合作"在华南城深度实施。

2. 普及融课程教学

云商学院全面推行融课程教学,小班式教学、小组式教学、理实一体化教学、任务—完成式教学等极大地促进了学生自主式学习,得到了师生、企业一致认同。

3. 联手企业家主导的双创课

云商学院产教融合教学委员会下设企业家双创教学组,教学模式包括企业家问与答、企业家摇篮、企业家星火计划等,促进学生创新创业意识,让学生创新创业华南城落地开花。

4. 引入四导师教学

云商学院采用四导师制度,聘请企业家、研究院专家讲课,企业经理指导创业,教师采用融课程指导学习。四导师制的引入教学极大地开拓了学生的知识、技能和经验的新边界。

5.融能力教学团队

云商学院把传统的教研室改造为融能力教学团队,团队分为专业融能力教学团队和公共融能力教学团队。专业融能力教学团队的主要任务为融课程教材的编写与制作,融课程教案的研讨,融课程内容的讲授。公共融能力教学团队主要培养学生的组织能力,团队建设能力,演讲等能力。

(四)合作成效

截至2018年6月16日,河南机电职业学院云商学院已在园区投入新硬件设备、人员等费用共计2 935 712元,开设了多门企业选修课,与园区14家企业开展双创教学,并与14家企业签订校企合作协议,帮扶学生创新创业,帮助园区企业发展成长,增加就业,带动了园区企业发展;园区企业通过校企合作,人才得到补充;引发了各方关注,政府、协会、企业、学校考察累计30余次,大河网、搜狐网等多家媒体报道;已经被教育部确定为中国职业教育第一个智慧教育工场试点单位。云商学院落户华南城,不但促进了校企融合,也优化了华南城的产业结构,直接为华南城吸纳商户累计13家,招商面积共计10 906.39平方米,已交租金1 040 395.9元,合同租金3 390 201.84元,为华南城的发展注入了活力。

在2019年11月,云商学院应邀入驻郑州际联云仓储服务有限公司(以下简称际联云仓),到2020年3月,与际联云仓联合千蚁电商、讯语科技等企业共同开展校企合作。通过学院与企业的共同努力,在2020年的"618"活动当月,为企业创造销售额将近5亿,带动了际联云仓的电子商务物流业务发展。

第五章 产权合作型产业学院建设

第一节 产权合作型产业学院的基本特征

一、基本概念

合作,即个人与个人、群体与群体之间为达到共同目的,彼此相互配合的一种联合行动。成功的合作需要具备的基本条件主要有以下四个方面:一是一致的目标。任何合作都要有共同的目标,至少是短期的共同目标。二是统一的认识和规范。合作者应对共同目标、实现途径和具体步骤等,有基本一致的认识;在联合行动中合作者必须遵守共同认可的社会规范和群体规范。三是相互信赖的合作气氛。创造相互理解、彼此信赖、互相支持的良好气氛是有效合作的重要条件。四是具有合作赖以生存和发展的一定物质基础。必要的物质条件(包括设备、通信和交通器材工具等)是合作能顺利进行的前提,空间上的最佳配合距离,时间上的准时、有序,都是物质条件的组成部分。

(一)产权合作

产权合作,即基于合作的四个条件,为实现同一目标,以相互理解、彼此信赖、互相支持为前提,按照约定,通过产权投入、协同工作等实施合作的方式。

(二)产权合作型产业学院

产权合作型产业学院是校企合作双方围绕"培养人才"这一共同目标,通过人财物的产权合作,建立的校企共同育人模式。根据产业学院管理主体不同可以分为两种情况:一种是以学校为主体的产权合作型产业学院,产业学院的管理由学校组建的团队全面负责;另一种是以企业为主体的产权合作型产业学院,产业学院由企业组建的团队全面管理。产业学院为学校独立二级单位。

二、产权管理

(一)以学校为主体的产权合作型产业学院的产权管理

以学校为主体的产权合作型产业学院的产权管理以学校为主,校企双方投入的人财物虽然没有产权托管、产权融合结合的紧密,但在不影响企业生产的前提下,合作企业也要为产业学院的人才培养提供必要的场地、建筑、生产设备、技术人员、生产工艺、岗位标准、经费等资源,以满足产业学院人才培养需要。同时参与人才培养方案的确定、课程开发、双师队伍建设、培养培训工作,参与产业学院管理。校企双方投入的人财物均由学校协调管理。

1. 人的管理

即双方投入产业学院的人力资源,由以学校为主组建的管理团队实施全面管理,按照产业学院分工承担管理、教学、科研、生产等任务。企业参与产业学院的管理,技术人员劳动关系不变,但应按照分工在本职岗位上完成育人任务。

2. 物的管理

企业为产业学院投入的土地、建筑、设施设备(以上均为使用权)等,在所有权不变、满足生产需求的情况下,按照协议约定还应承担育人功能。

3. 经费的管理

由校企双方投入产业学院的办学经费,依据约定由校企双方各自投入。其中企业投入的经费按照自身财务管理规定实施。在经费管理中,学校不具备直接管理权限,但企业经费投入方式、使用范围等应按照约定执行。

4. 无形资产的管理

这里主要指对共建产业学院校企双方的校名校誉、企业的商誉、专利、著作等无形资产的管理。对于无形资产的管理,学校必须按照双方约定的方式、范围使用,对于能够直接产生经济效益的无形资产,如专利、著作以及成果转化等,必须按照双方约定执行。

(二)以企业为主体的产权合作型产业学院的产权管理

以企业为主体的产权合作型产业学院的产权管理,由企业为主组建的产业学院团队托管管理。学校主要委派党支部书记、教学管理人员和辅导员参与产业学院管理。该类产业学院一般以企业投入为主。

1. 人的管理

以企业为主的产权合作型产业学院,学校投入的人力资源不变,劳动关系不变。企业对学校投入的人员实施全面的管理,完全按照企业的管理模式实施管理。其薪酬仍由学校承担。

2. 物的管理

以企业为主体的产权合作型产业学院,学校投入的设备设施等所有权不变,其投入的方式、管理等均按照国家有关规定实施。学校在对物的使用上必须按照双方约定的范围、方式等使用,不得超越双方约定的适用范围。

3. 经费的管理

由校企双方投入产业学院的办学经费,依据约定由校企双方各自投入。其中企业投入的经费按照自身财务管理规定实施。在经费管理中,学校不具备直接托管权限,但是对企业经费投入方式、使用范围等,按照约定具有管理权。

4. 无形资产的管理

这里主要指对共建产业学院校企双方的校名校誉、企业的商誉、专利、著作等无形资产的管理。对于无形资产的管理,学校必须按照双方约定的方式、范围使用,对于能够直接产生经济效益的无形资产,如专利、著作以及成果转化等,必须按照双方约定执行。

三、运行管理

(一)机构设置

1. 理事会(管理委员会)

产业学院根据发展和管理需要,一般设立理事会(管理委员会),实行理事会(管理委员会)领导下的院长负责制。理事会或管理委员会是产业学院的决策机构,由合作学校、企业按照约定人数组成,主要审核产业学院的发展规划,审定人才培养方案,负责产业学院人事任免等。产权合作型产业学院理事会或管理委员会,理事长一般由产业学院的主体方担任,理事会或管理委员会成员以主体方为主。

2. 组织建设

产业学院设立党总支或党支部,隶属于学校党委,党组织负责人一般由学校任命,主要负责产业学院思想政治教育工作。

(二)运行机制

1. 人才培养

学院和企业共同制订专业人才培养方案,合作企业根据产业发展前景和岗位需求提出人才培养规格、课程设置和实习实训安排等。以学校为主的产权合作型产业学院的人才培养由学校为主的产业学院管理、教学团队负责实施。以企业为主的产权合作型产业学院的人才培养由企业为主的产业学院管理、教学团队负责实施。

2. 教学管理

为了实现培养目标,保证教学顺利开展,要根据学院和基地实际,严格执行学院各项规章制度,同时制定各项管理制度,对学生进行实习前培训和教育,使学生明确基地学习目的、任务、方法和考核办法。教学管理组每学期对基地学习和实习实训情况进行集中检查。

3. 质量监控

双方根据专业人才培养目标和教学体系,以任务为驱动,以项目为导向,以提高学生传媒职业技能与素质为目标,制定具有专业特色的教学计划和实习课程标准,包括教学大纲、教学实施方案、专业实习实训大纲和顶岗实习方案等。教学督导组对教学和实习教学质量进行监控,重点检查是否依据教学大纲、实训方案和实习大纲内容实施教学,是否按计划组织学生进行顶岗实习和现场教学。

4. 评价与管理

校企双方共同制定课程和实习实训考核方案、考核标准;理论课评价由学校负责统一实施,专业课根据考核方案由企业负责组织实施,学校参与。

(三)保障措施

1. 经费保障

产业学院的办学经费由共建各方共同承担。学校根据协议约定,将产业学院办学经费依据学校财务有关规定单独预算,按照支出范围、方式、比例、管理权限等纳入产业学院统一管理。企业投入经费方式、数量、适用范围、支出方式等由企业按照其财务管理规定投入产业学院。

2. 制度保障

产业学院无论托管方为合作企业或是学校,其均为非法人性质学校二级单位,独立管理。根据学校人才培养和企业生产需求,建立校企融合的管理体系和组织机构。形成以理事会章程或管理委员会章程为依据的制度体系。

第二节　以学校为主体的产权合作型产业学院建设

在"产教融合、校企合作"的背景下,随着国家深化职业教育改革的推进,产权合作办学成为职业教育适应并服务经济发展的必由之路。郑州宇通客车股份有限公司是集客车产品研发、制造与销售为一体的世界性大型现代化制造企业,河南机电职业学院有六个汽车类专业。企业有技术、人员需求,学校有实习、就业需求,双方需求点一致,产业专业关联度紧密,深入开展校企合作,共建汽车工程学院、产教融合实训基地、宇通"厂中校"线场教学点。

在职业教育产教融合背景下,汽车工程学院践行河南机电"线场模式"改革,实施人员互聘、专业共建、教材共编、课程共担、资源共享。通过"三权分置",破解产教融合、校企合作中企业与学校割裂桎梏的难点和痛点。以真实生产场境作为育人场境,以解决企业真实问题、完成真实任务为导向,在工作中学习,在学习中工作,培养企业所急需的高素质技术技能人才。

针对汽车制造与装配技术专业建立现代学徒制、企业新型学徒制、"1+X"职业技能培训教学示范点,通过和企业合作开设"厂中校"订单培养班,使学生成为企业的准员工,实施现代学徒制人才培养,建立校企联合招生、联合培养、一体化育人的长效机制,实现校企资源共享,合作共赢,共育人才。探索"学生→学徒→准员工→员工"四位一体的人才培养模式,实行"双岗互聘",协同创新建设教学团队,采用"四导师制"培养学生,学校教师、企业技师、研发导师和创新创业导师共同指导,校企共同管理考核,完善人才培养的相关标准及制度,实现社会行业、企业单位、学校专业、学生四方共赢的现代技术技能人才培养体系建设。

一、汽车工程学院办学概述

根据党的十九大报告中提出的"完善职业教育和培训体系,深化产教融合、校企合作"的精神,结合《国家职业教育改革实施方案》(国发〔2019〕4号)的要求,汽车工程学院践行学校"线场模式"的办学理念,与郑州宇通客车股份有限公司强强联合,发挥双方资源优势,共建宇通汽车学院。共同打造的宇通汽车学院产教融合实训基地主要满足学院师生专业技能教学需求以及宇通客车员工的岗前准入培训、岗中技能提升培训和管理能力提升培训需求,同时面向宇通客车合作院校的学生开展实习技能准入培训、汽车行业社会培训和职业技能鉴定服务,为中原更出彩以及河南省区域经济发展提供强有力的技术支撑和人才保障。

宇通汽车学院是河南机电职业学院汽车工程学院与郑州宇通客车股份有限公司联合筹备成立的产权合作办学二级学院。宇通客车公司是河南省汽车制造行业中的龙头企业,汽车工程学院与宇通集团自2009年合作以来,校企充分发挥资源优势,培养高素质的应用型人才,先后组织汽车专业学生2000余名到企业进行综合实习锻炼。在宇通,学生的组织纪律观念和劳动观念等职业素养都有了较大提高,学会了思考、实践,学到了经验、技能,变得更好学、更能干、更成熟,同时,学生在实习岗位中的良好综合素质、吃苦耐劳的优良品质、团结务实的协作精神,获得企业领导的一致好评。汽车工程学院师生先后荣获宇通公司颁发的"校企合作突出贡献奖""校企合作优秀组织奖""优秀驻厂老师""岗位能手奖""协同之星奖"等荣誉。

宇通汽车学院基于宇通公司真实生产现场、典型岗位、典型任务,提炼任务能力因子,构建工作过程化、理实一体化的线场课堂,开发出"成长为宇通的优秀员工""炼成宇通优秀的调试电工""炼成宇通精益生产的装配工""炼成宇通技术精湛的焊工"等系列工种的线场课程。以项目为载体、任务为驱动、问题为导向,通过互联网教学平台把优质的资源整合,实现教学资源的共享,充分利用校内汽车专业的优秀师资队伍和宇通公司专业技师的成熟经验,开发出 10 种与宇通公司相适应,并且适合当代职业教育发展的模块化、任务化、活页化的校企"双元"线场教材和相关配套资源。使之既符合宇通公司对员工技能水平的要求,又满足学校对人才培养的要求,有生命、能成长、可复制。

二、宇通汽车学院产权关系

2018 年 9 月 20 日下午,中央全面深化改革委员会第四次会议审议通过了《关于推动高质量发展的意见》,给新时期职业教育发展路径指明了方向。意见指出,要加快建立适应国家高质量发展的现代职业教育产权制度。

宇通汽车学院的资产来自校企双方,由企业和学校各自投资或共同出资购置实训设备、实物设备等。其中学校购置的资产属于国有资产,处置权归学校,需要根据国家资产管理规定,对资产进行处置。企业购置的资产,处置权归企业,由企业自行进行处置。校企合作双方购置的设备由企业统一管理,开展教学和实训以及培训业务。学校教师和企业技术人员可以在实训基地利用教学设备或生产性设备开展教学工作和培训工作。

宇通汽车学院的资产包括有形资产和无形资产。有形资产主要开展教学和培训业务,满足学生的教学、实训和实习以及其对外的业务培训等。无形资产包括教师、知识产权、论文等。企业工程师、技师、经理等为学生上课,由学校支配相应的劳动报酬,开展企业员工培训由企业和行业支付相应的费用,教师上实训课费用由学校统一发放。对于知识产权属于任何一方的,无形资产收益归属相应的知识产权拥有方;对于知识产权属于双方的,无形资产收益由双方共同拥有,可以按照一定比例进行分配。

三、宇通汽车学院组织结构

宇通汽车学院作为校企双方共同成立的二级学院,由校企双方共同搭建组织架构,实施产权合作式校企合作,校企两个主体在资产、管理、师资、课程和文化等方面深度融合。其中学校任命二级学院院长,负责宇通汽车学院的日常运行和管理;企业方总经理兼职执行院长,协助院长管理涉企行政事务;学校安排党委书记,开展思想政治教育专项工作和学生管理工作;其他内设机构同常规的二级学院。

(一)宇通汽车学院的决策程序

产权合作办学实行二级学院单独决策管理,企业方院长进行全面事务的决策,执行院长配合执行。重大重要事情均需要召开党政联席会和全体教师会,最终由党政联席会进行决定,反映给学校通过执行。

(二)宇通汽车学院的制度建设

根据工作需要,校企合作办学建立《资产管理和使用办法》《教师互聘兼职管理办法》《实训基地管理办法》《安全管理办法》《学生实习实训管理办法》《教师进修管理办法》《师资培训管理办法》等一套完善的制度和管理机制,以保障教学、实习实训、培训等各项工作顺利开展和圆满完成。

(三)宇通汽车学院的考核评价

按照目标管理要求,实施分层分级考核评价制度。每年组织有关专家对学院的人才培养工作进行一次评价考核。考核内容包括教学组织实施、运行管理、人员配备、制度建设、经费保障等方面。学校和企业对学院人才培养工作分别从人才培养方案制定、专业建设、课程设置、实训条件、师资配备培训、学生就业等方面按照目标管理要求,实施分层分级考核评价制度。

四、宇通汽车学院运行管理

根据学院"三权分置"的办学特点,学校和企业对学生管理、使用和分配的可操作性更加规范。校企共同进行学生招生宣传和就业创业活动,学校主要负责基础文化课,企业负责专业基础课和专业课以及特色课程,同时积极协调学生的实习和就业,保证学生可以到专业对口、专业性强的工作岗位实习和上岗,确保学有所用。学校企业共同进行实训基地的建设,管理、维护和使用权归双方共同所有,其中维护费用学校可以以学生实习经费的形式进行补偿,最终设备处置权归属问题是谁购买谁处置,不产生任何产权利益冲突。企业与学校开展技术创新与技术推广、合作开发线场教材及实操工作单等。

(一)宇通汽车学院人员管理

宇通汽车学院所有人员根据学院工作发展,进行统一调度和安排,一切都要服从教学安排,一切都要服务于教学。学校的人员由学校统一进行聘任,企业人员由企业统一聘任,同时开展校企互聘,共同开展教育教学工作。人员费用根据实际情况进行支配。其中学校教师的费用由学校统一支付;若教师在企业兼职,需要进行备案,劳动费用由企业支出。企业人员的费用由企业支出,若企业人员兼职学校课程,该部分费用由学校统一支出。

依据《共建宇通汽车学院战略合作协议》的要求,郑州宇通客车股份有限公司和河南机电职业学院共同培养"双师型"教师以及制定认定和评级标准,实行"校企互聘、校企共用",协同创新建设教学团队。企业依据双方人才培养开设的实训课程提供实训技师或工程师,课时费按照甲方内部管理规定进行支付。鼓励企业选派有实践经验的行业企业专家担任学校的兼职教师,建立相应考核、激励制度。不断完善四导师制,推进专任教师顶岗进修,鼓励到企业挂职锻炼,企业为学校教师实践和研究提供实质性岗位和帮助。

依据《河南省教育厅办公室关于实施 2019 年度河南省高等职业院校教师素质提高计划校企人员双向交流合作项目的通知》(教办高〔2018〕920 号)文件精神,学院积极落实高等职业院校教师素质提高计划、教师企业实践和兼职教师聘用项目的实施工作,畅通校企人员双向交流通道。通过选派汽车专业教师到郑州宇通客车股份有限公司进行企业实践,帮助教师获取生产一线实际工作经验,改进教学方法,探究基于工作过程的教学课程改革,发掘学校技术服务企业发展的方式和途径,李博、卢庆收、朱永存、崔培文、霍苏萍、李明刚、薛姣、魏富德等老师先后到郑州宇通客车股份有限公司进行企业实践;同时聘请企业高技能人才、能工巧匠到学院任教,张志国、牛东昌、宋磊、李广福、苏水生、刘晓兵、张红帅等受聘到学校任教汽车制造类装配、焊接、涂装等课程,优化汽车专业教师双师型队伍结构,建成"学校教师下企业、企业人才进校园"双向交流合作机制。

通过校企互聘、人员双身份,最终形成"产学研创"职业教育汽车制造生态圈,打造了变被动为主动、企业离不了、社会都认可、行业可对话的有生命、有温度、有智慧的命运共同体。

(二)宇通汽车学院人才培养

职业教育教学主动融合产业的最有效办法是师生在企业典型岗位上完成典型任务,解决企业真实问题,研发新产品,革新新工艺,共同创新创业,从工作中学习,在学习中成长,在线场中持续推动产教深度融合,构建校企命运共同体。

近几年,通过和郑州宇通客车股份有限公司合作共建宇通汽车学院、产教融合实训基地,发挥校企双方资源优势,在专业建设、实训基地建设、课程建设、科研、社会服务等方面深入合作。针对学校汽车制造与装配技术专业共同开展现代学徒制、企业新型学徒制、"1+X"职业技能培训教学工作,合作开设订单培养班,使学生成为企业的准员工,建立校企联合招生、联合培养、一体化育人的长效机制,采用"四导师制"培养学生,学校老师、企业师傅、研发导师和创新创业导师共同指导,校企共同管理考核,完善人才培养的相关标准及制度,探索形成了"岗位主导、校企共育"育人模式、"三阶段、双主体"人才培养模式和"开放式、差异化"线场教学模式,实现社会行业、企业单位、学校专业、学生四方共赢的现代技术技能人才培养体系建设。

1. 推进招工招生一体化

完善学院招生录取和企业用人一体化的招生招工制度,推进校企共同研制,实施招生招工方案。通过和企业合作开设订单培养班,共同制订人才培养方案、课程教学计划、师资团队建设方案、班级管理制度、成绩考核方案,使学生成为企业的准员工;明确学徒企业员工和职业院校学生双重身份,签订学徒、学校和企业三方协议。

2. 校企共建专业

探索创新"学生→学徒→准员工→员工"四位一体的人才培养模式。结合行业的人才需求和岗位要求,科学、合理提炼岗位核心技能,将企业岗位能力融入课程建设、课堂教学之中,以学生为主,进行"任务—完成、问题—解决、输入—输出"的线场教学,开展"弹性化、个性化"的线场培养,促进知识学习、技能实训、工作实践的融合,实现教、学、做的统一。按照企业岗位实际需求及国家职业资格证书考核的要求,制定岗位实习内容及考核标准。

3. 校企共建现代学徒制试点

校企共同制定与现代学徒制试点相适应的教学管理制度文件,通过教学基础资料检查、听课、教学巡视、学生评教、师生座谈会、合作企业走访座谈等环节加强对教学全过程的质量监控,建立教学质量保障监控体系。

4.校企共建教学资源库

教学资源库建设方案确定,专业相关标准、规范库建立,为学生专业学习、校企资源共享提供方便。核心课程教学资源入库、多媒体课件库(优秀 PPT 教案)建立,为专业教学及校企资源共享提供方便。

5.校企共建考核机制

实施校企双向管理,共建考核机制。校企共同建立现代学徒制相适应的教学考核制度文件,共同实施现代学徒制人才培养过程的教学组织与运行管理,建立定期检查的教学质量监控机制和多方参与的考核评价机制。

6.校企协同实施企业新型学徒制

企业新型学徒制培养对象主要针对企业新招用人员和新转岗人员。充分发挥宇通客车股份有限公司的主体作用,按照政府引导、企业为主、院校参与的原则,充分挖掘宇通汽车学院产教融合实训基地的功能,积极参与宇通员工培训,对培训合格员工颁发职业技能证书,提高资格证书的过关率。强化人才培养实践教学,探索招生即招工、入校即入厂,校企"双师联合培养",校企育人"双重主体",学生学徒"双重身份",学校、企业和学生三方权利义务关系明晰的育人模式。

7.校企协同开展"1+X"职业技能培训

结合郑州宇通客车股份有限公司转型升级急需的重大技术技能需求,校企协同开展"学历证书+若干职业技能等级证书"的"1+X"制度试点工作,打造服务宇通客车公司员工培训和职业院校学生生产性实习的高水平、专业化实训基地。引导行业企业参与学校专业设置、教材开发、教学设计、课程设置、实习实训等人才培养各个环节,实现专业设置对接产业需求、课程内容对接职业标准、教学过程对接生产过程。利用三年时间在汽车专业领域建设"1+X"职业技能证书培训试点,面向社会企业在职员工、汽车类专业在校生开展"1+X"职业技能证书培训,协同创新建设培训师资团队,校企共同管理考核,完善培训工作的相关标准及制度。

五、宇通汽车学院办学成果

2015 年 8 月 12 日,学校与郑州宇通客车股份有限公司签订《校企合作"蓝色精英"人才培养协议书》《全日制大专班合作协议书》,合作培养汽车生产行业所需的紧缺技术人才。2016 年 1 月 8 日,宇通客车召开"2015 年度校企合作总结暨实习生欢送会",学院获得宇通客车 2015 年度校企合作突出贡献奖。学院有 13 名实习学生受到表彰,其中,王志奇、石露露、方泽雨、曲文博、毛纪锋、李硕、顾艳杰、赵东方、高强获得最佳协同奖;朱文正、谢正闯获得最佳勤劳奖;张恒、袁宝林获得最佳技能奖。

2018 年 1 月 4 日,宇通客车召开"2017 年度校企合作年会暨表彰大会",学院荣获宇通客车校企合作突出贡献奖,同时,学院有 3 名实习指导老师和 21 名实习学生受到表彰。2018 年 12 月 28 日,宇通客车召开"2018 校企合作年会暨年度表彰大会",汽车工程学院 2 名指导教师及 2017 级 26 名实习生受到表彰,河南机电职业学院被授予"2018 校企合作突出贡献奖"。

2019 年 7 月,受宇通集团委托,学院针对 2019 年度入职宇通的 340 名新员工开展了入职培训。培训涵盖宇通文化、规章制度、安全教育、精益生产、产品知识等，经校企双方的考核合格，为他们打牢了职业基础，大大缩短了新员工的岗位适应期，明显提高了企业的经济效益。11月，校企共建满足"能吃、能住、能学、能练、能创"的宇通客车"厂中校"线场教学点，在企业一线搭建教学线场，开发线场课程，设置线场课堂，实施线场教学。破解技能人才学校培养与企业培训脱节的难题，实现了课程培养培训的一体化，为企业发展提供了技术支撑和人才保障。

2020年6月5日下午，"宇通线场课程2.0版开发启动会"在宇通十八里河厂区行政楼召开。宇通客车相关领导、河南机电职业学院汽车工程学院班子成员和课程项目组校企双方教师参加会议。

宇通客车基于产业升级，积极应对趋势变化，不断推进"厂中校"建设。根据宇通人力资源标准体系，共同构建人力资源建设体系、员工培训体系、学生培养体系，用课程连接培训培养，用教学组织实施，形成人力资源培养系统性工程，从而实现宇通、学校、学生协同发展，实现共赢。

第三节　以企业为主体的产权合作型产业学院建设

以企业为主体的产权合作线场体制是校企合作的重要形式，它是以企业为主，学校为辅的办学模式，企业决定开设与企业需求相关的专业，学校配合企业有针对性地开展并组织教学管理和学生管理，企业负责学生的生产实习和相关的实践技术支持，按照产权合作的模式进行线场体制办学实践。

一、巨通电梯学院办学概述

（一）河南巨通机电设备有限公司简介

河南巨通机电设备有限公司成立于2007年，具有国家电梯安装、维修、改造A级（一级）资质。截至2012年年底，公司已经安装了2000多台电梯，维修保养的电梯2000余台。公司为了完善售后网络，在郑州有一个维修中心和多个地市级维修站。在南阳、新乡、平顶山、孟州、安阳、三门峡、焦作等地设立了办事处，在梯量较多的县城也设立了维保站。公司2009年被巨人通力电梯有限公司和通力中国总部评为全国安装、维保单位；2010年被巨人通力电梯授予"2010年度金羚奖"的荣誉称号和全国安装、维保单位；2011年被巨人通力电梯授予"2011年度金狮奖"和"2011年度金鹰奖"荣誉称号，被巨人通力总部评为安装、维保单位；2012年被巨人通力电梯有限公司授予"2012年度金狮奖"的荣誉称号和全国安装、维保单位。

公司主要从事"巨人通力"品牌电梯的销售、安装及售后服务工作。产品主要面向政府机构、企事业单位、房地产等相关领域的客户。经过多年的积累和发展，产品遍及河南各地市区，现已成为一家销售实力强大，拥有完善的安装售后服务体系的电梯公司。河南巨通机电设备有限公司为客户提供种类齐全、技术先进、质量可靠的电梯产品。在河南地区的电、扶梯设备有限公司为客户提供种类齐全、技术先进、质量可靠的电梯产品。在河南地区的电、扶梯技术保有量已近 2000 余台,经过全体员工"以诚为本"的拼搏努力,河南巨通机电设备有限公司的销售、安装服务质量赢得广大用户好评,安装质量合格率达 100%。为了向用户提供更优质的服务,河南巨通机电设备有限公司在做到销售、安装、维修、保养一条龙服务的前提下,不断提高服务质量,建立了一支技术全面、经验丰富的安装、维修队伍,提供无瑕的电梯服务,使电梯的运行快捷、舒适、安全和可靠。河南巨通机电设备有限公司本着以人为本的发展思想,尊重人才、培养人才,为人才搭建施展才华的平台。

(二)合作办学

河南机电职业学院在 2012 年开始与河南巨通机电设备有限公司合作。2015 年校企共建了电梯工程技术专业、电梯实训基地和巨通电梯学院;2017 年学校与公司、郑州市电梯商会共建了电梯技术产业研究院,与公司、省特检院共建了电梯维修工认证中心,为突破职业教育校企合作现行体制机制障碍,进一步提升校企合作的广度和深度,真正将行业企业打造成重要办学主体,实现行业、企业全方位全过程参与学校管理、专业建设、课程设置、人才培养和绩效评价,力争打通职业教育的最后一公里。

电梯实训基地主要用于电梯安装与调试、检测与维护、开展行业认证、专业技术培训等项目,采用校企合作、工学交替的人才培养模式对学生进行真实环境下的真学真练专业技能实训,并聘请全国电梯行业权威专家担任教师和管理,根据行业职业资格标准和企业要求设置课程,其中,职业核心技能与考证课程均由校企以及省特检院合作联合开发。

2017 年按照学校的办学思路,践行"三式一型"的办学模式,依托现有的办学资源,初步形成机电工程学院自身特色的"产、学、研、培"综合体建设和开展"三融(融课程、融体制、融体系)"探索。

2019 年,根据习近平总书记的讲话精神和国家制定的职业教育的发展方针,以及职业教育的发展规律,经过前面几年的合作积累,学校提出了开展"线场体制"的建设。电梯工程技术专业依托河南巨通机电设备有限公司各个项目部,打造校外线场教学点。瞄准电梯行业人才需求特点,围绕电梯安装、维护、保养等岗位开展电梯线场场境建设,形成校外培训、校内培养相互促进的线场机制。具备初级、中级、高级工资格培训认证和技师、高级技师培训认证。

通过专项技能和核心职业技能培训和顶岗实习,学校学生可以实现与就业岗位零对接,拥有直接上岗就业的能力,得到了电梯行业和区域企业高度关注。

二、巨通电梯学院产权关系

(一)产权合作办学的资产使用

产权合作办学的资产来自校企双方,由企业和学校各自投资或共同出资购置实训设备、实物设备等。校企合作双方购置的设备由企业统一管理,开展教学和实训以及培训业务。学校教师和企业技术人员可以在实训基地利用教学设备或生产性设备开展教学工作和培训工作。

(二)产权合作办学的资产收益

产权合作的资产包括有形资产和无形资产。有形资产主要开展教学和培训业务,满足学生的教学、实训和实习以及其对外的业务培训等。无形资产包括教师、知识产权、论文等，企业工程师、技师、经理等为学生上课，可以由学校支付相应的劳动报酬，开展企业员工培训由企业和行业支付相应的费用。教室上实训课费用由学校统一发放。对于知识产权属于任何一方的，无形资产收益归属相应的知识产权拥有方；对于知识产权属于双方的，无形资产收益由双方共同拥有，可以按照一定比例进行分配。

（三）产权合作办学的资产处置

产权合作过程中的资产来自校企双方。其中学校购置的资产属于国有资产，处置权归学校，需要根据国家资产管理规定，对资产进行处置。企业购置的资产，处置权归企业，由企业自行进行处置。在河南机电职业学院与河南巨通机电设备有限公司合作办学中，由河南机电职业学院的二级学院机电工程学院代表校方与河南巨通机电设备有限公司对接，机电工程学院提供教学场所、实训场地和办公场所，并配备相关办公设备，河南巨通机电设备有限公司提供电梯实物和实训设备，并且在不改变实训场地使用性质的条件下，可根据教学和实训要求对实训场地进行部分改造。

在与企业合作办学过程中，国有资产不发生流失或转移是第一原则，不管发生什么情况，都不能让国有资产发生流失或者转移。始终保持国有资产的产权和管理权的统一是国有资产不发生流失或者转移的重要保障。巨通电梯学院在成立和教学过程中，所使用的场地始终属于河南机电职业学院，而且场地的功能没有发生任何变更，保障了土地资产没有流失和转移。场地的任何变化和变更都是由河南机电职业学院自主决定，没有任何外界干预。

按照"谁提供谁所有"的原则，机电工程学院提供的教学办公实训场地和设备，其所有权归河南机电职业学院所有，河南巨通机电设备有限公司提供的设备，其所有权归河南巨通机电设备有限公司所有，如需对实训场地进行部分改造，须与机电工程学院协商，同时上报河南机电职业学院，经校方同意后方可实施改造，并且所有权归河南机电职业学院。

三、巨通电梯学院组织结构

在河南机电职业学院与河南巨通机电设备有限公司合作办学中，合作创办的专业"电梯工程技术"落户在机电工程学院。目前学校各二级学院实行的是党总支领导下的院长负责制，巨通电梯学院院长由企业委派人担任，党支部书记由学校委派人担任。

巨通电梯学院实行二级学院单独决策管理，巨通电梯学院成立之初健全了党政领导班子，明确任务分工，为实现办学主体的多元化打下了基础。企业方院长进行全面事务的决策，执行院长配合执行。重大重要事情均需要召开党政联席会和全体教师会，最终由党政联席会进行决定，反映给学校通过执行。学院工作人员主要由企业委派，机电工程学院委派党支部书记。巨通电梯学院的日常行政工作由院长负责，总支书记负责巨通电梯学院的发展方向。

巨通电梯学院学生的招生、管理等工作由机电工程学院负责，巨通电梯学院学生的教学和培养方案由机电工程学院和河南巨通机电设备有限公司共同负责。

四、巨通电梯学院运行管理

（一）运行机制

根据学院"三权分置"的办学特点,巨通电梯学院的合作成功使得学校和企业对学生管理、使用和分配的可操作性更加规范。学院和企业共同进行学生招生宣传和就业创业活动。学校主要负责基础文化课,企业负责专业基础课和专业课以及特色课程,同时积极协调学生的实习和就业,保证学生可以到专业对口的专业性强的工作岗位实习和上岗,确保学有所用。学校企业共同进行实训基地的建设,管理、维护和使用权归双方共同所有,其中维护费用学校可以以学生实习经费的形式进行补偿,最终设备处置权归属问题是谁购买谁处置,不产生任何产权利益冲突。企业与学校开展技术创新与技术推广、合作开发教材及实训指导教材等。

（二）激励机制

第一,要以互惠双赢为基础,找到产权合作的结合点和各自的利益点,从而实现资源共享、互惠互利的目的,形成持续的深度合作。

第二,通过界定好产权合作双方的产权关系和回报方式,以保障双方各自的利益。

第三,建立教师互聘机制,保证双方教师可以互通,同时为企业技术人员设置上升通道,为教师提供实践保障,以便使教师更加深入了解企业和增强企业实践能力。

（三）监督机制

合作过程中明确产权的归属方,本着"谁使用谁负责"的原则进行管理,明晰产权关系。同时成立资产安全管理小组,定期对资产进行清查和安全排除。合作过程中,成立教学指导委员会,定期开展研讨会和座谈会,设立听课制度,对教学过程中存在的问题及时反馈和更正。学生的实习由企业统一安排和监管,教师和企业技术员负责跟踪指导以及日常生活安排。成立专门的职称评审小组,负责职称的评审工作。

（四）保障措施

巨通电梯学院的经费主要来源于学校的公用经费,主要用于日常教学开支、教研活动开支、外出调研开支、小型活动开支和学生活动开支等。所有费用通过学校财务统一审核报销。巨通电梯学院人员主要由河南巨通机电设备有限公司和机电工程学院电梯工程技术教研室老师组成,双方共同承担电梯工程技术专业的教学任务,电梯工程技术专业的学生培养大纲由机电工程学院和巨通电梯学院的企业工作人员共同制定,通识课大纲和培养方案及教育教学方式由机电工程学院负责制定,专业课大纲和培养方案及教育教学方式由企业人员负责制定。

巨通电梯学院课程分别由机电工程学院和河南巨通机电设备有限公司共同承担,基础理论课由机电工程学院承担,实训实验课由河南巨通机电设备有限公司承担。

巨通电梯学院人员绩效考核分两部分:一是河南巨通机电设备有限公司对巨通电梯学院人员的企业标准考核,二是机电工程学院按照教学要求对巨通学院人员的教学标准考核,主要表现在教学质量和教学效果的考核。

（五）人员管理

根据工作需要,产权合作办学建立《资产管理和使用办法》《教师互聘兼职管理办法》《实训实验基地管理办法》《安全管理办法》《学生实验实习管理办法》《教师进修管理办法》《师资培训管理办法》等一套完善的制度和管理机制,以保障教学、实习实训、培训等各项工作顺利开展和圆满完成。

（六）资产管理

按照"日常统一管理"的原则,巨通电梯学院的日常办公场地和实训场地及场地内设备由河南巨通机电设备有限公司统一负责管理和日常维护,机电工程学院对实训场地及场地内设备有监督管理权。

按照"谁提供谁管理"的原则,此处管理是指对资产的产权管理,如必要的设备采购和报废等。河南机电职业学院对其所提供教学办公实训场地和所购设备拥有产权和处置权;河南巨通机电设备有限公司对其所提供和所购设备拥有产权和处置权。共同出资购买的设备和教学用品,双方都拥有产权;需要报废处理的设备,须经双方协商,达成一致意见后,方可处置。

按照"共同使用"的原则,巨通电梯学院实训场地及场地设备合作双方都可以使用。

（七）财务管理

巨通电梯学院的财务管理分两部分:一是人员费用的管理,二是设备费用和维护费用的管理。人员费用的管理上,巨通电梯学院的企业人员的费用由河南巨通机电设备有限公司负责,巨通电梯学院的学校人员的费用由机电工程学院负责。"电梯工程技术"专业课程教学任务的课时酬金,全部由机电工程学院支付,包括企业人员上课所需要支付的课时酬金。

设备费用和维护费用的管理上,巨通电梯学院实训场地及场地内设备维护费用本着"谁提供谁负责"的原则,机电工程学院对其提供设备的维护费用负责,河南巨通机电设备有限公司对其提供设备的维护费用负责。设备的易损件和日常消耗品费用由机电工程学院负责,对于大型设备的维护费用由河南巨通机电设备有限公司负责。

五、巨通电梯学院办学成果

（一）电梯四境教学空间搭建

由学校联合河南省特检院、河南巨通机电设备有限公司、郑州市电梯商会四方共同打造"产、学、研、创"电梯四境教学空间。主要依据是电梯工程技术专业的学习导航系统,学习导航系统是根据专业的培养方案建立的全新的人才培养模式,也就是一个可视化的、灵活的人才培养方案。通过导航系统,学生入学即可知道三年学什么、怎么学,学习导航让学习目标和学习内容可视化、信息化、实现实时追踪;家长和企业通过学习导航清楚地知道学生学了什么、学得怎么样,以及学生的能力水平等,不用通过招聘会,即可精准地选拔出自己所需的人才。

电梯四境教学空间现在主要有三大功能。第一,电梯工程技术专业的融课程教学,电梯工程技术专业从2017级开始试行融课程教学,2018级开始全面推行融课程教学,现在2017级的试点班已经到企业开始现场教学,进行专长模块的学习。第二,特检院的考证培训,每年都有7000余名电梯从业人员的实操培训在电梯四境教学空间完成,效果良好。第三,电梯科普基地。2019年1月,电梯四境教学空间被认定为河南省电梯科普基地,为更好发挥电梯科普基地的功能,制作了电梯科普知识,可以给中小学生、大学生、社区居民普及电梯安全知识。2019 年参加了 9 月初的全国科普日活动。

(二)"线场模式"的建设与实施

1. 线场模式建设

电梯工程技术专业从 2017 级开展电梯线场课程改革试点,目前试点班完成了全科模块、专科模块、专长模块线场课程的学习,与普通班对比学生在特种设备从业资格证考证通过率、学生综合能力、学习主动性、职业认同感等方面优势明显,从 2018 级开始电梯工程技术专业全面推进线场课程教学改革。2020 年下半年,2018 级电梯工程技术专业两个班的学生将到巨通项目点开展专长模块的学习。

2. 双导师团队

为了扎实推进线场教学,校企双方都挑选精兵强将成立了电梯线场教学团队,每个学生所在的岗位都有对接的老师,专项推进线场教学。团队负责人 1 名;巨通电梯维保工程师 2 人;线场师傅每个项目部 1 人(动态调整);对接企业岗位制定线场教学评价机制 1 人;对接电梯机械维保岗位,开展线场教学 1 人;负责聚焦线场典型岗位、典型任务进行人培方案制定,对接电梯电气系统维修岗位,开展线场教学 1 人;对接电梯维保岗位,进行专科模块课程修订与教学实施 1 人;对接电梯安装调试岗位,开发专长模块课程 1 人;对接企业文化建设岗位,线场课程思政开发与实施 1 人。每个岗位的教师团队深入企业线场,与企业生产一线的工程师深入对接,针对自己所对应的岗位,开展职业分析,提取教学知识点,开发线场课程,建设课程资源,根据学生的技能掌握情况,进行差异化培养。

3. 完善线场模式人才培养标准

一是根据行业需求确定人培方案,电梯工程技术专业通过与河南巨通的合作办学,依据电梯行业人才需求特点,围绕电梯安装、维护、保养等岗位,已经制定全新的人才培养方案,线场课程体系已经初步建立,并在 2018 级全面实施线场课程教学。二是根据岗位需求开发线场课程,电梯工程技术专业依托电梯行业电梯维保、安装调试等典型岗位的线场课程体系已经初步建立,接下来将从优化全科模块、修订专科模块、完善专长模块三点发力,提高课程体系的科学性、可操作性和完整性。构建注重基础知识宽度的全科模块课程,增加涵盖识图、机械基础、电工电子基础、通用装配技术的大全科知识与技能。对专科模块的课程进行修订,更换新的国家标准,调整合理的结构、规范的操作插图、指导性强的工作页。对专长模块进行完善补充,按照不同项目部、分电梯种类和品牌,开发小而专、碎而全的适合特定岗位的专长模块课程库,以适应不同项目线场学习的需要。同时,配套全科、专科、专长各个模块课程的视频资源、PPT、作业库等线上课程资源。三是根据生产任务构建线场课堂、实施现场教学。充分发挥校企双方人、财、物优势,挖掘校内电梯四境教学空间的教学资源和校外合作企业维保项目部的生产资源,转化成线场教学与生产相互促进的线场课堂资源,形成校外培训、校内培养相互促进的线场机制。四是探索线场模式考核评价体系。积极探索实施线场模式考核评价体系,学生考核评价体系紧紧围绕三个"置换"进行,教学考核评价体系紧紧围绕五个"对接"进行。五是线场文化建设。利用电梯维修服务队,开展电梯安全宣传进社区和进校园活动;利用电梯科普教育基地,开展面向社区居民和周边中小学生的电梯科普教育活动;重点在电梯使用与安全知识的宣传及普及。

第六章　产业学院建设的反思与展望

第一节　产业学院建设反思

职业学校产业学院建设是职业教育深化改革,推进产教融合的有效模式。解决了校企合作的产权难题,提高了教育教学质量,服务了企业发展。真正实现了专业与产业、职业岗位对接,专业课程内容与职业标准对接,教学过程与生产过程对接。优化了专业结构、增强办学活力,实现了产业链、创新链、教育链有效衔接机制。建立新型信息、人才、技术与物质资源共享机制,完善了产教融合协同育人机制,创新企业兼职教师评聘机制。

职业学校通过校企共建产业学院,建成了适应职业教育的人才培养体系,提高了人才培养质量;充分激发了企业参与办学的积极性,增强了学校的办学活力;解决了教育资源不足问题,实现了校企合作办学的双赢。但仍然存在着诸多问题,制约了职业教育的发展,如企业的逐利性和学校的公益性冲突,政策落实、国有资产管理、法制建设问题等,在一定程度上制约了产业学院建设。

一、取得的主要成果

1. 线场体制改革解决了校企合作"难"的问题

校企合作出现"两张皮""一头热""走不远"问题的原因是双方在利益取向上存在"学校本位"与"企业本位"的弊病。"学校本位"是教育体系封闭、自娱自乐、自身价值不能赋能企业;"企业本位"是企业对投入与产出的评估未达到预期。产业学院很好地解决了这些困难。

(1)解决了校企合作"一头热"的问题。职业教育发展的"痛点"是企业参与职业教育的积极性不够,往往遭遇"剃头挑子一头热"的尴尬局面。大多是因为校企合作没有保障机制,企业无法达到合作预期,大多企业积极性不高甚至有抵触情绪。同时,校企合作还存在着权责不清、信任缺失等问题。产业学院体制改革,把企业的发展和人才培养融为一体,形成了"你中有我,我中有你"甚至是"你就是我,我就是你"的状态,从根本上解决了校企合作"一头热"的问题。

(2)解决了产教融合"两张皮"的问题。传统的校企合作类型单一,缺乏深层次融合,基本以校企契约型和半工半读(工学交替)型为主,企业多是想利用学校的人力资源以节约生产或销售成本。合作双方多从自身利益出发,导致在合作形式、人才培养、课程开发、双师队伍建设、技术转化、技术研发等方面找不到合适的契合点,合作名存实亡,合而不作。河南机电职业学院通过现场体制改革,把企业的生产资源转化为教育资源,把教育资源转化为企业发展需求的人力资源,把人力资源再转化为企业发展资源,从而从根本上解决了这一问题。

(3)解决了校企合作"走不远"的问题。校企合作"走不远",主要是由于体制问题导致合作形式受限,合作运行机制不顺畅,有效资源无法整合,无法获得共赢,企业缺乏参与职业教育的内生动力。产业学院统筹学校与企业资源,搞好学校与企业两个资源的匹配与对接,发挥二者的协同育人功能,共享资源,共同受益。对职业院校来讲,企业车间、生产线、生产岗位、技术研发创新、产品推介服务等都是不可多得的教育资源。对企业来讲,学生是工人,教师是工程师,教室是车间,实验室是创新基地,是企业开展人员调剂的"蓄水池"、继续教育的"充电桩"、科技创新的"发动机"、人力资源的"配送站"。

2.线场体制改革增强了办学活力,提高了办学质量

产业学院建设,强化了学校的二级管理体制,激发了办学活力。充分利用企业教育资源,很大程度上解决了教育办学资源不足的问题,特别是在双师队伍建设、线场课程开发、人才培养质量等方面得到了极大提升。

(1)激发了职业院校的办学活力,促进了产教融合。学校通过与企业合作共建产业学院,完善了院校二级管理,给二级学院,特别是由学校和企业共建的二级学院充分的自主权力,鼓励走出去办学,到企业、产业集聚区办学,鼓励教师到企业实职锻炼,实行多劳多得,鼓励师生创新创业,极大地激发了产教融合、校企合作的积极性。

(2)解决了职业院校办学资源不足问题。产业学院极大地促进了产教融合、校企合作发展。学校通过对产业区、企业生产一线进行改造,使其既不影响生产又具备教学功能的育人场景。企业的生产设备也是学生的实战教学设备,企业家成为学生的创业导师,企业的研究人员、工程师、技师也是学生的实践教学老师,极大地改善了学校办学资源不足。

(3)提高了学校办学质量。产教融合深入,学校办学质量得到快速提升,学校的办学成果获得了社会、企业和各级领导的高度评价。

3.线场体制改革实现了双赢

校企合作让学校和企业的设备、技术实现优势互补,节约了教育与企业成本,是一种双赢模式。激发了职业教育的办学活力,弥补了教育资源的不足,也为企业发展、提质增效注入了新的动力。

(1)解决了企业参与办学的后顾之忧。利用"三权分置",明确校企合作办学中的产权问题,解除参与办学企业的后顾之忧。产业学院建设的核心问题是产权问题,这是深化产教融合、校企合作的前提和关键,也是企业投入办学最担心的问题。学校在长期的产教融合、校企合作办学实践中探索出"三权分置"的校企合作产权管理形式,即通过合作协议对合作双方投入办学资产的所有权、管理权、使用权进行界定,根据校企合作双方权责对等原则,明晰校企合作中的产权关系、投资与回报形式,把人才培养与企业发展融为一体,解决了企业投资办学的后顾之忧。

(2)产业学院成为学校和企业共同发展的命运共同体。通过线场体制改革,统筹学校与企业两个资源,按照专业对接产业、课程对接岗位、教学过程对接生产过程;人才链与创新链、产业链有机衔接,把企业的生产资源转化为教育资源,把教育资源转化为企业发展需求的人力资源,再把人力资源转化为企业发展资源;校企共建二级产业学院,发挥协同育人功能,共同受益。对职业院校来讲,企业车间、生产线、生产岗位、技术研发创新、产品推介服务等就是教育资源。对企业来讲,学生是工人,教师是工程师,教室是车间,实验室是创新基地。通过线场课程带动企业培训、用企业培训牵引学校培养,实现培训培养一体化,校企在人才培养中共担责任和共享成果,实现由利益共同体向价值共同体、命运共同体的升级。合作的产业学院成了企业人员调剂的"蓄水池"、继续教育的"充电桩"、科技创新的"发动机"、人力资源的"配送站"。

(3)社会经济效益实现预期,办学积极性增强。产业学院建设既解决了学校的人才培养问题,又解决了技术创新、提质增效和转型升级等企业关注的问题。通过产教融合,让二者互为一体,产教相长,实现校企双赢。

二、存在的主要问题

党的十八大以来,党和国家高度重视职业教育的发展,甚至把职业教育的发展与我国"两个一百年"奋斗目标联系在一起,把职业教育与普通教育分类管理,并驾齐驱。党中央、国务院以及地方政府纷纷打出发展职业教育政策的"组合拳",极大地刺激了职业教育发展和企业参与职业教育的积极性。2017年6月26日,习近平总书记在主持召开中央全面深化改革领导小组第三十六次会议时强调:"注重系统性、整体性、协同性是全面深化改革的内在要求,也是推进改革的重要方法。改革越深入,越要注意协同,既抓改革方案协同,也抓改革落实协同,更抓改革效果协同,促进各项改革举措在政策取向上相互配合、在实施过程中相互促进、在改革成效上相得益彰。"但在实践过程中仍存在政策落实、法制保障以及制度建设等诸多问题。

(一)体制改革仍存在诸多困境

1.制度建设滞后

教育部出台的《全面推进依法治校实施纲要》(以下简称《纲要》)指出,要以建设现代学校制度为目标,落实和规范学校办学自主权,形成政府依法管理学校,学校依法办学、自主管理,教师依法执教,社会依法支持和参与学校管理的格局。《纲要》强调要加强章程建设,健全学校依法办学自主管理的制度体系,并提出两个方面要求:一是切实转变对学校的行政管理方式,强调依法监管、提供服务,减少过多、过细的直接管理,要主动协调有关部门为学校解决法律问题,为学校改革发展创造良好外部环境。二是依法建立健全对学校的监督和指导机制。教育行政部门要积极探索建立教育行政执法体制机制,提高对公办学实施违反国家法律和政策规定的行为,要依法健全对主其负责人的问责机制,执法能力,依法纠正学校的违法、违规行为,健全对违法办学活动的投诉机制,改革和完善行政监管机制,实现对学校的依法管理。

目前国家关于这方面的法律法规并不完善,虽然党的十九大报告和教育部颁布的众多文件中将推进"产教融合、校企合作"提升到国家战略高度,《中华人民共和国教育法》和《中华人民共和国职业教育法》等法律条文也涉及一些校企合作的内容,具体的实施细则并不健全,也没有明确的政策和资金上的配套措施,所以从根本上来说,"产教融合、校企合作"的推进是没有制度上的保障,是"无章可依"的。如国家各级各类有关职业教育改革发展的文件大都提到企业可以"利用资本、技术、知识、设施、设备和管理等要素参与校企合作",但至今没有明确企业投入职业教育的以上要素可以视为职业教育办学条件之一。换句话说,不能把企业参与职业教育的投入作为职业院校的办学条件,目前职业院校的有关评估指标不能包含以上内容;类似内容并不鲜见,例如,为"确保激励企业参与产教融合校企合作的税收、财政、土地、金融、奖补等优惠政策"在执行中很难落实。国家政策有了,没有配套管理措施,政策的内容有的形同虚设。比如,企业参与职业教育,《中华人民共和国职业教育法》虽然明确规定行业组织和企业、事业组织应当依法履行实施职业教育的义务,然而对于哪些企业组织参与,以及如何参与职业教育,都不够明确。虽然在历史上,企业特别是国有企业举办职业教育不无成功的模式与经验,但随着国有企业改革的深化,职业教育也作为企业办社会职能被剥离。多部门联合发文,鼓励国企继续办职业院校的"意见"也只具有指导意义,缺乏刚性约束。

2. 法制建设待完善

依法治国是党领导人民治理国家的基本方式。2013 年 2 月,习近平总书记在中共十八届二中全会第二次全体会议上强调:"政府职能转变到哪一步,法治建设就要跟进到哪一步。要发挥法治对转变政府职能的引导和规范作用,既要重视通过制定新的法律法规来固定转变政府职能已经取得的成果,引导和推动转变政府职能的下一步工作,又要重视通过修改或废止不合适的现行法律法规为转变政府职能扫除障碍。"2014 年 7 月,国家教育体制改革领导小组办公室出台的《关于进一步落实和扩大高校办学自主权完善高校内部治理结构的意见》提出:"全面贯彻党的教育方针,按照中央关于分类推进事业单位改革的精神,以构建政府、高校、社会新型关系为导向,积极简政放权,加快转变政府职能,进一步明确政府高等教育的管理职责和权限,进一步明确高校的办学权利和义务,更好地落实高校的办学主体地位,更好地发挥社会的支持和监督作用,加快完善中国特色现代大学制度,加快推进高等教育治理体系和治理能力现代化,形成政府宏观管理、学校依法自主办学、社会广泛参与支持的格局。"

习近平总书记主持召开中央全面深化改革领导小组第六次会议时强调:"科学立法是处理改革和法治关系的重要环节。要实现立法和改革决策相衔接,做到重大改革于法有据、立法主动适应改革发展需要。在研究改革方案和改革措施时,要同步考虑改革涉及的立法问题,及时提出立法需求和立法建议。实践证明行之有效的,要及时上升为法律。实践条件还不成熟、需要先行先试的,要按照法定程序作出授权。"国务院办公厅发布《关于深化产教融合的若干意见》(国办发〔2017〕95 号),教育部等六部门也印发了《职业学校校企合作促进办法》(教职成〔2018〕1 号),但是在具体操作层面,企业参与校企合作产教融合的责任、权利和义务仍然不明确,以税收、财政、土地的手段激励企业参与校企合作产教融合等缺少明确的法律条文规定。

3. 政策落实有困难

各级政府应当建立健全深化校企合作产教融合的支持政策、服务平台和保障机制,改革、教育、人力资源社会保障、财政、工业和信息化等部门应当建立工作协调机制,行业主管部门和行业组织应当统筹、指导和推动本行业的产教融合校企合作;在落实好新修订的《中华人民共和国民办教育促进法》、国务院出台的《关于深化产教融合的若干意见》、教育部等六部门印发的《职业学校校企合作促进办法》的同时,积极引导各地制定具体可行的操作办法,切实明晰企业参与产教融合校企合作的责任、权利和义务,确保激励企业参与产教融合校企合作的税收、财政、土地、金融、奖补等优惠政策的落地；健全政府、行业企业和其他社会力量参与举办职业教育的体制机制，探索发展股份制、混合所有制职业院校，增强职业教育发展活力。但是如何落实这些政策，还需要很大的努力，特别是一些跨部门制度的制定和落实仍有很多问题。

要完善促进校企合作办学的法规、政策和措施，进一步明确校企合作的体制机制、形式内容、促进措施和落实要求，健全企业参与校企合作的成本补偿、教师和企业员工参与校企合作的绩效分配、学生实习和学徒培养的劳动保障等政策。对于参与举办职业教育的企业，国家应重点做好参与企业的税收优惠，为企业向合作职业学校投入资金、捐赠设备、建设实训基地、合作开发课程以及联合进行科研等搭建平台，完善相应机制，并通过修订职业院校章程，建立企业代表参与的董事会或理事会，使企业参与办学合法化。对于参与职业教育教学活动的企业，应通过制度建设确保企业参与专业设置、人才培养方案制定、课程体系建设、教材开发、师资培训、校园文化建设等职业院校人才培养的全过程，确保其作用的发挥，实现专业设置与岗位需求相对接、人才培养标准与企业用工标准相对接，从而提高企业参与办学的积极性。

（二）国有资产管理不能适应产教融合

实施产教融合、校企合作主体之间主要是在资本、技术、知识、设施、设备和管理等要素之间进行，而公办职业院校因其国有属性，其土地、投资建设的房屋、购置的教学仪器、设备、实验器材等都属于国有资产，国家对其有明确、严格的规定。由于职业院校的国有资产是国家统一所有，单位占用使用。所以，作为使用单位，学校对这些国有资产只有管理权和使用权，没有所有权和处置权，结果导致职业院校在与企业的合作中，如何处置、管理、使用这些国有资产而显得畏首畏尾，左右为难。如出租、出借学校的土地、厂房、教学设备等国有资产都必须报上级主管部门审核、财政部门审批，处分收入要实行收支两条线管理，如数上交财政。同时，对外出租、出借国有资产又存在着管理上的困难，如何管理，怎么管理，都会受到上级主管部门的制约，这些都严重阻碍、限制了职业院校与企业的合作。

2018年12月26日，财政部发布《关于进一步加强和改进行政事业单位国有资产管理工作的通知》（财资〔2018〕108号），其中第五条规定："要严格执行资产出租出借和对外投资管理的规定，履行相应的报批程序。严禁违规出租出借办公用房。出租房屋等资产原则上实行公开竞价招租。"第七条规定："行政事业单位国有资产处置收入和行政单位资产出租出借收入，要按照政府非税收入管理和国库集中收缴制度的有关规定，在扣除相关税费后及时上缴国库，实行'收支两条线'管理。事业单位对外投资和出租出借收入，要纳入单位预算，统一核算、统一管理，严禁形成'账外账'和小金库。"从《关于进一步加强和改进行政事业单位国有资产管理工作的通知》来看，公办学校很难拿出资源如土地、房屋、设备等要素与企业开展合作。即使可以，也难以达到有关条款的规定要求。如，实施校企合作的企业对象，是职业院校根据国家产业政策、市场需求、专业建设、培养目标以及自身发展规划等多种因素确定，学校对合作企业的选择根本无法通过"招标"来完成。无疑在很大程度上阻碍了校企双方的合作，为实施产教融合、校企合作带来了很大的不便。

（三）企业参与办学权益缺少法制保障

职业教育不是闭门造车，需要"共享"的理念。学校、企业、行业等资源的共享，让合作得以深入;数据、信息、知识、网络的共享,让创新更加便捷;引进来、走出去,技术的共享,让各方走向共赢。由此可见,实施产教融合、校企合作已成为全社会的共识,也是我国现时代职业教育发展的基本方略。要发展现代职业教育,需要调动社会多方力量尤其是企业的全面参与。深入推进产教融合、校企合作是办好职业教育的关键所在。近年来,政府在鼓励和引导职业学校校企合作方面取得了一定成绩,但一些深层问题尚待突破。这些问题包括:如何转变职业学校封闭办学模式,推动人才培养和社会使用相衔接、人才供给和市场需求相适应? 如何深化产教融合发展,调动行业企业参与的内生动力,让企业的投资利益得到有效保证? 如何落实企业发展职业教育的职责,切实为企业转型升级提供人才支撑? 如何创新职业教育模式和人才提供方式,大幅提高职业学校服务能力? 这些都是要在实施产教融合、校企合作中破解的关键问题。

《职业学校校企合作促进办法》明确提出:"企业应当依法履行实施职业教育的义务,利用资本、技术、知识、设施、设备和管理等要素参与校企合作,促进人力资源开发。"并要求:"企业开展校企合作的情况应当纳入企业社会责任报告。"同时,第二十一条还明确提出:"企业因接收学生实习所实际发生的与取得收入有关的合理支出,以及企业发生的职工教育经费支出,依法在计算应纳税所得额时扣除。"即便如此,在产教融合、校企合作中仍存在"上热下不热、官热民不热、校热企不热"等诸多难题。国家有关部门虽然出台了很多促进校企合作的政策,但这些政策大多是原则性的,没有可供落地实施的细则,导致政策空转,难以起到应有的作用。其关键问题是"企业不积极主要是因为与学校合作找不到盈利点"。导致合而不融、融而不深,无法形成合力。

第二节　改革展望

改革开放是党在新的时代条件下带领全国各族人民进行的新的伟大革命,是当代中国最鲜明的特色。习近平总书记指出:"改革开放是前无古人的崭新事业,必须坚持正确的方法论,在不断实践探索中推进。"全面深化改革是一个涉及经济社会发展各领域的复杂系统工程,需要统筹谋划各个方面、各个层次、各个要素,注重推动各项改革相互促进、良性互动、协同配合。注重系统性、整体性、协同性是全面深化改革的内在要求,也是推进改革的重要方法。要厘清重大改革的逻辑关系,推动有条件的地方和领域实现改革举措系统集成,打好改革"组合拳",压茬推进重要改革,做到前后呼应、衔接配套。坚持整体推进,讲求整体效果,防止畸重畸轻、单兵突进、顾此失彼。整体推进不是平均用力、齐头并进,而是要注重抓主要矛盾和矛盾的主要方面,注重抓重要领域和关键环节。改革要注意协同,既抓改革方案协同,也抓改革落实协同,更抓改革效果协同,促进各项改革举措在政策取向上相互配合、在实施过程中相互促进、在改革成效上相得益彰。

一、进一步落实学校办学自主权

深化产教融合、校企合作,必须落实和扩大职业教育自主办学权利,落实和扩大职业教育"放管服"改革,激发和调动职业院校的办学活力。在法律允许的范围内,在确保党和国家办学方针,在有利于职业教育改革和发展,有利于教师队伍建设,有利于人才培养的前提下,给予职业院校最大化的办学自主权。

(一)加快落实职业院校办学自主权

落实办学自主权,赋予办学主体更多的改革和发展空间,是激发职业院校自我改革和创新的前提,也是新时期我国职业教育发展的前置条件。教育体制改革在我国仍是比较滞后的处女地,计划手段很是明显且比重很大。谁都要管,却谁都管不好,导致职业院校在办学上活力不足,发展后劲不强。落实和扩大职业院校办学自主权,应当从呼吁的口号走向试验之田。政府应敢于放权,减少对学校微观事务的管理和干预。同时,职业院校要善于用好权,扩大学校在办学定位、课程选择、专业设置、教师管理、校企合作、经费使用等方面的权力。当然,扩大和落实职业院校办学自主权,也必须依靠相应的制度去建设、完善、保障和运行。

2014年7月8日,国家教育体制改革领导小组办公室出台的《关于进一步落实和扩大高校办学自主权完善高校内部治理结构的意见》提出:"全面贯彻党的教育方针,按照中央关于分类推进事业单位改革的精神,以构建政府、高校、社会新型关系为导向,积极简政放权,加快转变政府职能,进一步明确政府高等教育的管理职责和权限,进一步明确高校的办学权利和义务,更好地落实高校的办学主体地位,更好地发挥社会的支持和监督作用,加快完善中国特色现代大学制度,加快推进高等教育治理体系和治理能力现代化,形成政府宏观管理、学校依法自主办学、社会广泛参与支持的格局。"文件从考试招生制度改革、专业设置、培养模式改革、人员管理、科学研究、自主管理使用学校财产经费、扩大国际交流合作等七个方面落实和扩大高校办学自主权,为学校的发展松绑。

(二)深化职业院校"放管服"改革

"放管服"改革是教育领域改革发展的意识觉醒,是在教育领域国家从办学、管理到引导服务的关键一环,也是我国教育改革发展的方向。2017年3月31日,教育部、中央编办、发展改革委、财政部、人力资源社会保障部五部门联合印发《关于深化高等教育领域简政放权放管结合优化服务改革的若干意见》提出的"放管服"新政,为高校扩大办学自主权提供了政策支持和新的发展空间,对高校在招生、教学、科研和社会服务等方面的自主权产生积极的影响。2018年6月28日,国务院召开全国深化"放管服"改革转变政府职能电视电话会。会议总结了近年来"放管服"改革取得的成效,分析了当前存在的问题,部署了当前和今后一个时期深化"放管服"改革的重点工作。近年来,我国职业教育的发展在《关于深化高等教育领域简政放权放管结合优化服务改革的若干意见》指导下,在专业设置、人才培养模式、高校教师招聘、职称评聘、薪酬管理等各方面取得很大的进步,在一定程度上激发了职业院校的主动性和积极性。但是在国有资产管理、经费管理与使用等方面仍存在很多问题。在当前以及今后一段时间应解决好以下几个问题:一是国有资产管理与使用。职业院校在实施产教融合、校企合作过程中,特别是与生产型企业合作在校内建设生产性实训基地时,学校必须将国有资产的部分使用权让渡给企业使用。如引进企业在校内建设生产线,学校在学生培养、双师型教师培养、创新创业、科学研究等方面都会获得帮助,但前提是学校要统一让企业在学校内使用土地或建筑物建设生产线,但是如果按照国有资产相关规定是无法直接实施的。二是办学经费的管理和使用。职业院校的发展程度不同对资金的需求结构是不相同的,政府在确保办学经费安全的情况下,应给职业院校一些自主权。即使在发展规划之内,学校在产教融合、校企合作过程中也不可能单方面主导这一过程,有时企业的主导作用更加明显。三是学校的办学经费应按照当年在校学生足额、及时拨付。国家明确规定,职业院校申报新的专业原则须有合作的企业进行共同申报和建设。而现在的申报和审批周期已经严重影响了校企合作育人工作的开展。

《财政部　教育部关于建立完善以改革和绩效为导向的生均拨款制度加快发展现代高等职业教育的意见》(财教〔2014〕352号)要求促进生均经费拨款改革:"发挥财政资金的激励导向作用,建立完善高职院校生均拨款制度要与深化校企合作等制度改革创新相结合,形成激励相容、奖优扶优的机制,促进高职院校面向市场、面向就业,改革创新人才培养模式,提高人才培养质量。"

2019年《国家职业教育改革实施方案》要求:"各级政府要建立与办学规模、培养成本、办学质量等相适应的财政投入制度,地方政府要按规定制定并落实职业院校生均经费标准或公用经费标准。在保障教育合理投入的同时,优化教育支出结构,新增教育经费要向职业教育倾斜。"但因各种因素,学校当年使用的生均经费与实际在校人数仍有很大差别,特别对于不同的职业院校,其发展阶段均有不同的经费需求,应该给予学校更多的经费使用权限。

(三)完善职业院校内部治理结构

完善内部治理结构是扩大高校办学自主权的重要基础。改革开放不仅要激发发展的活力,更重要的是构筑起保障活力的体制环境和治理结构,实现持续和科学发展。《中共中央关于全面深化改革若干重大问题的决定》提出了深化教育领域综合改革的重要任务,深入推进管办评分离,扩大省级政府教育统筹权和学校办学自主权,完善学校内部治理结构。建立健全立德树人的治理理念、制度框架和运行机制。

1.线场体制改革必须强化党的领导

立德树人是高校的根本任务。习近平总书记在全国高校思想政治工作会议上强调:我国高等教育肩负着培养德智体美全面发展的社会主义事业建设者和接班人的重大任务,必须坚持正确政治方向。高校立身之本在于立德树人。我们的高校是党领导下的高校,是中国特色社会主义高校。办好我们的高校,必须坚持以马克思主义为指导,全面贯彻党的教育方针。要坚持不懈传播马克思主义科学理论,抓好马克思主义理论教育,为学生一生成长奠定科学的思想基础。同时还强调办好我国高等教育,必须坚持党的领导,牢牢掌握党对高校工作的领导权,使高校成为坚持党的领导的坚强阵地。党委要保证高校正确办学方向,掌握高校思想政治工作主导权,保证高校始终成为培养社会主义事业建设者和接班人的坚强阵地。

2.深化学校二级管理的放管服改革

具体实施现场体制改革,深化产教融合、校企合作的主体是学校的二级教学单位,二级单位的主动性和积极性是关键,学校必须给予具体执行的二级单位更多的自主权限。这样就应该进行学校内部管理的"放管服"改革。2015年,在学校长期实施产教融合、校企合作办学实践的基础上,经过大量的调研,河南机电职业学院党委印发《关于进一步深化两级管理的意见(试行)》(豫机电院党〔2015〕46号),要求:按照"以学院为主导、院系为主体"的两级管理框架,科学设置学院两级管理权限,优化内部治理结构,实行目标绩效管理,充分发挥院系办学的主动性、积极性和创造性,逐步建立符合治理体系和治理能力现代化要求的内部管理体制。学校作为办学独立法人地位,主要负责学院总体设计、建立管理体系、检查评价工作、考核任免干部、筹措与分配经费、优化资源配置以及提供服务保障等实施管理。而院系在学校的宏观管理与调控下,承担相应的责任和义务,行使相应的人、财、物的支配权,全面对学院负责。

3.建立多元参与的管理体制机制

建立多元参与的管理体制机制,是职业院校完善内部治理的重要内容,是深化产教融合、校企合作的重要条件,是职业教育得以健康发展的关键。

新时期职业教育的主要特征之一就是办学主体的多元化,与其对应的利益主体的多元化,就必须建立多元参与的管理体制机制。《国务院关于加快发展现代职业教育的决定》(国发〔2014〕19号)明确指出:职业院校要依法制定体现职业教育特色的章程和制度,完善治理结构,提升治理能力。建立学校、行业、企业、社区等共同参与的学校理事会或董事会。《高等职业教育创新发展行动计划(2015—2018年)》要求高等学校要"建立健全依法自主管理、民主监督、社会参与的高等职业院校治理结构","推动高等职业院校设立有办学相关方代表参加的理事会或董事会机构,发挥咨询、协商、审议与监督作用"。

中共中央办公厅、国务院办公厅印发《关于深化教育体制机制改革的意见》指出,要完善提高职业教育质量的体制机制。强调要健全德技并修、工学结合的育人机制。坚持以就业为导向,着力培养学生的工匠精神、职业道德、职业技能和就业创业能力。坚持学中做、做中学,推动形成具有职业教育特色的人才培养模式。完善专业动态调整机制,完善教学标准,创新教学方式,改善实训条件,加强和改进公共基础课教学,严格教学管理。大力增强职业教育服务现代农业、新农村建设、新型职业农民培育和农民工职业技能提升的能力。要改进产教融合、校企合作的办学模式。健全行业企业参与办学的体制机制和支持政策,支持行业企业参与人才培养全过程,促进职业教育与经济社会需求对接。充分发挥行业主管部门的指导、评价和服务作用,支持行业组织推进校企合作、发布人才需求信息、参与教育教学、开展人才质量评价。明确企事业单位承担学生社会实践和实习实训的职责义务和鼓励政策。

二、企业参与办学主体地位得到加强

实施产教融合、校企合作,是国家发展职业教育的基本方略。作为产教融合的主体,企业发挥着不可代替的作用。长期以来,我国职业教育的发展和人才培养,基本处于自我封闭的状态,与企业对人才的需求标准严重脱节。党的十八大以来,企业在职业教育中的重要作用得到高度重视,企业在人才培养中的话语权得到加强,为职业教育的发展起到不可估量的作用。

(一)企业成为职业教育的重要主体

《国务院关于加快发展现代职业教育的决定》(国发〔2014〕19号)指出:"研究制定促进校企合作办学有关法规和激励政策,深化产教融合,鼓励行业和企业举办或参与举办职业教育,发挥企业重要办学主体作用。"《国家职业教育改革实施方案》要求:"发挥企业重要办学主体作用,鼓励有条件的企业特别是大企业举办高质量职业教育,各级人民政府可按规定给予适当支持。"校企利益共同体育人模式不是普通育人模式的修补,而是有着自身的重点和突破。"除了要落实教学车间的建设与实践教学,实现学生双身份、教学双场所、课程双教师、实践双指导的'双主体'以外,还要进行企业项目的教学化改造,建立应用技术研究与创新机制,重建人才培养质量评价与保证体系。总之,要体现在育人的各个环节。"《国务院关于加快发展现代职业教育的决定》中首次提出,企业应发挥"重要办学主体作用",要"健全企业参与制度",并完善相应的支持保障性配套措施,从国家顶层设计层面明确并强化了企业在职业教育改革与发展中的重要地位及所应发挥的主体作用。企业参与职业教育并发挥主体作用是由职业教育的属性、特征、运行机制等所决定的,同时也是企业自身内驱力量及外部推动力量共同作用的结果。发挥企业的主体作用就是要在相关法律与制度保障下,让企业能够成为真正意义上的职业教育办学主体、投资主体、培养主体、管理主体及评价主体。

充分发挥企业作为举办主体的优势作用,是增强职业教育活力的重要手段。企业享有办学权利、负有办学义务和承担办学责任,可依据自身条件选择举办或参与职业教育。发挥企业的投资主体作用,是实现职业教育投入多元化的有效途径。企业可以采取不同的投资方式,既可以单独投资,也可以与其他投资主体联合投资,举办职业院校或培训机构。企业的生产车间可以作为职业院校的教学场所,企业的机器设备可以作为职业院校的教学设备,企业的熟练工人、技术人员和管理者可以作为职业院校的师资。发挥企业的培养主体作用,是全面提升职业教育人才培养质量的关键环节。企业要积极参与课程开发、基地建设、专业建设等具体人才培养环节中,并居于主导地位。在实践教学中,企业可提供教学场所,将生产岗位和企业教育中心组成系统的技能实训基地。学生在企业技术人员或技术工人的指导下接受岗位技能培训,形成人才培训与使用的高度统一,有效提高人才培养的质量与效益。发挥企业的管理主体作用,是完善现代职业教育治理体系的核心内容。企业作为职业教育的管理主体,积极参与职业教育决策、质量与效益评估,以及人才培养等全过程,可以提高职业教育治理的科学化水平。发挥企业的评价主体作用,是健全职业教育质量评价机制的重要基础。高质量的职业教育应实现专业与产业、职业、企业的对接,课程内容与职业标准的对接,以及毕业生素质和技能水平与职业岗位要求的对接,这就决定了企业对职业教育的人才培养质量评价具有主导性的话语权。

（二）企业在职业教育中更有担当

企业核心竞争力是未来发展的根本,如果没有核心竞争力,只是靠扩大产能是无法长期发展的,为此,要靠创新提高国际竞争力,而创新中间还有一个技术和技能,这就要靠职业教育来提升。产教融合、校企合作是保证职业教育健康发展的生命线,办好职业教育不仅是学校的事,也是企业的事。《现代职业教育体系建设规划（2014—2020年）》要求,到2020年,大中型企业参与职业教育办学的比例达到80%以上。企业在发展自身的同时还应自觉承担一定的社会责任,通常指与主要利益相关者、价值相联系,遵从法律,并尊重人类、社会和环境的一系列政策和实践。《中华人民共和国公司法》第十九条规定:"公司从事经营活动,应当遵守法律法规,遵守社会公德、商业道德,诚实守信,接受政府和社会公众的监督。"第十六条规定:"公司应当采用多种形式,加强公司职工的职业教育和岗位培训,提高职工素质。"《国务院办公厅关于深化产教融合的若干意见》特别明确提出"发挥骨干企业引领作用","注重发挥国有企业特别是中央企业示范带头作用,支持各类企业依法参与校企合作"。

《河南省职业教育校企合作促进办法（试行）》规定："促进职业教育校企合作是政府、职业院校、行业协会、企业的共同责任"，"国资、工业和信息化等有关部门应将企业的职业教育校企合作情况作为考核与评价企业和企业负责人业绩的重要内容"。把企业参与职业教育纳入法制内容。

（三）企业在职业教育中应有作为

加快发展现代职业教育是建设人力资源强国的必由之路。教育部等七部门印发《职业学校教师企业实践规定》，要求"企业应根据自身实际情况发挥接收教师企业实践的主体作用，积极承担教师企业实践任务。承担教师企业实践任务的企业，将其列入企业人力资源部门工作职责，完善教师企业实践工作管理制度和保障机制，并与教育、人力资源社会保障部门联合制定教师企业实践计划，按照'对口'原则提供技术性岗位（工种），解决教师企业实践必需的办公、生活条件，明确管理责任人和指导人员（师傅），实施过程管理和绩效评估"。《职业学校校企合作促进办法》明确要求："企业应当依法履行实施职业教育的义务，利用资本、技术、知识、设施、设备和管理等要素参与校企合作，促进人力资源开发。"企业在职业教育中应切实履行自己的职责，积极参与职业教育的人才培养的全过程，结合实际在人才培养、技术创新、就业创业、社会服务、文化传承等方面，开展7种形式合作。《国务院关于加快发展现代职业教育的决定》（国发〔2014〕19号）规定"规模以上企业要有机构或人员组织实施职工教育培训、对接职业院校，设立学生实习和教师实践岗位"，"企业开展职业教育的情况纳入企业社会责任报告"。

（四）完善企业参与办学体制机制建设

（1）完善相关法律法规，确立企业在职业教育中的主体地位。在我国《职业教育法》中，要进一步明确企业在职业教育中的主体作用和功能定位，以及权利、义务和责任，为企业主体作用的发挥提供法律保障；明确企业办职业院校的法律属性，赋予其合法的身份和地位；明确对未承担相应义务企业的惩罚措施；将企业开展职业教育的情况纳入企业社会责任报告。

（2）研究制定促进校企合作办学有关法规和激励政策，激励企业主体作用的发挥。明确企业办职业院校的公益性，依法享受相关教育、财税、土地、金融等优惠政策。

（3）保障企业办职业院校的经费投入。采取政府购买等多种形式，鼓励企业参与职业教育。对于在校企合作方面取得较好成绩的企业办职业院校，在专业建设、师资培养和实训基地建设等方面进行扶持。

（4）强化行业组织在职业教育中的指导地位。各级政府转变职能，下放权力，督促行业建立职业教育指导机构，赋予其指导监督责任。

（5）加强宣传激励机制建设，为企业发挥主体作用营造良好的社会环境和舆论氛围。各级政府要设立企业参与职业教育的资质认证制度和企业贡献等级评级制度；设立奖励制度，对于在职业教育中贡献突出的企业予以奖励和大力宣传，激发企业履行参与职业教育的社会责任意识。

（6）要有进退机制，即要制定一套规则，允许企业资本进入后可以自由退出，可进可退是实施产教融合、校企合作的基本要求。如果进得来，出不去，没有回头路，无论对民企或国企都不是好事,如果是这样,实施产教融合、校企合作是做不好的。明确产权关系,如果在实施产教融合、校企合作过程中,产权关系不明晰,对后期合作发展不利。在财产权利的划分上要"归属清晰",在财产权利运用的过程中要"权责分明",在维护产权关系上"保护严格",在财产权利的配置上要"流转顺畅"。

三、产教融合是职业教育的基本特征

职业教育是让受教育者获得某种职业或生产劳动所需要的职业知识、技能和职业道德的教育,其本职就与企业有着天然不可分割的联系。企业的发展离不开专业技术人才,专业技术必然在企业生产实践中获得,二者相互融合、互为促进,共荣共生,这是职业教育的基本特征。

(一) 实施产教融合是办好职业教育的关键

知识的获得来源于实践,实践的过程又是知识获得的过程,这是马克思主义的认识论。从这一点来看,实施产教融合是职业教育与企业共同发展的最佳选择。深化产教融合,促进教育链、人才链与产业链、创新链有机衔接,是推动教育优先发展、人才引领发展、产业创新发展、经济高质量发展相互贯通、相互协同、相互促进的战略性举措。

《国家职业教育改革实施方案》要求:"校企共同研究制定人才培养方案,及时将新技术、新工艺、新规范纳入教学标准和教学内容,强化学生实习实训。"《国务院办公厅关于深化产教融合的若干意见》明确提出:"支持引导企业深度参与职业学校、高等学校教育教学改革,多种方式参与学校专业规划、教材开发、教学设计、课程设置、实习实训,促进企业需求融入人才培养环节。推行面向企业真实生产环境的任务式培养模式。职业学校新设专业原则上应有相关行业企业参与。鼓励企业依托或联合职业学校、高等学校设立产业学院和企业工作室、实验室、创新基地、实践基地。"教育部等六部门印发的《职业学校校企合作促进办法》要求职业院校要与企业开展全方位的校企合作育人,提出:职业学校和企业可以结合实际在人才培养、技术创新、就业创业、社会服务、文化传承等七个方面开展合作。一是根据就业市场需求,合作设置专业、研发专业标准,开发课程体系、教学标准以及教材、教学辅助产品,开展专业建设;二是合作制定人才培养或职工培训方案,实现人员互相兼职,相互为学生实习实训、教师实践、学生就业创业、员工培训、企业技术和产品研发、成果转移转化等提供支持;三是根据企业工作岗位需求,开展学徒制合作,联合招收学员,按照工学结合模式,实行校企双主体育人;四是以多种形式合作办学,合作创建并共同管理教学和科研机构,建设实习实训基地、技术工艺和产品开发中心及学生创新创业、员工培训、技能鉴定等机构;五是合作研发岗位规范、质量标准等;六是组织开展技能竞赛、产教融合型企业建设试点、优秀企业文化传承和社会服务等活动;七是法律法规未禁止的其他合作方式和内容。

(二) 学校和企业成为共生共荣命运共同体

《国务院办公厅关于深化产教融合的若干意见》提出:"深化产教融合,促进教育链、人才链与产业链、创新链有机衔接,是当前推进人力资源供给侧结构性改革的迫切要求,对新形势下全面提高教育质量、扩大就业创业、推进经济转型升级、培育经济发展新动能具有重要意义。"同时还指出:"鼓励地方政府、行业企业、学校通过购买服务、合作设立等方式,积极培育市场导向、对接供需、精准服务、规范运作的产教融合服务组织（企业）。支持利用市场合作和产业分工，提供专业化服务，构建校企利益共同体，形成稳定互惠的合作机制，促进校企紧密联结。"《国家职业教育改革实施方案》提出："厚植企业承担职业教育责任的社会环境，推动职业院校和行业企业形成命运共同体。"通过优势互补，校企共同搭建合作的平台，放大、倍增了双方的共同利益。企业获得了人才利益、经济利益、政策利益、文化利益、社会利益，学校获得的则是深度的、可持续性的校企合作，最终带来良性的招生和就业循环，而这正是高职院校所追求的目标。所以我们认为，构建校企利益共同体是校企合作的路径创新，是提升学校内涵的重要抓手，更是学校置身于区域经济社会发展作出的选择。

（三）学校教育与企业培训一体化成为必然

2013 年 9 月，习近平总书记在联合国"教育第一"全球倡议行动一周年纪念活动上讲道："中国将坚定实施科教兴国战略，始终把教育摆在优先发展的战略位置，不断扩大投入，努力发展全民教育、终身教育，建设学习型社会。"《教育部 人力资源社会保障部关于推进职业院校服务经济转型升级面向行业企业开展职工继续教育的意见》（教职成〔2015〕3 号）提出："职工继续教育是继续教育的重要组成部分和现代职业教育的重要内容。职业院校坚持学历教育与非学历教育并举，广泛开展职工继续教育，对于主动适应经济发展新常态，进一步激发职业院校办学活力、深化产教融合校企合作，提高产业服务能力、帮助企业创造更大价值，提升人力资本素质、服务创新驱动战略、建设学习型社会具有重要意义。"并要求："坚持政府推动、行业指导、需求导向，深化产教融合、校企合作，加大职工继续教育工作力度，增强职工继续教育的针对性、灵活性、开放性，把提高职业能力和培养职业精神高度融合，为企业职工提供继续教育服务支持。"要求职业院校要充分发挥师资、专业优势，紧密结合区域经济发展需要和职工学历提升的需求，以在职学习为主面向行业企业开展多种形式的学历继续教育。提高职业院校招收企业职工比例，并在招生考试工作中加强对职业技能的考核。注重不同层次、不同类型学历继续教育的衔接，构建技术技能人才成长"立交桥"，要把开展职工继续教育作为职业院校的重要任务。要求企业推动落实教育规划纲要关于"将继续教育工作与工作考核、岗位聘任（聘用）、职务（职称）评聘、职业注册等人事管理制度的衔接"的要求，以及《国务院关于加快发展现代职业教育的决定》关于"规模以上企业要有机构和人员组织实施职工继续教育、对接职业院校"的要求。推动企业将职工继续教育纳入企业发展规划和年度工作计划，积极创建学习型企业。《国家职业教育改革实施方案》要求："落实职业院校实施学历教育与培训并举的法定职责，按照育训结合、长短结合、内外结合的要求，面向在校学生和全体社会成员开展职业培训。"

下　篇
高等职业学校产业学院育人场境建设

第七章 产业学院育人场境基本概述

第一节 产业学院育人场境提出背景

在职业教育发展的纵向上,专业对口的行业、企业是毕业生的主要归宿,然而本应该有极强参与培养动因的企业,在现实情况中却是它们的参与度、参与热情并不高,校企合作往往流于形式应付了事,甚至名为校企合作实为企业盈利手段。究其原因,由于空间地域、学校机制体制限制等原因,学生在校企合作过程中"三天打鱼两天晒网"、与企业真实岗位切合度不高,校企"合而不融",企业没有真正从中得到切实利益,学生也没有从中得到质的提高和发展,从而导致知识结构落后于实践技能,人才培养结构滞后于产业结构优化升级,人才供给在质量上始终难以满足企业对人才的需求,人才培养供给侧和产业需求侧在结构、质量、水平三个方面还不能完全适应,从而产生供需脱节现象,企业需要的人才很难招得到,学校培养的人企业很难用得上,这种状况可以形象地称为供需"两张皮"。

"两张皮"是长期困扰企业和学校的"老大难"问题,学校或企业单方面无法解决,中国经济的高速发展和企业转型升级对人才的迫切需求,要求学校加强内涵建设,培养适应经济建设转型发展所需的人才,并需要从政府层面来统筹协调解决。学校与企业在人才供需上应履行好自己的职责。职业院校作为教育主体,主要职责就是培养社会所需人才。企业是职业教育的出发点和归宿,企业根据自身发展的需要,在职业教育形成和发展的进程中主要扮演了举办者、投资者、消费者、服务者、合作者等角色。

2017年,《国务院办公厅关于深化产教融合的若干意见》发布,指出"人才培养供给侧和产业需求侧在结构、质量、水平上还不能完全适应,'两张皮'问题仍然存在。深化产教融合,促进教育链、人才链与产业链、创新链有机衔接,是当前推进人力资源供给侧结构性改革的迫切要求"。明确提出深化"引企入教"改革,鼓励企业依托或联合高等学校设立产业学院。

产业学院是集"产、学、研、创"于一体的实体性人才培养创新平台,是产教融合背景下高等职业学校高质量发展的主要实现载体。产业学院能够在发挥高校既有特色优势的同时,充分体现企业等其他主体的重要作用,从而推动产教供需双向对接,人才、教育、产业、创新四链有机衔接,形成产教融合新生态,优化人才培养新模式。

在上述背景下,河南机电职业学院充分发挥自身特色优势,探究现代产业学院协同育人机制及主要模式,探索差异化的特色发展路径,提出了"四境"即基于"产、学、研、创"四种场境的育人模式,系统破解了长期以来困扰我国的职业教育产教融合、校企合作困局,为解决职业教育发展过程中校企合作"两张皮""一头热"的问题提供了可复制可推广的解决方案,成效显著,在省内乃至国内产生了较大影响,填补了国内空白。

具体来讲,产业学院育人场境的提出,旨在破解高等职业学校在校企合作育人中遇到的以下问题。

一、校企合作"两张皮"问题

其问题的核心是:既然企业和学校都呼唤职业教育,但是为什么当实际投入资本和人力时,都那么小心翼翼,甚至一谈就散。

保证合作企业人才的有效供给是推动校企深度融合、促进校企合作良性循环的重要前提。在校企实际合作过程中,一方面,企业无法有效参与职业教育,企业人才成长周期长、培训成本高;另一方面,职业院校培养的人才无法有效满足企业的用人需求,企业的岗位要求、技能素养、人才标准等最新要求不断变化调整,职业院校毕业生与企业技能需求不匹配,造成职业院校学生不能找到适合自己的工作,企业难以招聘到适合企业需求的人才。

二、教学体系封闭难题

其问题的核心是:既然人才培养过程一直呼唤教学和生产对接,但是为什么在实际操作中一直都难以对接,甚至即使勉强对接,也不伦不类,相互扯对方后腿。

三、课程脱离实际问题

其问题的核心是:人人都知道现有的课程不合适,那么什么样的课程,才能真的对接当前国家经济转型升级,满足学生个人幸福成长需要。

学校难以掌握企业的新技术、新工艺、新标准,职业人才培养定位和培养目标不清晰,脱离企业生产实际。课程内容、企业岗位与实际生产需求脱节,不能体现一线工作目标、工作要求、真实工作内容,与企业生产过程的最新工艺、技术不衔接,致使课程内容与工作内容严重不匹配,课程资源更新滞后、难以与产业升级发展同步,无法实现人才培养结果和企业用人要求的统一。

四、教学场境单一问题

其问题的核心是:职业人才的培养一直是企业和学校共同努力的结果,国外的经验是通过法律法定校企合作渠道,我国这方面法律还不健全,那么如何创设一种校企育人的场境,让校企育人合力得以最佳实现。

职业院校学生的培养关键在于职业素养和技术技能的提升,以能否解决企业实际问题作为评价职业教育培养质量的重要指标。但学校教育缺少企业培训的精准性、先进性、实用性,企业培训缺少学校教育的完整性、系统性、科学性,育训缺乏一体化机制。且不同项目、不同岗位对人才技能要求不同,学生知识、技能基础不同,育训针对性、及时性,以及学习个性化难以实现。

第二节　产业学院育人场境发展历程

由于产教融合、校企合作机制障碍,技术技能人才培养培训需要的产业企业环境资源成为制约我国职业教育质量进一步提高的拦路虎,自2005年始,河南机电职业学院不断创新探索人才培养模式,强化企业办学的主体作用,先后历经了"三化""三化四共五衔接""三式一型"及"产学研创"四维一体育人场境的4个发展阶段,凸显了人才培养模式的递进式和有效性。

一、发展初期:实施促进校企积极合作的"三化"模式

在创新办学理念与实施教学改革之初,基于产教融合、校企合作的人才培养理念,学校提出"学校集团化、专业产业化、课程技能化"的立体式"三化"人才培养模式。所谓"学校集团化",即学校根据市场对技术技能型人才的需求特点及技术技能型人才培养的规律,一方面,积极与相关行业、企业和部门进行跨界合作,组建以学校为主导的校企合作集团,为职业院校的实践教学、师资队伍建设和技术研发提供必要的合作平台;另一方面,学校不断拓展和强化自身在教学、科研和社会服务等领域中的积极作用,整合相关资源,形成"以教学为主,兼顾科研、生产与服务"的多元化功能集团。"专业产业化"是结合本校教学与实训的基础与特点,建设与本区域产业需求相适应的专业大类,购置与产业生产设备匹配的专业教学设备,引入与产业生产标准一致的专业学习标准,办成与产业发展紧密对接的专业或专业链。"课程技能化"指依照该专业所对应职业的典型工作任务的需求,明晰职业岗位所需的关键能力,将这些能力分解和显化为专业课程学习中的技术技能,并按照技术技能学习的认知规律和教学原则对课程体系进行重构、优化与完善,凸显以能力为导向的技术技能性课程。逐步构建一个从学校到专业设置,再到课程建设的校企合作平台。

在这种模式下,开展校企合作要进行三方面重要突破:①在集团化办学方面,积极开展引厂入校,努力倡导并构建服务学校实践教学的校企合作平台。②在专业产业化方面,龙翔电气、龙瑞汽车和黄河机电3个企业与学校的电子系、汽车系和机电系开展了3个产品项目的专业共建工作。③在课程技能化方面,学校将企业工程师、学校教师联合起来组建"双师型"教师团队,重视从传统理论导向课程向实践导向课程的转型,凸显技术技能在实践课程中的培养地位,不断提高实践课程开设比例,提升了技术技能教学质量。

二、发展中期:推进校企深度合作的"三化四共五衔接"模式

随着"三化"模式的推进,校企合作的外部制度环境逐步形成,企业参与校企合作的积极性不断提升。为此在对"三化"模式反思总结的基础上,又提出了"三化四共五衔接"模式,旨在强化专业与课程建设方面的深度合作。"四共"即学校与企业共同作为技术技能人才培养的双主体,在职业教育人才培养过程中进行四个层面的合作,即通过"专业共建、课程共担、教材共编、资源共享"以进一步强化校企合作的深度。

通过"四共"建设,校企双方要达到的基本目标是实现5个方面的衔接,即:①专业与产

业衔接;②课程内容与职业标准衔接;③教学过程与生产过程衔接;④学历证书与职业资格证书衔接;⑤职业教育与终身学习衔接。专业和产业衔接是职业教育专业设置的基本要求,即专业设置的目标、规格应符合产业要求;课程内容与职业标准衔接,旨在强调课程学习内容应以职业岗位标准为参考,做到学习内容与职业标准的一致性;教学过程和生产过程衔接,旨在强调教学过程应充分体现任务驱动和工作过程引领;学历证书和职业资格证书衔接,旨在要求专业的教学效果能够体现学以致用;职业教育与终身学习衔接,重在要求职业教育不可忽视学生学习能力与创新能力的培养。五个衔接分别从专业设置、课程内容、教学过程、教学评价、终身发展等方面对职业教育的人才培养规范和标准进行精准定位,成为人才培养中须坚持的重要原则。

三、成熟阶段:构建校企融合发展的"三式一型"模式

2012 年,随着校企合作的进一步深入,在反思"三化四共五衔接"模式的基础上,对其进行不断调整、补充和修改,学校又提炼出了"三式一型"的人才培养模式,即"建工厂式学院、办产业式专业、开发技术式课程,培养应用型人才"。

学校提出了"建工厂式学院"的理念,即高职院校在构建校企融合发展的过程中,不能仅满足或停留在组织形式较为松散的"集体化"办学层面,而应通过引厂入校、送教入厂等校企共建措施,建成校中有厂、厂中有校、厂校融合的工厂式学院。"办产业式专业"即通过与企业共建专业、共担课程、共编教材、共享资源等措施,初步建成一批专业设置与产业需求对接、产业与专业互为促进的产业式专业。"开发技术式课程"是指通过任务引领、工作过程导向等思路对现有课程体系进行重构,形成课程内容与职业标准对接,教学过程与生产过程对接的技术式课程体系。总之,通过工厂式学院、产业式专业、技术式课程的功能整合,形成产教融合、校企合作、工学结合、知行合一的应用型人才培养模式。其中,"三式"是人才培养在办学特色、专业设置及课程建设三个层面上的制度保障,"一型"是最终的人才培养目标,"三式一型"较为系统地概括了高职院校在人才培养方面的规律、要求与定位。

在该模式指导下,学院取得进一步发展:①在"建工厂式学院"层面,逐步形成"基于政、校、企、行等部门协同治理的'产学研联盟'"。②在"办产业式专业"方面,每个二级学院都开设了至少一个产业式专业,每年新设专业都以行业企业为依托,在校企合作的框架下共建。③在"开发技术式课程"方面,学校各专业的核心课程均围绕专业孵化及其所对接的产业项目需要,设计出基于工作导向的课程模块。其中,校企共建的专业核心课程都设置有一个学期的技术式课程,旨在提高学生的实践能力与技能。通过与企业共建专业、共担课程、共编教材、共享资源等措施,初步建成了一批专业设置与产业需求对接、产业与专业互为促进的产业式专业集群(链)。通过实践导向、任务导向、问题导向等思路,对现有课程体系、结构、内容、实施、评价等进行重构,形成了课程内容与职业标准对接、教学过程与生产过程对接的技术式课程体系。通过对工厂式学院、产业式专业、技术式课程的功能整合,形成产教融合、校企合作、工学结合、知行合一的人才培养体系,打造素质高、能力强、有专长的应用型人才。

四、完善阶段:"产、学、研、创"生态圈

从 2015 年下半年开始,学院进一步深化校企合作,主张练好"组合拳",把重点放在推进

"产、学、研、创"四位一体综合体建设上,推动"产、学、研、创"由松散型、契约化向一体化、立体化、利益共同体的方向发展。"产"是校企共建生产性实训基地。学院按照专业对接产业、课程对接岗位、教学过程对接生产过程的衔接原则,以合作热情度、专业契合度、劳动密集度为评价指标,先后选择了近 100 家合作企业,通过更新技术、开发产品,使他们做大做强。"学"是校企共建二级学院。学院基于产业办专业,围绕产业链办好专业群,与企业共办专业、共担课程、共编教材、共享资源。"研"是校企共建研究院。学院基于"产业+专业",办好产业技术研究院,确立技术开发、课程开发两大任务,把产业的技术与工艺转化为专业的教学内容与课程体系,用这些教学内容与课程体系为产业(企业)培养专门的高技术技能型人才,形成"技术—课程—人才—技术"的良性循环。"创"是校企共建众创空间。学院基于"产业+专业+研究院",办好众创空间,产业提供创新创业平台,专业提供创新创业智力支撑,研究院提供创新创业项目,众创空间搞好孵化。

在此基础上,进一步发展形成"产、学、研、创"生态圈。"四境"是指产、学、研、创,即抓住"产"这个基础,基于"产"办"学",形成育人的"产境"和"学境";基于"产+学"办技术研究院,形成育人的"研境";基于"产+学+研"办众创空间,形成育人的"创境"。

2017 年年底,学校已与河南龙翔电气、郑州宇通、巨通电梯、台湾友嘉、郑州华晶、龙瑞汽车、亚柏科技等企业分别形成了电力运维、汽车检测与维修、电梯装配、智能制造、新能源汽车、无人机等"产、学、研、创"教育教学四境,着力推动精密制造、大数据等四境建设。

"三融"是指融课程、融体系、融体制。通过"三融改革",把产、学、研、创综合体打造成融合体。融课程是指分别从产、学、研、创诸领域中提取出不同的课程因子,把这些课程因子按照行动导向的课程理论,以技术技能为主线,进行重组编排,形成产、学、研高度融合的课程包。学院已对机电一体化等 5 个专业近 50 门课程进行了融项目、融任务的融课程开发。融体系是指基于产、学、研、创各主体高度融合的人才培养体系,实现课程与岗位、学历证书与职业证书、教学过程与生产过程的融合。对融课程建设的专业培养方案进行了重新修订,形成了产、学、研、创协同育人的开放式人才培养体系。融体制是指产、学、研、创多种形式融合发展的体制。学院重点开展了基于二级学院(或专业)层面的产、学、研、创体制机制融合创新,

产、学、研、创好比经纬中的"经",融课程、融体系、融体制等好比经纬中的"纬",经纬交织,构建起学校应用型人才培养的"三融四境"模式与体系。这一模式与体系的构建,推动学校由多元主体松散办学转向多元主体融合办学,由单点办学转向多点分布式办学。"产、学、研、创"生态圈统筹学校与企业资源,实现学校与企业两种资源的匹配与对接,发挥两者的协同育人功能,共享资源,共同受益。通过生态圈建设,学校完成对企业的专业、课程以及人力资源的配送,促进了学校跨界办学和分布式办学两种新常态的形成。

近 100 家合作企业成为跨界办学的主力,新能源、汽车、无人机、智能制造四个"产、学、研、创"生态圈,在学校的人才培养、科技创新、社会服务、国际合作等方面发挥着不可替代的作用。共享资源的分布式办学在省内产业集聚区落地,目前在驻马店、鹤壁、民权、淮阳等地建成分布式办学点十余个,学校人才培养能力、科技创新能力、社会服务能力得到了加强和提升。

2017 年年底,学院提出了通过共同体建设,实施对企业进行专业、课程以及人力资源的

配送。一是统筹对接双方的课程资源,根据企业需求收集课程资源。二是形成强大的课程开发能力。教师运用各种课程理论,把企业的技术、工艺、岗位技术、科技创新等产、学、研、创成果转化为职业教育课程。三是把重点放在学生成为企业员工最后一公里的课程建设上。

在课程建设上,学院设置了专长模块,即为企业定制课程,使学生岗位实习实训和企业员工岗位晋级相互连接,使两者有机衔接,实现一体化,从而把产、学、研、创融合体打造成可为企业进行专业、课程、人才资源配送的共同体。

办学模式的不断深化和发展,是学院校企合作和特色办学向更高层次推进的集中体现。在办学模式的迭代升级中,河南机电职业学院始终坚持深化产教融合、校企合作,坚守培养高素质技术技能人才的职教特色和立德树人教育使命,办学规模、质量、能力协调发展。

在"三式一型"人才培养模式中提出开发"技术式课程"的理念,既强调学生的技术理论学习,也重视学生的技术实践学习,但具体到课程开发的实践层面,如课程内容的组织模式问题、课程内容编排问题、课程教学的单元结构问题仍需进一步探索。对此,学校提出"产学研创"四维一体的"融课程"思路和模式。所谓"融课程",就是在职业教育理论实践一体化课程建设中,超越传统课程建设中学科本位的指导思想和理论主导的编排结构,树立产教融合、校企合作的跨界理念,融入工学结合、理实一体的学习原则,融通学校与企业两大领域、融通工作与学习的两个不同学习场景,融合基于职业能力所需的跨领域、跨学科的理论知识与实践知识,整合职前教育与职后培训的核心内容与关键能力,最终形成能够培养学生关键能力与综合职业能力的课程体系。学校对"融课程"模式建设进行了探索。

(一)以典型工作任务为中心的课程内容组织模式

与其他类课程相比,职业教育课程的最大特点是:依据职业领域的工作诉求,开发课程、确定职业课程内容与结构是职业教育课程开发的主要依据。职业教育课程开发的实质即从职业领域中获得课程开发的要义,按照"完成工作任务的能力需要"来选择课程内容并编排课程顺序。学生个体通过完成工作任务的过程来学习相关知识,并将生产性学习与学习性工作融为一体,并根据学习科目的"自然整体"特性,按照典型工作任务或项目单元的形式来组织融课程的核心内容,以此促使学生职业行动能力的养成。

(二)以应用知识为主导的跨学科的课程序化结构

伴随着技术革新和产业升级,现代职业教育的教学内容超越了以单一学科为中心的课程模式,更多地呈现为"结构复杂的综合性问题",对此类问题的探索需要涉及多个学科领域,需要进行跨学科的学习,并要求学生具有"解决综合问题的能力"。跨学科学习按照"工作任务"和"行动导向"的逻辑将原本属于不同学科的内容组合在一起,需要学生运用多学科知识、多维度方法、多方面能力提升自身的职业能力。"融课程"为这种跨学科学习提供了基础与条件,它以"典型工作任务"为课程内容遴选依据,以"工作过程导向"为课程内容排序的参考,形成以应用知识为主导的跨学科的课程结构,突破了传统的以学科体系为主导的职业教育课程体系的藩篱,将职业教育课程开发引领到一个新境界。

(三)以行动导向教学为单元的职业能力培养方式

根据杜威实用主义知识观,求知即行动,知识是行动的知识、实践的知识,知识是行动的过程和行动的结果,获得知识必须通过行动。职业教育行动导向的教学是基于职业工作过程的、以行动为指向的教学,是培养和提升学生职业行动能力的重要单元和方式。行动导向的教学原则可归纳为 3 个层面,即在目标层面,"为了行动而学习";在过程层面,"通过行动来学习";在哲学层面,"行动即学习"。因此,融课程教学须遵循行动导向的教学规律,即按照工作任务的要求组织学习,为学习者提供一个完整的、在行动过程进行学习的机会。可以说,"融课程"模式下的教学既是完成生产性学习任务的过程,也是学生进行研究性学习与创新及其职业能力发展的过程。

同时,"融课程"也是"三式一型"人才培养模式中技术式课程的进一步深化。它通过解构学科本位的课程体系,重构以技术实践能力为本位的学习领域课程和基于工作过程性知识形成的项目课程,逐步实现向"理论—实践"一体化课程过渡,凸显技术理论知识与技术实践知识的交互融合,有助于课程内容与职业标准的对接,有助于形成教学过程与生产过程衔接。由此可见,职业教育的"融课程"强调整体的教学行动与典型的职业行动的整合,重视行动导向教学赖以存在的校企合作环境、工学结合情境,并遵循"做中学"的行动导向的课程逻辑。

第三节　产业学院育人场境本质内涵

日本学者野中郁次郎[①]指出,创造知识需要实际的情景,这个实际的情景就是"场"。"场"是提供交流思想和产生新想法的场所,是知识创造和流动的场所。"场境"是指在引入具体的概念之前,让学生进入预先设定的工作环境,熟悉现实的工作流程。

和"场"概念最相近的理论应该是国外的场境理论。场境理论是布尔迪厄在 1966 年的《论知识分子场及其创造性规划》中最初使用的一个术语,直到 20 世纪 70 年代以后,这一概念才在他的著述中不断发展并逐渐显示出重要性。[②] 一般认为场境理论是布尔迪厄的基本理论,场境不仅是布尔迪厄社会学理论的概念,也是他从事社会学研究的分析单位。布尔迪厄如此定义场:"从分析的角度看,一个场境可以被定义为在各种位置之间存在的客观关系的一个网络,或一个架构,正是在这些位置的存在和他们强加于占据特定位置的行动者或机构之上的决定性因素之中,这些位置得到了客观的界定,其根据是这些位置在不同类型的权利或资本(占有这些权力就意味着把持了在这一场境中利害攸关的专门利润的得益权)的分配结构中实际的和潜在的处境,以及它们与其他位置之间的客观关系(支配关系、屈从关

---

① 野中郁次郎(Ikujiro Nonaka,1935—),知识创造理论之父。野中郁次郎 1935 年出生于东京,1958 年毕业于早稻田大学政治经济学院,随后进入日本富士电机制造公司服务。在完成 SECI 螺旋上升的每一个阶段,都会有一个"场"(Ba)存在。"场"被定义为一个动态共享的环境,是知识共享、创造和使用的背景。既可以是一个实体的物理空间,也可以是一个虚拟的网络空间(例如线上社区、电话会议等),还可以是一个共有的精神空间(例如共有的价值观、信仰、理想等)。

② 余秀才. 网络舆论场的构成及其研究方法探析:试述西方学者的"场"论对中国网络舆论场研究带来的启示[J]. 现代传播,2010(5):120.

系、结构上的同源关系)。"①职业教育作为一种社会行为,也是在一定的场境展开并受到不同场境作用和影响的。它不是孤立的行为活动,而是相互联系和作用的"网络"存在。这一点黄炎培先生②也早有论述:"职业教育,以教育为方法而以职业为目的者也。施教育者对于职业,应有极端地联络;受教育者对于职业,应有极端的信仰。"这应当视为我国职业教育"双场"理论的滥觞。

本书所提到的"场"实质为教育场,而作为社会场的一部分,教育场应该认识到其运作的实践性、渐进性和复杂性,应该顾及需要运作的实体,需要某些组织,才能使松散的学习活动与建制的学校教育活动连接起来。比如通过真实场境、项目活动等架设起学校与社会共同营造学习教育的桥梁。

职业教育的知识和技能的建构,主要是通过"场"与"境"下,与"学"相结合的"做"来实现的。陶行知先生指出:"教学做是一件事,不是三件事,我们要在做上教,在做上学。"③"先生拿做来教乃是真教,学生拿做来学乃是真学,不在做上用功夫,教固不成真教,学也不成为真学。"④"做"是建构意义也是建构能力的基础,而"做中学",必然是场境化的、情境性的。

"育人场境"强调人与人之间的互动,强调人与环境发生相互作用,也就是强调教师与学生两大主体的互动、学校与企业两大组织机构的互动、教室环境与真实商业环境的互动。这里教师与学生主体分别是一个可以容纳多元知识的"活"团队,是一个辐射面很广的"大"团队。

"活"和"大"是"育人场境"的两个基本特征。"活"不仅是指各个教学团队气氛活跃,更重要的是指教学团队可以吸收其他领域的特长,不是单一地只是注重自己团队所局限的知识,而是把视野投向更多的知识领域。"大"也并不是指人数上的多,而是指教学团队与其他同类型团队和人员的合作,即尽量扩大团队的社交层面,多吸纳外界人员,在扩展了教学团队知识范围的同时,也可以产生"知识碰撞"激发出新的思想。

校企必须"珠联璧合",才可"相得益彰"。校企合作构建满足专业培养模式的育人场境,产教深度融合,培养企业适合的人才、产业急需人才。育人场境的构建标准,可归纳为三个有利于:

一是有利于促进"产教融合,校企合作"。场境是产教融合的结合点,承担着中间枢纽的作用。理想"场境"的创建一方面连接着产业,另一方面连接着教育。就像一座天平,一端是需求端,另一端是供给端,传统的育人模式下,天平两端是不平衡的,有了"场境"这一新兴支点,可以有效引导产业与教育,建立对人才的供需结合点,使得"产教融合,校企合作"催化出

① 布尔迪厄,华康德.实践与反思:反思社会学导论[M].李猛,李康,译.北京:中央编译出版社,1998.

② 黄炎培(1878—1965),号楚南,字韧之,笔名抱一。出生于川沙镇内史第,江苏川沙县(今属上海市)人。中国近现代爱国主义者和民主主义教育家。黄炎培在《实施实业教学要览》中给职业教育下的定义是:"凡用教育方法,使人人获得生活的供给及乐趣,一面尽其对群众之义务,此教育名曰职业教育。"他认为中国的教育"乃纯乎为纸面上之教育。所学非所用,所用非所学",改良之道"不独须从方法上研究,更须在思想上研究"。他的结论是采取实用主义,发展职业教育。

③ 谌安荣.陶行知"教学做合一"的理论内涵及教学论意义[J].云梦学刊,2004,25(6):91.

④ 约翰·杜威.民主主义与教育[M].王承绪,译.北京:人民教育出版社,1990.

丰硕的成果。

二是有利于培养创业型人才。要提高职业教育办学和人才培养质量水平,主要就体现在学生能力的提升、技能的掌握、创业项目的成功。育人场境紧邻市场,学生有更多的机会与企业家、董事长面对面交流,更容易得到专业的创业指导与支持,使学生创业触手可及。

三是有利于"做中学、学中做"①的实施,实践与创业项目结合,学生在场境中学习理论知识,通过企业提供的创业项目策划方案,将课堂上的理论知识在方案中得到印证,在场境中,学生通过头脑风暴产生创意,继而孵化出新的创业项目。

育人场境中的学境、产境、研境、创境四类场境在实际育人过程中并非独立存在,而是以某一类场境为主,同时又包含其他类型场境,各种场境之间是主要与辅助的关系。

费孝通②先生认为"场"就是由中心向四周扩大一层层逐渐淡化的波浪,层层之间只有差别没有界线,而且不同中心所扩散的文化场可在同一空间互相重叠。那就是在人的感受上有不同的生活方式,不同规范,可以自主地选择,把冲突变成嫁接、互补导向融合③。

教育活动总是置身于一定的场境之中,对于大学而言,教育场境作为一个由文化元素之间相互作用的综合场,是教育活动开展的基本环境。大学的构成要素汇集于知识、信仰、艺术、道德、法律、习俗以及包括作为社会成员的个人所必须掌握和接受的任何其他的才能和习惯的复合体④。

四境共融育人就是要培养学生的关键能力。1972年,时任德国劳动力市场与职业研究所所长、经济学家戴尔特·梅腾斯在欧盟报告《职业适应性研究概览》提出关键能力是时代发展的变革力量和改造未来社会的手段的理念。职业教育课程应通过专业理论的组织,最终目标是培养学生的职业能力,尤其是关键能力是职业教育课程对接职业工作的实质,是学生应对工作岗位变更的可迁移能力。

关键能力是指具有职业(或行业)通用性的重要能力,与生产、经营和服务性岗位间接相关,是对岗位工作效能产生积极影响的职业化能力的总称⑤。德国诸多学者对关键能力概念的研究与发展,逐渐形成行动(action)导向的职业能力内涵——基于综合性的知识与技能学习,处理实际工作情境中的职业问题的能力,由专业能力、方法能力、社会能力和个性能力组织成完备的能力结构整体⑥。企业环境的"干中学"行为与个体认知能力的综合作用而产生的广泛性能力,是个体对工作事实的领悟和反思,企业工作情境是知识技能的作用场境。

①　"做中学、学中做"是杜威教育理论体系的核心部分。杜威(1859—1952),美国著名的教育家及哲学家。

②　费孝通(1910—2005),江苏吴江(今苏州市吴江区)人,当代著名社会学家、人类学家、民族学家、社会活动家,中国社会学和人类学的奠基人之一.

③　费孝通.论人类学与文化自觉[M].北京:华夏出版社,2004.

④　泰勒.原始文化[M].连声树,译.桂林:广西师范大学出版社,2005:1.

⑤　AROCENA P,N ÚÑEZ I,VILLANUEVA M. The effect of enhancing workers' employability on small and medium enterprises:evidence from Spain[J]. Small Business Economics,2007,29(1-2):191-201.

⑥　NICKSE,RUTH,ed. Competency-based education:beyond minimum competency testing[M]. New York:Teachers College Press,1981:10.

职业能力实为在曾经情境的工作经验能力在新的情境中解决工作问题的迁移性能力，其中自我沟通、团队交流与协作能力必不可少。高技能人才职业能力形成的基本规律与原理是在工作知识基础上、通过企业学习途径，从"新手"到"能手"的成长历程，并受到企业场境的积极影响。

职业能力的基础是契合企业场境的知识——工作知识。工作知识具有多维度的分类和多样化特征，作为知识的学习者，高技能人才在线场的动态环境中形成基于企业组织形态的知识能力，这成为形成职业能力的基础和条件。

职业能力形成的途径是契合企业场境的学习——企业学习。企业学习是个体学习与组织学习的形式化融合，是正式学习和非正式学习的制度化全纳，是探索性学习和挖掘性学习的模式化循环。高技能人才的企业学习具体实现途径是工学整合学习和分散式学习，多场共融育人正是实现企业学习的有效形式。

职业能力形成的过程最终落脚到多场共融，助力学生心智能力、动作能力和知性能力三种能力形态的综合发展，奠定职业能力形成的基石。就高技能人才成长历程而言，职业能力形成过程是从"新手"到"能手"的能力阶段，即职业生存能力的岗位定向能力的形成标识着"新手"能力阶段，职业生存能力的行业通用能力的形成标识着"生手"能力阶段，外延式生长能力的形成标识着"熟手"能力阶段，内涵式生长能力及职业生成能力的形成标识着"能手"能力阶段。

职业能力形成的影响因素与企业的综合场境关系密切。企业所处的宏观产业层面和微观企业层面的多重因素对高技能人才职业能力的形成产生积极影响，尤其在职培训、生产过程实践、商业经营活动、团队协作等因素成为高技能人才的职业能力形成的企业影响因素。

在职业教育产教融合的时代背景下，把生产场景作为育人场境，教学活动以解决真实问题、完成真实任务为导向，在工作中学习、在学习中工作，培养高素质、复合型技术技能人才。简单来说，就是职业院校利用企业资源，为企业、行业培养人。四境共融育人指的是在产业学院育人场境中，包含产、学、研、创四种元素，以企业真实的项目作为载体，通过教学使得师生参与其中，通过对项目不同阶段的管理、经营来获取不同的技能。多场的共融，既是指产学研创四境的融合，又是指教师、学生、企业技术人员、行业专家的互相融合；既有横向学习项目与工作任务的融合，也有纵向项目流程与经营过程的融合。

第八章 产业学院育人产境

在传统人才培养模式下,高等职业学校人才培养主要采用校内学习的方式,实践性教学较少,合作企业的参与度不高,学生的动手实践能力得不到充分锻炼,存在重理论轻实践的现象,使得毕业生进入工作岗位后难以较快适应,得到认可。与之相应,如何培养出优秀的技术技能专业人才,是高等职业学校需要深入思考的问题。为打破这种僵局,开展"产教融合、校企合作"是必由之路。然而校企合作模式虽然已在高等职业学校得到普遍推广,但是由于多方面因素的制约,校企合作的成效并未达到预期效果。本着为行业、产业提供更多高素质人才的目标,河南机电职业学院进行了长达数十年的探索与实践,提出了"产学研创"协同育人模式。

第一节 产业学院育人产境辨析

在"产学研创"协同育人模式中,"产"是基础,学校要基于生产办产业、办专业。学校要与企业合作建立研究院,通过研究院为企业提供技术支持和产品开发服务,同时也将企业的技术和生产工艺等融入教学过程,实现可持续发展。

"产"从静态层面理解,一般是指产业或企业;从动态层面理解,就是企业的生产过程或生产活动,即产的任务是"生产以及与生产紧密结合的研发工作和人才培养培训"。从经济学的角度来看,它主要是指产业;从教育的角度来看,主要是指生产过程与生产活动。这一环节落实到校企合作,就是校企共建生产性实训基地,构建可供学生练习技能的生产环境。"产境"即是为培养学生的综合职业能力而依托的产业、企业真实生产作业环境。

一、产境之源

在高职院校的教学改革中,教师的教学和学生的学习是教学活动过程中辩证统一、不可分割的两个方面,"怎么学""如何教"是"学的变革"和"教的变革"中两个重要的层面。

高等职业学校传统人才培养模式下的育人工作普遍存在以下问题。

(一)实践教学不足,学生实践能力较弱

理论教学与实践教学脱节是传统培养模式下高等职业学校普遍存在的问题。在实践教学过程中,更多的时间是教师进行操作,学生实践动手的机会不多。此外,在教学内容方面,实验课程内容多依附于理论课程,大多局限于验证原理以及帮助学生熟悉基本操作步骤,这样使得学生在实验思路、自主设计、实操技术、实验观察分析、创新思维、创新能力、表达能力等方面难以得到迅速提升。

（二）校企合作不紧密，合作育人流于形式

目前，我国大部分高等职业学校与企业签订了合作协议，但从整体来看，校企合作依然不够紧密。由于市场竞争压力和企业技术保密等因素，企业参与高等职业学校专业教育教学的积极性不高，不愿意提供充足的实习岗位和工程实践训练场所，再加上部分职业院校的重视度不够，未能从学校层面全力推进校企合作，导致高等职业学校的人才培养与市场需求和行业需求脱节，未能把产业对高等职业学校人才的具体需求融入学生培养过程。

（三）企业对高素质、高技能人才的需求难以满足

校企之间的合作往往局限于学生跟岗实习和顶岗实习环节，虽然取得了一定的成效，但也出现了一些深层次的问题。

（1）不利于教学组织实施。如企业生产任务因订单多少而变，生产计划存在不确定性，导致学校传统教学计划与企业生产需求发生冲突，不利于教学组织实施。

（2）不利于学生职业能力的全面发展。企业更加注重的是生产任务的完成，而学生实习时间短，生产任务重，接触的岗位比较单一，对于科研和创新方面基本没有涉足，批判性思维能力、企业家精神、创新创业能力没有培养渠道，不能满足"全方位"育人的教育要求，学生综合素质提升不足。

（3）不利于企业对高素质、高技能人才的发展和培养。因学生在企业只进行阶段性的实习，生产任务重，很难有足够的精力和能力关注企业的技术与管理工作。而企业对高素质、高技能人才的需求较大，但需求得不到满足，只能将学生安排到操作简单的岗位，体现不出人力资源的效益。

基于此，为破除高等职业学校在校企合作中存在的壁垒，充分发挥校企双方的优势，更好地实现高等职业技术教育为社会、行业、企业服务的功能，为企业培养更多的高素质、高技能应用型人才，产业学院育人产境以教师、学生为主体来落实产学合作，将产境作为解决这些问题的敲门石，以问题为导向，促进产教充分融合，将专业建在产业链上，赋予产境更多的职能，由企业和学校对学生共同进行培养，实现把教室搬进企业，课堂开设到生产线上，校企深度融合，为协同育人提供更多路径。

二、产境特色

产境建构了一个服务于教与学的环境，一个融合校企各方元素的平台，它是将以企业为代表的产业环境融入教学过程的创新。通过产境的引入，可以将教学理念逐渐转变，逐步凸显学生的主体地位，出现越来越多的"以生产经营实际为案例素材"教学方式。

（一）通过搭建育人产境，促进产教融合主体需求有效匹配

产教融合本质上是基于各方共同需求的融合。合作各主体的需求得到有效保障，是保证合作关系可持续的纽带。

鉴于现实学校与企业双方各自的需求并未得到满足，双方的诉求存在不匹配的现象。高等职业学校通过产教融合实现学生对口就业，并且在人才培养、专业建设、课程开发和实践教学等方面得到企业的支持；企业则更多聚焦自身经营和管理的整体发展上，希望实现产教融合获得更符合企业需要的人力资源之外，在产品与技术研发、业务推广和开展职业培训

等方面得到更多的满足。校企双方利益目标无法匹配,就注定了产教融合无法实现或只能浮于表面,校企双方通常只是单独开展某个单一项目来开展一般合作,无法保持更长远的持续性的合作关系,更不可能实现产教融合。正是由于无法匹配双方的利益,特别是企业的需求难以得到满足,目前很多高职学校的校企合作仅仅是为了提高就业率开展的人力资源上的合作,缺乏产品推广、技术研发和生产性的校企合作。

通过搭建育人产境,把产业园区变成产教融合的校区,实现大学园区一体化、分布式办学。学院通过与郑州华南城集团、郑州宇通客车多家企业的深度融合,将高职院校希望学生对口就业、企业渴望获得更符合企业发展需要的人力资源的目标有效统一;将高职院校在人才培养、专业建设、课程开发和实践教学等方面希望得到企业的支持与企业在产品与技术研发、业务推广和开展职业培训等方面得到更多的满足的目标有效统一。

(二)通过搭建育人产境,为产教融合增添创新动力

一直以来,高等职业学校在与地方行业、企业合作上都有一定的先天优势,更容易实现与行业企业的紧密结合。高等职业学校的产教融合虽已到达了深度发展时期,但大多数高职院校产教融合的创新性仍然缺乏动力,表现在产教融合拓展缓慢,难有更多的新形式和新措施。尽管不同的企业所属的种类、具备的企业规模、所处的发展阶段和核心利益都各不相同,但在经济转型升级的大势下,大部分企业已经面临着提高创新驱动力和转型升级的问题,并且在科研创新、科技成果转化和获得高层次技能人才等方面存在较为一致的需求。高职院校和企业人员都觉得当前首要解决的问题是"创新产教融合的形式"。

通过搭建育人产境,在来自企业和学校双方激励政策的驱动下,教师表现出了丰富的动态性和多样性,在参与校企合作的同时,也能够主动地寻找参与校企合作项目,反哺于教学,进而为产教融合增添创新动力。

(三)通过搭建育人产境,为产教融合凝聚合力

产教融合的主体除学校外还包括政府和企业,政府、企业和学校是铁三角的关系,三者缺一不可。当前,除了教育主管部门出台的针对学校的产教融合政策、规划外,产教融合仍缺少有效的针对企业的产教融合激励措施,企业由于实际利益并没有很好地实现,对开展校企合作,实现产教融合缺乏足够的兴趣。再加上很多高职院校办学水平不够,自身缺乏足够的吸引力,培养的学生可替代性太强,往往只是单方面索取企业的帮助,无法给企业带来更多的服务,从而无法根本改变产教融合中学校"一头热"的尴尬现实,产教融合的"合力"仍然不够。

学院自实施场境育人以来,不断有企业老板前来参观调研,入驻园区,加入育人产境,享受产教融合带来的"红利";同时,从新郑市政府到河南省教育厅、河南省政府乃至教育部等政府部门均给予持续关注和政策支持。育人产境模式俨然成为一个凝聚合力的平台,汇聚学校、企业、政府主体,三者各施所长,各取所需,合力向前,实现高质量技能人才的培养输出。

第二节　产业学院育人产境搭建

产境的理念就是要打造校企合作平台,以推动人才培养、资源共享和创新发展为动力,以满足区域行业、产业、企业的需求为逻辑,以实现学院、学科与专业重构为关键。在此基础上,促进高等职业学校产业学院的组织模式和专业教学模式创新,推动治理方式变革和保障机制建构,实现高等职业学校产业学院的多方共赢。

一、搭建准备

产境搭建的本质是要在校企之间完成"四个转变",即企业文化向校园文化转变;企业生产资源向教学资源转变;企业生产过程向教学过程转变;企业生产技能向职业技能转变。

(一)企业文化向校园文化转变

"建筑物建立起来之后,你看不到它的柱子、横梁与钢筋,但是少了它们,建筑物将会倒塌,文化对于学校教育质量来说就是这样。"①

校园文化是一种较为开放的文化形态,社会上其他不同方式的文化都是校园文化进一步发展的源头,它会根据自身的发展来主动吸取社会上各种各样不同优秀文化的可用部分,其中就包含对优秀企业文化精髓部分的吸取。

企业文化是一种个性文化,是企业在长期经营过程中形成的企业的核心竞争力、价值观,职业素养是职业人的核心,它包括职业道德、职业意识、职业心态,从企业角度来说,学校人向职业人的转变必须具备职业素养,职业素养倒逼中国职业教育的脱胎换骨。

伴随着教学过程中产境的融合,办学环境向产业园区的进驻,生产氛围越来越浓厚,校园文化势必受到企业文化的影响,作为学校,应积极引导学生适时适度地将企业文化融入校园文化之中。比如,借鉴企业文化中的优秀部分,形成良好的团队意识和职业操守,培养学生不怕吃苦的精神,养成遵守规章制度的行为习惯和不违法乱纪的习惯等;同时针对高职学校自身的特点将校园文化活动的开展建立在产境现场,以此来拓宽校园文化的范围。

具体来说,可以通过开设相关课程或举办相应活动,积极普及企业文化知识。从实践和理论两方面来让学生意识到学习企业文化的重要性以及必要性,开设相关课程及举办相关活动。企业文化可以与其他课程相结合,相辅相成,和企业文化有关的内容贯穿到教学中去。这就要求教师在教学过程中要自觉地把企业文化带进课堂,这样可以实现高效企业文化的繁荣;活动组织者可以围绕企业文化主题来开展各式活动,也可举办一些与之相关的社会实践活动,让学生实践活动深入企业文化中去,使企业文化逐渐发展以致繁荣。如此,不但活跃了校园文化,还加强了企业文化知识在全校师生中的普及程度,更能够全方面地培养学生的综合素质,让学生跟上时代步伐,适应时代发展,响应社会需求。

---

① 鲁宏飞,沈艳华,魏馨.学校文化建设与管理研究[M].上海:华东师范大学出版社,2007:103.

（二）企业生产资源向教学资源转变

校企双方按照平等互利、资源共享的原则，进一步明确双方职责，发挥各自优势，完善合作平台，推动校企合作由松散型向紧密型、浅层次向深层次、单向合作向双向合作、短暂型合作向长远型合作转变，由单个合作对象向多家合作单位拓宽、由单纯安排实习向建立命运共同体拓宽、由简单推荐就业向订单培养拓宽，着力拓展合作空间。

学院与企业合作，逐步由共同体发展成为融合体，校企双方以"四个共"作为合作纲领，将企业资源与教学资源充分融合。第一，共建实训基地，建立一批融理论教学与实践教学、职业技能训练与职业资格认证等功能于一体的实践教学基地。第二，共培师资队伍。校企互派技术专家和专业教师，参加教学和实践，打造"四师型"师资队伍。第三，共管培养过程。校企共同确定培养目标，制订培养计划，设置教学内容，实施技能训练。第四，共构教学课堂。一方面，由学校聘请企业技术专家担任兼职教师、客座教授；另一方面，企业为学校提供商业实战岗位，并委派业务骨干担任实战指导教师。让学生从实践中来到实践中去，利用好自身所处的生产环境，变企业生产资源为教学资源。

（三）企业生产过程向教学过程转变

校企双方通过建立生产经营过程和教学过程的密切联系和互动互通机制，从而实现教育教学的"双课堂"，最大程度上发挥校企在人才培养方面的优势。根据企业的生产经营过程和要求改革教学活动组织，采用灵活的教学组织形式，将真实企业经营过程中的财务问题作为教学载体，开发出以理论知识为基础，以学习行为为过程，以实践方式为核心的教学流程。将教学场地搬进产业园区，就是将以工作过程为导向的应用型教育模式通过"育人场境"而得以实现，其实质即是企业生产经营过程向教学过程的转变。

学生在真实的市场环境、生产环境、政务环境和公共服务环境中，根据现实岗位工作内容，结合教学设定的能力目标，将理论与实践结合，进行到手实战。在实际教学过程中，通过企业真实的生产经营活动，以典型工作过程为导向，进行项目化教学，同时为学生提供实际演练的机会，培养学生的动手操作能力、提高学生的综合素质，深刻理解企业生产经营过程。

（四）企业生产技能向职业技能转变

技能和技术的联系：人＋技术＝技能。技术是独立存在的，而技能不是独立存在的，必须附加于人的身上，比如驾驶技术。所以职业教育必须把技术和人复合在一起，在真实的市场环境、商务环境、政务环境和公共服务环境中，结合企业生产的业务规则，将经营理论与现实工作接轨，转化为职业技能，将真实经营和业务运作经验传授给学生。

对于企业生产技能向职业技能的转变，重点在于使学生通过"产境"的熏陶，逐步积累实际工作中遇到的真实问题和宝贵经验。在生产技能中融入职业技能、个人发展与领导力和职业智慧，从而为学生提供全面的学习体验，发展出他们"做人、做事、做学问"的综合能力。

二、搭建要求

产业学院构建的育人产境并非刻意为"产"而"产"，而是顺其自然地因"产"而"产"。通过灵活多样的培养形式，从行业企业对人才的能力诉求出发，改进职业教育与培训的原有模式，根据企业方的人才需求，使职业能力培养过程贴近企业生产经营一线，培育出胜任企业岗位的高技能人才。

（一）秉承"企业需要什么样的人才，我们建什么样的专业"的理念

将专业与企业中的生产岗位对接，专业建设必然要充分发掘企业的商业模式以及职业场境等软硬件教学资源的优势，以校企合作方式建构双向互通机制，实现职业教育专业和企业岗位群的同步现代化发展。同时充分利用企业在管理技术上的优势，以校企合作的形式，让教师和学生走进管理一线，让企业商业技能型人才走进校园。以企业中真实的开发场境和任务，来提升学生的实操技能。

（二）创新课程体系结构的目标

课程是教育完成育人目标的手段，是育人场境育人的核心。通过产境与学境的融合，完善并创新专业课程体系结构，丰富与时俱进的课程教学内容，使课程体系建设对接岗位生产实际，为学生提供丰富的实践机会，提升其职业能力，增强职业院校对学生的吸引力。

（三）强化专业理论与实践学习，激发学生的学习动机

一是创造企业生产实践机会，促进学生理论知识的转化，整合学生的基础性理论知识与经验，激发实践创造力，调整学习目标，引导学生终身教育观念的建构。二是增进职业岗位技能，增加职业试探机会。产境的搭建旨在以实践性为特色平台强化学生的职业岗位技能训练，给予学生初步的职业岗位接触机会。此外，企业顶岗实习使学习者能够获得适当的薪酬，利于学生对职业技能的回报与责任形成正面意义认知，对个体的职业发展规划具有积极作用。三是促进学生个人职业生涯发展。将学生的个人职业发展需求纳入人才培养目标体系，重视学生的职业生涯管理与规划、帮助学生正确认识并培养自身的职业责任感、职业品质、团队合作精神和自我管理能力等相关素质，并对客观职场环境提出适应性策略建议与指导。

第三节 育人产境案例——以制冷与空调技术专业为例

一、搭建基础

民权，有着"中国冷谷"的美誉，因为在这里聚集着广州万宝集团民权电器有限公司（以下简称"万宝"）、河南澳柯玛电器有限公司等大型制冷企业 20 余家，冰箱年产能达到 2000 多万台，占全国十分之一；冷藏汽车企业数量、产能和产量更是占据全国半壁江山。随着企业发展，生产规模的不断扩大，企业对人才在数量和质量上的需求也越加强烈。据统计，在这些产业集聚区的制冷企业里，90% 使用的都是当地的农民工，由于这些农民工文化水平低，往往在一些关键岗位上不能胜任工作要求，影响了产品的质量和效益。尽管开发区管委会也以当地的职业技术教育中心为依托，组织制冷企业职工进行培训，但在人才的结构和技能培养上，还不能完全按照企业的需求进行，因此在不同程度上仍然存在着产、教"两张皮"的现象。

为消除这一现象，更好地服务于地方经济发展，尽快将民权制冷产业做大做强，2015 年

5月13日民权县委县政府与河南机电职业学院在民权县职业技术教育中心的基础上,成立了河南机电职业学院制冷技术学院。学院成立以来,在依托当地产业办专业,办好专业服务于当地产业的思想指导下,以制冷与空调技术专业为突破口,根据当地制冷企业对人才的知识结构、能力结构的需求,制定教学内容。在此基础之上,结合制冷与空调技术专业的"小型制冷装置制造与检测"这门主干课程[该门课程主要介绍电冰箱、冷柜、房间空气调节器(以下简称空调)等制冷装置的生产、制造与检测等内容],充分发挥当地制冷企业的优势,搭建育人产境,使学生在做中学、学中做。这样既培养了学生的专业知识、动手能力,同时又满足了企业对人才的需求,使学生一旦上岗就会很快适应生产岗位对操作者的要求。

(一)组织保障

在众多制冷企业中选定实力较强,又热衷于教育培训事业的万宝开展深度合作,共建校外实训基地。双方商定由制冷技术学院承包万宝一条冰箱生产线,该条生产线由学院来管理(即所谓的"驻厂包线"),真正实现把教学课堂由教室搬到生产线上,建立线上育人产境,使学生在真实的生产环境中边做边学。从而实现以产带学,以学促产,教学"围"着生产"转",生产"带"着教学"走"。这种建立在真实生产环境中的"驻厂包线"教学模式,可以实现学生在真实的生产环境中,用"真刀真枪"进行实战。从而达到在真实的生产环境中培育英才的效果。

要保证育人产境的顺利进行,就必须有制度上的保障。学院和万宝、德力宝进行了多次协商,签订了《校企合作办学协议》,协议中就有关双方的权利与义务、承揽方式、合作期限、违约责任等合作内容进行了约定。考虑到学生的安全,还与厂方签订了《校企合作安全生产责任书》,责任书就以下主要内容和学生、校方、企业等三方进行相互约束。

校企合作期间,企业、学校、学生应认真贯彻落实国家、省、市有关安全生产工作的法律、法规和政策,严格遵守和贯彻落实公司各项安全规章、规程及公司的安全管理要求。校方配合企业对学生专门进行安全教育培训,做好安全防范措施。

学生上岗期间,应严格遵守企业安全生产操作规程进行生产,出现问题及时报告相关负责人,及时处理。对生产中出现的残次品,划分责任。属于材料质量问题,以及设备、工艺问题造成的,由企业承担;属于生产人员个人原因造成的,根据具体情况应全部或大部分由本人承担损失。企业为学生购买安全生产相关保险,对生产中或上下班途中出现的安全事故或人身伤害,根据责任划分,各方承担相应责任。这些为育人产境的顺利开展奠定了基础。

(二)营造氛围

营造育人产境的教学氛围,让学生切实感觉到这就是真正的课堂,而不是让他们感觉和平常的进厂实习或打工一样,那就失去了育人场境搭建的意义,学生可能会产生抵触情绪或失去新鲜感,最终使得这种育人模式无法长期进行下去。因此,营造良好的育人产境氛围,非常重要。经过和企业的共同思考讨论,从在车间生产线特定位置制作展板、悬挂条幅、摆放教学看板等细节入手,让学生直观地感受到产境的氛围,激发学生的学习兴趣与动手参与的意愿。

图 8-1　育人产境实景

二、产境设计

（一）根据生产任务，结合本专业人才培养方案制定教学任务

在课程人才培养方案中，对制冷与空调技术专业的培养目标、人才规格、毕业生应具有的职业能力等都做了详细的要求。其中在涉及学生素质教育方面要求培养学生具备自我管理能力、团队合作能力、企业管理能力、与人沟通能力、吃苦耐劳精神等。

育人产境不仅要达到让学生掌握专业知识和提高职业技能的效果，也要让学生在课堂中提高个人素质，具有团队精神，还要学会管理，培养创造性的思维能力、创新能力。因此在按生产需要编制教学任务的同时，兼顾有关职业素养素质、人员管理等方面的内容。

（二）根据生产环节、要求，分解教学任务

育人产境建在生产线上，以产带学，应先满足企业的生产要求。在生产任务确定之后，对教学任务根据生产任务进行分解。以下为根据生产、教学对"小型制冷装置的制造与检测"这门课程制定的教学任务表。

表 8-1　"小型制冷装置的制造与检测"教学任务

项目	任务	任务内容	教学内容	教学形式	承担部门	计划教学周期	教学目标	备注
项目一 认识制冷装置生产过程与组织管理	任务一	制冷装置生产过程	制冷装置生产过程的工艺流程	参观学习	车间生产工艺部	1周	熟悉工艺流程	
	任务二	制冷装置生产的组织与管理	（一）制冷装置生产过程的组织与控制（二）现场工艺管理（三）质量管理	组织讲授车间参与	车间班组	理论授课1周，全程参与	掌握车间管理知识	
	任务三	车间的安全生产管理	（一）安全生产的重要性（二）安全生产要求（三）安全生产的管理	讲授参观参与	工厂安全生产部	1天授课，全程参与	掌握安全生产常识，树立安全生产意识	

续表 8-1

项目	任务	任务内容	教学内容	教学形式	承担部门	计划教学周期	教学目标	备注
项目二 制订制冷装置生产加工工艺规程	任务	工艺方案的技术、经济分析与制定	(一)制订机械加工工艺规程需要解决的几个主要问题 (二)工艺方案的技术经济分析与制定 (三)工时定额与提高机械加工生产率的工艺途径	讲授 参观 根据产品制定	车间生产工艺部	1周	掌握制冷产品的生产工艺制定方法	
项目三 制冷机械典型零件切削加工工艺	任务一	金属的一般切削加工方法	(一)金属的切削过程 (二)切削加工零件的加工质量 (三)切削加工方法 (四)金属切削刀具	现场教学	工厂机加车间	2天	掌握金属的一般切削加工方法	
	任务二	常见金属加工机床的认识与操作	(一)车床的认识与操作 (二)铣床的认识与操作 (三)钻床的认识与操作	现场教学操作	工厂机加车间	1周	掌握常见金属加工机床的操作方法	
	任务三	常见制冷配件的加工	(一)曲轴加工 (二)螺杆转子加工 (三)连杆加工 (四)活塞加工 (五)机体加工	现场教学操作	工厂机加车间	2周	掌握常见制冷配件的加工方法	
项目四 电冰箱、电冰柜的制造与检测	任务一	成型工艺	板材成型 吸塑成型 钣金成型	车间育人产境	车间生产线	1周	掌握制冷产品壳体生产工艺	
	任务二	喷涂工艺	磷化喷涂	车间育人产境	车间生产线	3天	掌握壳体喷涂工艺	
	任务三	箱体门体生产	箱体、门体预装 箱体、门体发泡 箱体、门体总装	车间育人产境	车间生产线	1周	掌握箱体、门体生产工艺	

续表 8-1

项目	任务	任务内容	教学内容	教学形式	承担部门	计划教学周期	教学目标	备注
项目四 电冰箱、电冰柜的制造与检测	任务四	性能检测	电器性能检测 制冷性能检测	车间育人产境	车间生产线	1周	掌握产品性能检测方法	
	任务五	包装	清洗 包装	车间育人产境	车间生产线	2天	掌握清洗与包装方法	
项目五 家用空调器的制造与检测	任务一	室内机的生产组装	蒸发器的组装 控制电器的组装 风扇的组装	车间育人产境	车间生产线	2周	掌握室内机的生产组装工艺	
	任务二	室外机的生产组装	压缩机的组装 冷凝器的组装 风扇的组装 控制电器的组装	车间育人产境	车间生产线	2周	掌握室外机的生产组装工艺	
	任务三	性能检测	电器性能检测 制冷性能检测	车间育人产境	车间生产线	1周	掌握整机性能检测	
	任务四	包装	清洗 包装	车间育人产境	车间生产线	3天	掌握空调最后工序	
项目六 制冷装置换热器的制造与检验	任务一	换热器生产机械认识	换热器生产机械 板料冲压 焊接与焊接检验	车间育人产境	换热器生产车间	2天	了解换热器生产机械	
	任务二	常用换热器的加工与组装	（一）家用电冰箱、电冰柜常用换热器的加工 （二）翅片管式换热器的加工与组装 （三）壳管式换热器的加工与组装	车间育人产境	换热器生产车间	1周	掌握常用换热器的加工工艺与组装方法	

（三）编制融课程教材

融课程是职业教育课程的一种探索,是职业教育类型的课程,是一线现场工作中学习职业能力的课程。融课程包括两条线,一是显性的做中学的场境生产线或一线现场,二是隐性的做中学的职业能力线。

基于课程的开发流程,融课程是基于职业岗位清单、典型任务清单、职业能力清单和产学研创四境课程因子建构知识和技能的课程。

基于课程的使用角色,融课程是校企合作共建的课程,是融合学历证书和技能等级证书和资格证书的课程,是贯通学校和企业的课程。教学项目、教学任务确定了,就可以根据教学任务编制出真正适合生产线教学的融课程教材。

教材内容来自对生产任务的分解,来自生产线上产品。当然要尽量包括不同时期的产品型号,以便教材更有适用性。内容要涵盖制冷的基础知识、电冰箱的结构与工作原理、生产线上生产工艺的制定、各岗位操作程序与方法,还要有安全知识、车间管理方法等。

教材要图文并茂(图片尽量来自于生产一线实际产品),还要通俗易懂、形象生动。这样教材才便于自学,因为线上各岗位不一样,同一个时间,一台冰箱的各个环节、各个部件都要涉及,而教学的全部内容,在同一个时间内不可能全部涉及、实施。因此,有相当一部分同学就要靠自学掌握自己的操作岗位应该掌握的知识。

（四）教学设计

1. 结合生产,灵活调配教学周期

"小型制冷装置制造与检测"课程共分六个项目,十八个教学任务。每个教学任务自成体系,相对独立,根据生产企业任务订单的需要,可以随时实施,任意组合。在满足生产需要的同时,也会和厂方协商共同分析教学任务,尽量按项目相对集中实训。

由于制冷产品的生产季节性很强,每年的 9—11 月,都是企业生产的旺季,因此在保证企业产品质量的情况下还要有数量的保证。为了和企业配合,教学任务周期会根据生产任务确定。

2. 人员组织

采用四级管理制。

第一级,线场场长。负责生产线现场教学的全面领导工作。

第二级,教学部长和后勤部长各一名。教学部长负责线上生产的一切教学活动;后勤部长负责学生的组织、考勤、食宿、交通等工作,起生活保障作用。

第三级,车间主任和工艺员、班长、生活委员各一名。车间主任负责生产组织、教学安排、调整等工作;工艺员由企业工程师担任,负责生产工艺的制定、修改,培训学生掌握等;班长负责班级生产任务的安排;生活委员负责学生的生活、饮食、交通、考勤等方面的具体工作。

第四级,班组长及生活小组长若干名。线上班组长和生活小组长都由学生担任,线上班组长可以按工序段分配若干名,直接参与生产管理,由学生中的骨干直接挑选出来,要求不但学管理知识、懂管理知识,而且每个工位都要熟悉,还要责任心强,动手能力强;一旦某个工位人员缺失,班组长就要立刻顶上去,保证生产线流水作业正常进行,平时这些班组长就协助老师进行线上、线下管理。生活小组长主要负责本小组人员的生活管理、协调等。

具体组织结构管理图如图8-2所示。

企业为学校提供办公室一间,驻厂包线所有管理人员入驻,实行集体办公,学校组织考核管理。

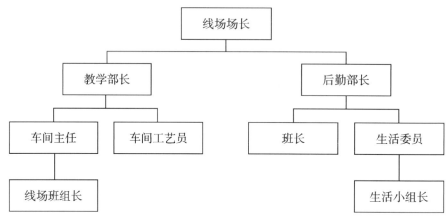

图8-2　线场结构管理图

3.流程设计

第一步:根据生产任务(订单要求)确定当日生产的内容、各岗位数量及所需要的人员数量。

第二步:根据岗位要求,合理组织上线学生(注意能力搭配、男女搭配、实习岗位的调整需要等)。

第三步:当日上线后由车间工艺员和车间指导教师根据当天的产品工艺内容,结合线上工作页,进行岗前培训(班前会议)和讲解;强调注意事项,提出基本生产任务要求等,并指定参与车间管理的学生或学生干部[这些学生往往是在不同岗位都基本掌握了生产工艺的、操作能力较强的,平时参与车间管理和岗位指导,一旦哪个工位缺岗,这些参与车间管理的学生就会立即顶上,从而不影响生产线的正常开动。实践证明这个举措非常重要和必要,因为学生由于种种原因(如生病、事假)缺岗常有发生,如果没有人及时顶上去,那么该工位的任务完不成,就直接影响了下道工序的进行,进而影响整个生产线的开动]。

第四步:车间指导教师(由车间工程师和学校教师担任)根据学生的上线生产情况,对于出现的问题及时在线上讲解。对于共性问题也可以暂停生产线集中进行讲解。我们在生产线尽头,摆放有教学黑板,便于现场教学。通过这样的方式,可把教学内容完全融入生产线,学生结合生产进行学习,感受非常深刻,也便于理解。

第五步:当天生产结束,老师还要给学生开总结会。总结会的内容主要有以下几个方面:一是公布当天的生产量;生产中的质量优质岗位和待提高岗位;当天的生产标兵,并要求大家学习;提出当天生产中出现的问题,出现的次品及次品原因,谁制造的次品(要和生产补贴挂钩)。二是第二天的生产内容与任务、涉及的教学内容等。三是如何让教学内容与生产内容互融、对接等。四是确定第二天的岗位人员,考虑轮换要求等。

第九章　产业学院育人学境

"学"一是指学校,二是指学术界或以高校和科研院所为代表的机构,三是指学校内部的教学或学习活动。"学"有不同的任务,包括人才培养、科技创新、社会服务与师资力量提升等。产业学院育人学境主要是指由学校和企业共同建立二级学院,构建可供学生学习专业知识的教学环境。

第一节　产业学院育人学境辨析

学境是教学活动开展的场境,在学境中,围绕"让学习的参与者学生、学习的组织者教师结合专业、行业,围绕就业创业进行学习或教授实用、好用的知识和技能"这一目标进行课程设计,开展课堂教学,从而实现育人目标。

一、学境之源

主动探究和被动接受是学生获取知识的两种基本方式。美籍匈牙利数学家伯利亚[①]说:"学习任何知识的最佳途径是由自己去发现,因为这种发现理解最深,也最容易掌握其中的规律、性质和联系。"任何学习都是人和环境的互动,所以搭建良好的学境,实现高质量学习,使学生主动参与到学习的氛围之中是学生个体的"人"与其身处的"学境"互动并产生联系,促进学生高效学习的必要条件。

(一)学境是对传统教学的创新

学境聚焦的是学生理论知识、基本素养及基本操作技能的培养,打破了原有的学科体系仅是对理论知识孤立的培养,解决了传统实验实训课程教学故步自封,多年不变的困局。学境将知识、素养、技能融合在一起,学生在学境中学到的是企业真实岗位所需的理论知识、专业基本技能和人文素养,学到即能用到实际中去,是对传统学科类课堂的创新。

教师是学生学习的参与者、引导者和合作者。它主要包括两方面内容:一方面要改变传统教学中学生消极被动地接受知识的状态,把教学视为学生通过自主活动、主动建构的过

---

① 波利亚(George Polya,1887—1985),美籍匈牙利数学家。生于布达佩斯,卒于美国。青年时期曾在布达佩斯、维也纳、巴黎等地攻读数学、物理和哲学,获博士学位。1914 年在瑞士苏黎世工业大学任教,1938 年任数理学院院长。1940 年移居美国,历任布朗大学、斯坦福大学教授。1963 年获美国数学会功勋奖。他是法国科学院、美国国家科学院和匈牙利科学院的院士。曾著有《怎样解题》《数学的发现》《数学与猜想》等,它们被译成多种文字,广为流传。

程,使学生真正成为知识技能的建构者;另一方面要改变教师单向传递知识的教学行为,树立"以活动促发展"的教学观念,教师不再是传统教学中教学过程的控制者、教学活动的支配者、教学内容的制定者和学生学习成绩的评判者,应当是学习环境的设计者,学生自主学习活动的引导者、组织者和指导者。

实现教师角色转变的一个重要环节是把学生作为学习主体,创建有利于学生活动交往的学习环境。一是设置学习情境和任务问题,在情境中制造学生认知上的冲突,引导学生通过自主活动去组合、批判和澄清新旧知识的差异,解决"认知不平衡",进而不断改善、发展自己的认知结构,从而在认知发展的同时,获得轻松、愉悦、成功的情感体验;二是创设一个良好的、有利于师生共同合作交往、有利于意义建构的学习生态环境,支持、帮助学生通过"自主学习活动"来促进新的学业获得,使整个教学过程从始至终呈现着积极主动的学习气息,在合作交往中获取知识技能、学会学习,在平等、尊重、和谐的氛围中形成丰富的人生态度与情感体验。

学生学习方式的变革,决定了教师的角色必须由传统的权威的知识传授者,传统的教学支配者、控制者转变成为学生学习的组织者、促进者和指导者。

(二)学境是对产境的有力支撑

学境从生产中来,还要到生产中去。学生所学能力来源于企业资源,学成后,再到企业去服务,形成了闭环。在学境中重要的是提升了学生的综合能力,培养了迁移能力,有助于学生在社会中进一步成长,为其在生产、研发、创新创业方面提供了有力支撑,助力学生走得更远、更高。

(三)学境符合职业教育未来发展趋势

学境,即从岗位上提取知识、素养、能力等教学因子,构建适合企业人才培养需要的融课程体系,组织融课堂教学,搭建育学平台,构建学习平台,为企业配送课程,实现学生的"差异化"培养,适应学生个性化发展。这样做,一方面可以解决人才培养目标与企业需求不相符的现实问题,另一方面也可以解决高职学生后期在岗位上成长成才问题,因此学境是符合我国职业教育未来发展趋势的。

产业学院的育人学境就是要搭建一种学习平台,解决目前高职院校在教师教学、学生学习过程中出现的种种难题。强调学生在真实的实践任务的体验中,完成知识点的学习、岗位技能及研究创新能力的提升。让学境之于学生如同餐厅之于食客,使得学生一旦进入学境之中,即刻产生条件反射,准确定位自己在学境中的角色,主动开始从事各项学习活动。

二、学境特色

学境改善原有课堂组织形式,教师是学生的"教练",而不是在讲台上的"圣人"。教师走入学生中间参与互动和讨论,发挥学生的主体学习作用,鼓励教学创新,强化启发式教学,提高课程兴趣度、学业挑战度和师生互动性。

(一)教学组织形式的改变

教学组织形式是落实专业人才培养目标、提升人才培养质量的关键,探索符合职业院校特点、契合专业特色的人才培养模式,一直是高职院校教学改革的方向和目标。

"为什么而学和学什么?"是教师和学生都十分关心的问题。尽管在"为什么而学"的选择上高职学生有多元的价值取向,但为就业、为创业而学者仍为主流。在"学什么"的问题上,学校虽然倡导个性化、差异化学习,而在现有的课程体系下学分是学业的"命根",学生对规定内的课程不敢有半点懈怠,学校真正留给学生个性化学习的空间并不大。分析"为业"而学与专业化课程学习的关系,学生的价值取向其实发生了位移,他们绝大多数是"为分"而学,认为争取优秀的学分与良好的就业是"直通"的。"为业"或"为分"虽一字之差,影响却很大,学生学习期间很难有清晰的界定。

育人学境的搭建,使得进入学境的教师、学生都能够确定自身的个性化目标,尽快明确各自在学境中的身份,承担起自身的教学、学习任务。改变教师单向传递知识的教学行为,树立"以活动促发展"的教学观念,教师不再是传统教学中教学过程的控制者、教学活动的支配者、教学内容的制定者和学生学习成绩的评判者,应当是学习环境的设计者,学生自主学习活动的引导者、组织者和指导者,是理实一体化课堂教学的教练员、陪练员,实现师生、生生"合作学习"。不断推进"基于工作过程"的教学改革的时代背景下,逐渐改变过去"以教定学"的被动式教学模式,提出搭建育人学境,即从"学"中提取专业知识和专业理论因子,分别产生了"理实一体化""线上线下混合式教学""问题——解决式教学""任务——完成式教学""情景式教学"等多种育人学境模式。

(二)教学场所的改变

传统高职教学模式下从事教育活动的场所局限于课堂。只有少量的实训进入实训室教学。而在学境中,教学场所呈现出多样化特点,其教学项目来源于企业及生产实际,其教学场所根据任务的不同,可以是教室,也可以是工厂、公司、企业、工作现场、研究院、商店等。陶行知先生就曾以"游泳"取譬,说游泳是在水里做的事,便须在水里学,在水里教。陶行知先生强调"一切课程都是生活,一切生活都是课程"。可见,教学场所是围绕着"教学做"来开展,哪种场所有利于"教学做",就将课堂搬到哪里。

(三)教材使用的改变

传统的学科型教材,知识固化,一本书从着手编写到学生拿到手中,可能要3～5年的时间,但随着社会的快速发展,新知识、新技能的出现不能实时反馈到教材当中。同时,传统高职教学课程多是以知识点为要素组织教材。按照知识点的重要程度,将其分为掌握、熟悉、了解三个层次,追求建立明确完备的知识体系。教材结构和内容无法培养学生的岗位能力和综合能力。学境教材的编写则以培养学生的职业能力为目标。在教材内容选择上不追求构建知识体系,而是知识"够用"即可。是否达到"够用"要求,则需要在教材编写前进行广泛的调研,了解用人企业对学生职业能力的要求、了解职业岗位高中低层次需具备的能力素质、了解区域经济发展中专业发展趋势,然后从满足现在、开拓未来的角度提取适合高职层次的、学生需要掌握的职业能力,最后设计学习情境,并细化成学习任务。以"项目—任务"为导向组织教材内容,知识点的取舍安排由做项目任务时是否需要来决定。

(四)考核形式的改变

传统高职教学模式下对学生的考核主要以期末考试成绩为主,而考试又是以考理论知识点为主。在学境中,考核可以借鉴开放教育中的形成性考核方式,对学生的学习成果进行阶段性考核,开发多种形式的考核方式,使教师摆脱"应试而教",使学生摆脱"应试而学"。重点考查学生"做"的情况,突出学生的实际职业能力培养。多样性教学活动考核,实现个性化教学。由于学生的学习能力不同,高职生生源中主要有中职生、职业高中、普通高中学生,原有的知识结构、文化素质有很多不同,必须采用个性化教学,力促学生"蹦蹦脚"就能"摘"到知识,让每位学生都有所获得。

教无定法,在学境中,我们主要采取如下考核与评价方法:

(1)闯关式考核:适用于有关联任务的考核。后面任务开始的前提是必须完成前面的任务。

(2)分组考核:适用于有分工协作,需要小组讨论,共同拿出成果的任务。小组人员根据任务需要可以更改人数。

(3)学生助教团考核:任课教师经过一定时间的班级教学,可以选拔积极及学习能力强的学生,作为教师助教团,辅助教师完成某些教学任务,代替教师评价,教师抽检。这些能力强的学生,在实施助教的过程中,不仅提升了自己的知识、专业技能,同时也提高了自己语言表达等社会能力。

(4)差异化考核:ABC 档考核。将每一个任务分解出难、中、易三类任务。完成较难任务的获得 A 成绩,完成中等难度任务的获得 B 成绩,完成容易任务的获得 C 成绩,从而实现个性化教学,学生根据自己的需求选择难中易任务。学生如需获得及格分,最少要通过所有项目中的容易的任务。

(5)工作页考核:适用于要求每名学生均要独立完成的任务。

(6)在线考核方法:适用于学生基础知识的考核。即在学习空间内设置一些题目,供学生线上学习考核。多以选择题、判断题等客观题为主,学生轻松点一点即可获得基础知识。区别于线下课堂做的项目及任务。

(7)项目汇报考核:根据项目内容,安排项目汇报会,带着学生总结项目实施以来所获所得,培养学生的总结归纳能力。

以上考核方法相互补充,相互支撑。根据学情、学习内容、学习对象实时变化。

第二节　产业学院育人学境搭建

学境的理念与我国古代教育家孔子提出的"因材施教"思想是一致的。高职学生普遍个性强、有主见、思维活跃,对学习有自己的认识,具备一定的独立思考能力,结合高职学生的特点,学境强调真实情境、生生协作与师生互动在学习中的重要性和关键作用。建构主义认为,人的认知或对知识的学习是通过意义建构的方式获得的。瑞士心理学家皮亚杰认为,人的心理发展是通过图式(主体已有的心理结构机能)与外部刺激相互作用的结果,而作用的途径和方式离不开"情境""协作""会话"等建构方式。

一、搭建准备

高等职业教育的教学内容必须充分体现工作过程内容,这些内容包括两方面:一种是关于经验的知识,一种是关于策略的知识。经验是什么? 是"怎样做"的知识,它涉及方法论;策略是什么? 它涉及"怎样做更好"的问题,指的是在什么情况、什么条件下,可以做得更好的知识。

学境中涵盖了课程、课堂和教学三大要素。课堂与课程是教学的重要组成和前提条件,课程是教学实施的载体,课堂是教学实施的场所。为了实现线场学境的理念,将多种学习方法融入日常教学过程中,搭建形成个性化学习平台,学习者可以根据其学习兴趣和需求,借助办学园区的企业资源,选择、整理信息并完成对信息的加工,实现知识的吸收和创新,在实践中检验理论,真正做到"因材施教"。

(一)探究式学习

探究式学习是指教师根据各个专业制定的人才培养方案选择和确立主题,在教学中创设相对应的研究情境,学生通过动手做、做中学,主动地发现问题、操作、调查、收集与处理信息、表达与交流等探索活动,获得知识,培养能力,发展情感与态度,特别是发展探索精神与创新能力。它倡导学生的主动参与。探究式学习是一种积极的学习过程,是学生在专业课程中自己探索问题的学习方式。

让学生不仅仅是接受知识,更重要的是让学生改变单一的接受性学习,掌握科学的学习方法,培养终身学习的愿望和能力,促使学生知识技能、情感态度与价值观的整体发展。探究是从问题开始的,发现问题和提出问题是探究式教学的开端。在教学中,教师要善于创设问题,通过实践观察、阅读教材等途径引导学生发现问题,以问题为中心组织教学,将新的知识置于问题情境当中,使获得新知识的过程成为学生主动提出问题、分析问题和解决问题的过程。使得学生能够多角度深入地理解和掌握知识,从而使他们面对实际问题时能更容易、灵活地运用知识解决问题,学生由被动学习转化为主动学习,真正激发学生的学习内在动力。

(二)群组式学习

伴随着社会分工日益精细化,如今完全依靠个人独自工作的职业几乎不存在,工作环境也变得日益多样化和全球化,个性迥异,来自不同地方的人员协作完成一个共同项目是非常普遍的现象。将群体用于探究态度、感受和视角的目的,从而提高协作能力,使团队成果大于个人力量的总和,这样的学习方法才是群体学习法。群体成员的角色可以由教师或成员自己分配。有时角色在整个任务期间都是固定的,但有些情况下让学生自己轮换角色则是更佳的选择。群体成员通常的角色主要有:①发起者/贡献者,提出新观点或新程序;②信息搜寻者,阐明观点、事实或证据;③意见寻求者,寻求群体内其他成员赞同或否定的意见;④信息提供者,提供事实或讲述自身经历;⑤协调者,说明观点之间的关系并进行综合;⑥引导者,确定团队所处的阶段、进行总结、保持正轨、评估进展;⑦鼓舞士气者,鞭策群体做出决策或采取行动;⑧记录者,记下建议、编写记录。

(三)参与式学习

参与式学习指的是学习者主动发起或参与的相关求知的过程,源于自身对于知识的本能求知欲以及成长中的疑问,这个过程可能是小范围的个人研究,也可能是参与一个相关的大型社会工作,并从中完善自我、消除困惑的过程①。

(四)体验式学习

体验式学习,即通过亲身体验使学习者完完全全地参与,真正成为课堂的主角。

传统的学习对学生来说都是外在的,而体验式学习却像生活中其他任何一种体验一样,是内在的,是个人在形体、情绪、知识上参与的所得。体验式学习强调学习者积极主动地参与,认为没有这种参与,就不能产生任何体验,更谈不上学习过程的完成。将学到的专业知识运用到企业工作中,培养学生实践技能,让学生融入一个"企业即是学校,学校即是企业"的融合学习实践环境。

(五)案例教学

案例教学,是一种开放式、互动式的新型教学方式。通常,案例教学要经过事先周密的策划和准备,要使用特定的案例并指导学生提前阅读,要组织学生开展讨论或争论,形成反复的互动与交流,并且,案例教学一般要结合一定理论,通过各种信息、知识、经验、观点的碰撞来达到启示理论和启迪思维的目的。在案例教学中,所使用的案例既不是编出来讲道理的故事,也不是写出来阐明事实的事例,而是为了达成明确的教学目的,基于一定的事实而编写的故事,它在用于课堂讨论和分析之后会使学生有所收获,从而提高学生分析问题和解决问题的能力。

(六)在线学习空间

传统的在线学习过程中,多数学生只停留在看课件、看视频等表面阶段,"只看不记录、只记录不思考"的现象是常态,导致学习效果欠佳。"零存整取"式学习要求学习者在学习的过程中勤动笔、勤动脑、引发思考,进行知识创新。因此,在教学活动设计中引入知识碎片整理策略,突出对隐性知识的挖掘、培养直觉与顿悟等教学环节,激发学习者的认知兴趣,通过一系列教学活动培养他们对"零存整取"的使用习惯。

学习空间特点有:①教学班级空间严格教学边界;②线场课程教学模式下的自主学习;③学习领域下的具体情景;④精准对接线上和线下的教学;⑤教师推送的学习;⑥教学日历统一的教学门户;⑦教师用教学日历推送和引导在线学习内容;⑧教师是线上和线下学习的组织者、监督者;⑨同步和互补的线下课堂,实现师生在线交流留言和面对面沟通的对接,促进学习沟通的深化。

在这种教学模式下,学生登录学习空间,教师可查看所有学生的基本信息进行分组学习,然后教师根据各小组的情况,分配差异化的学习资源以及学习路径,并推送到学生端。学生可以进入所在组开展差异化学习,与学习同伴交流协作,从而更新已有知识体系,实现知识创新。在学习过程中,学生可获得自己学习的各种数据(参与讨论热度、实时积分排名等),及时进行进度跟进。在学生完成学习与测试后,教师可将测试结果、作业完成情况和学生的各种数据(任务完成数、作业提交数、测试准确率等)纳入形成评价,向学生反馈。学生也可做自我评价,总结经验,以及反思学习效果,从而不断获得提高。

---

① 袁本雯.激励远程开放教育学习者主动参与式学习的策略研究[J].吉林广播电视大学学报,2009(2):104-105+128.

二、搭建要求

教师与学生是学境中的重要组成部分,在学境中扮演着各式各样的重要"角色"。教师、学生与学境是相互生成,相互滋养的。在育人学境中,教师的生成、学生的生成以及学境的生成三者是同步的,学境最终演绎成什么样,也反映了师生的默契程度与协作成果。

通过师生与平台的相融,教师善教乐教,学生好学善学,学境成为师生享受与创新的新天地,成为实现自身生命价值、实践人生价值的美妙场所。学境就像磁场一般,将师生吸引于此,乐此不疲地开展学习,教学走向了一种"游戏"境界。在这个过程中,师生双方"全心全意"地投入学境之中,为教学情境本身所吸引、引导,师生按照此时此刻的教学情境应有的方向共同前进,师生不再作为引导教学的主体,教学的主体成了教学本身,师生双方完全沉浸于当下的教学愉悦之境,享受教学之境中的和谐。

在实践过程中,将教师、学生两大主体作为学境平台的融入元素,探索出了将教师培养成为"融能力"教学团队,将学生孕育为"双能力"学生的新型路径。

(一)打造"融能力"教学团队

没有良好的师资,再好的学境也是无源之水,无本之木。学境建设的最后一公里就是师资队伍建设。

1. 革新教师教学理念

搭建的平台再多,老师不认同,平台就会变成摆设。过去我们评价一位优秀教师是这样的,科研论文成果要丰硕,著作及教学成果要多,教学方法要多样,教学手段要合理,所带的学生考试成绩要高。我们身边像这样优秀的老师有很多,我们有这么优秀的老师理应培养出更多优秀技能的学生。可是事实并非如此,我们见到在岗位上学生容易夸夸其谈,而不能实际解决问题;更有甚者,有些学生只会考试,在岗位上沟通表达能力都很欠缺。这样培养的结果,不是职业教育的目标。职业教育的教学是必须结合实际的,只讲理论不能转化为实际用处的教学不是学境的要求。学境要求教师具有最新知识与技能,通过开设培训班,采用集中培养及分散指导的方式,集中观看观摩课,集中培训提升教师教学理论与教学理念。随机听课指导教师教学,对教学技能达标的教师发放认定证书,上浮课时酬金,给予教师激励。

2. 转变教师课程角色

让教师从知识的传授者转变为学生能力训练的教练员、陪练员。课堂的时间有限,教师讲得多意味着学生自主学习的时间就会少,教师讲得多,学生接受知识的效率也会降低,课堂的效果也会变差。如果是学生自学就能学懂的知识又何必在课堂花时间去重复呢。"师者,传道授业解惑也",课堂上教师更主要的是教给学生学习的方法和技能。

3. "融能力"教学团队

结合各个专业师资队伍现状,把传统的教研室改造为融能力教学团队,团队分为专业融能力教学团队和公共融能力教学团队。

融能力教学团队人员是由学院的专兼职教师以及企业的技术人员组成,教学团队按专业划分,学院所有的专兼职教师均归属于自己专业的融能力教学团队和公共能力教学团队。每个专业的融能力教学团队设负责人一名,负责组织实施本专业的课程教学,联系课程中心对教师进行培训,组织本专业新进教师利用课程授课,定期组织本专业教学团队中所有教师进行课程教学研讨。

专业融能力教学团队的主要任务为课程教材的编写与制作,课程教案的研讨,课程内容的讲授,实战技能的训练;融能力教学团队的构成为教师、企业专家、行业专家。公共融能力教学团队主要培养学生的组织能力、团队建设能力、演讲能力、创业能力等。

在融能力教学团队建设方面,要积极拓宽师资队伍的来源渠道,优化课程教师队伍,实行激励与制约相结合,健全管理机制,采取"引、聘、学、带"等措施,致力于融能力教师队伍的建设,打造优秀融能力教学团队。

"引"是从生产一线引进管理人员、技术人员担任专业课、实践课的教学工作,优化教师队伍,加大"产"境下的教师队伍能力建设。

"聘"是聘请课程中心优秀的企业技术技能人才授课,并请他们对各专业的课程教师授课进行指导和评价,定期讲解课程的最新教学理论,不断提高学院教师的课程授课水平。

"学"是分专业有计划地派教师去课程中心进行学习,尽快使各专业教师从传统的教师讲授课堂转变为以学生为主体的学境课程课堂。

"带"是以老带新、以强带弱。每个融能力教学团队中火蓝能手、海蓝能手①要利用每周三的教研时间,对教师进行课程五环节(情景描述、信息收集、分析计划、任务实施、检验评估)、五元素(人、机、料、法、环)、批判性思维和企业家精神等方面的培训,以提高教师的融能力教学水平。

(二)人才培养实用化

高职院校要以社会需求为目标,培养面向第一线、下得去、留得住、用得上、干得好的实用型人才。在培养规格上,以就业为导向,面向职业岗位,培养高素质的专业性、技术性和适应性人才。在专业设置上,面向市场,把握人才需求发展趋势和职业岗位发展动机,分析学校每个专业毕业生就业情况和学校自身的条件,适时开发新专业、改革老专业、淘汰过时专业。

1.利用"双平台"开展课外教学

"双平台"是指教师的"育学平台"与学生的"学习平台"。双平台是为了调动师生主观能动性,根据师生双向需求组建多形式多维度的师生团队,满足学院师生课外自身发展需求,提高学院人才培养能力。

育学平台是师生互通的主要桥梁,是人才培养的新阵地,平台实行学院或教师搭建、择优选择、随机淘汰的机制,对教师的育学成果进行奖励,对学生的学习成果进行学分转换,目的是对学有余力、学有所悟的同学进行专项提高。同时有助于提高院系教学的运行管理能力,有助于形成一批竞赛成果、创新创业成果,实现学校、教师、学生三方共赢。

学习平台是学生自行构建的兴趣平台,平台由学生自行发起,学院提供场地支持,指导教师提供课外辅导。平台采用社团式管理模式,设置台长、副台长、组长。学生以兴趣或学业需要自发性合作学习,不实行淘汰制,学生自由退出。但学生加入学习平台需缴纳台费,作为平台活动经费。学习平台助力学生参加技能竞赛,助力学生考取职业技能证书,适应国

---

① 融课程教学能力的三级水平由低到高为:蔚蓝能手、火蓝能手、海蓝能手。

家职业教育"1+X"证书制度改革。

2.开发、配送定制课程开展企业培训

根据合作企业的需求,向企业配送定制课程,对将要入职的学生在学境中进行个性化培训。根据企业提供的培训需求,由校企组建的教学管理组织制订教学计划、选拔优秀教师、开发学境课程并组织实施。

定制课程来源于企业,又反哺企业。向企业配送定制课程,打破了订单班以行政班为单位的长期培养模式,根据学生与企业个性化需要,采用短期集中的岗前培训,充分利用校企资源来做培训。具有培训成本低、培养效率高的特点。同时也实现了学生的差异化培养,合理解决了"学生所学与企业所需"不一致的矛盾,实现了人才的精确培养。

第三节　育人学境案例——以汽车制造与装配技术专业为例

2016年起,河南机电职业学院汽车工程学院按照学校"三融四境"办学模式,深化产教融合、校企合作,根据企业生产需求和学校人才培养的需求,将汽车制造与装配技术专业学生送入宇通开展分布式办学,在企业真实的生产线上开展教学活动,实施"校企共育、岗位主导"双主体人才培养体系,深入开展教学改革。

一、搭建基础

《国家职业教育改革实施方案》(国发〔2019〕4号)明确提出:"深化产教融合、校企合作,育训结合,健全多元化办学格局,推动企业深度参与协同育人,扶持鼓励企业和社会力量参与举办各类职业教育。"《中国制造2025河南行动纲要》明确提出:"切实提升制造业核心竞争力,为中原崛起、河南振兴、富民强省提供坚强支撑。"《中国制造2025郑州行动纲要》指出:"强化电子信息、汽车、新材料三大战略性产业引领发展","支持郑州宇通、东风日产、郑州日产、海马汽车、少林客车提升整车产能,打造世界级客车生产基地、国内知名轻型商用车基地及轿车生产基地"。

宇通是一家集客车产品研发、制造与销售为一体的大型现代化制造企业,目前公司日投产量最高达430台,年生产能力达70 000台以上。主厂区位于河南省郑州市宇通工业园,拥有底盘车架电泳、车身电泳、机器人喷涂等国际先进的客车电泳涂装生产线,是目前世界单厂规模最大、工艺技术条件最先进的大中型客车生产基地。随着宇通制造技术的不断升级,对高素质、高技能人才的需求更为迫切。

经过校企多年的教学探索与改革实践,由企业和学校对学生共同进行培养,将专业建在产业链上,把教室搬进企业,将课堂开设到生产线上,实现校企深度融合。与宇通共建的育人学境主要包括车间、生产线、培训中心、学生宿舍、网络空间等开放性场境,以宇通车间生产线为主要场所建立的课堂,课堂即岗位,岗位即课堂,打破了传统以教室、实训室为主要教学场所的课堂。即在真实的生产环境,完成真实的生产任务,掌握真实的生产技能,满足真实的生产需求,实行真实的生产考核。

(一)教学主体

教学主体采用校企双主体模式。校企共同研究制订人才培养方案,及时将新技术、新工艺、新规范纳入教学标准和教学内容。充分发挥企业在人才培养、技术创新、就业创业、社会服务、文化传承等方面的资源优势。学校教师和企业技术人员实施"双聘",发挥协同育人作用,同时又具有"双身份",院长即车间主任,教学科长即段长,教研室主任即组长,教师即技术人员。将学校与企业、专业与产业、课程与岗位一体化规划、一体化建设、一体化实施,较好地解决了职业教育中存在的校企"两张皮"、教学体系封闭、教学场境单一和课程脱离岗位等难点和痛点。同时,借助企业资源优势,实施职业院校教师素质提高计划,落实职业院校教师每年至少1个月在企业或实训基地实训,及5年一周期的全员轮训制度,大力推动企业工程技术人员、高技能人才和职业院校教师双向流动。

(二)教学对象

学校按照专业对接产业、课程对接岗位、教学过程对接生产过程的原则,校企共建二级学院,构建学习知识的教学场境。基于产业办专业,围绕产业链办好专业群,学校与企业共办专业、共担课程、共编教材、共享资源。打破学校自然班建制,适应企业组织架构,将学生分配到车间,以班组的形式开展班组式教学活动,实施过程化考核。学生也具有"双身份",班级即班组、班长即组长、学生即员工……共同完成生产任务,共同进行知识学习,共同进行技能训练。学生在学境中分别接受企业工程师、学校教师、研究院研究员、众创空间的企业家等"四导师"的指导。校企双方发挥着协同育人的作用,实现专业与产业、课程与岗位、教学过程与生产过程、学历证书与职业证书的高度融合与无缝衔接,在人才培养中共担培养权和共享收益权。

(三)教学内容

主要抓手就是线场课程。所谓线场课程,是从"产、学、研、创"四境中提取出公共教学因子。从"产"中主要提取工匠精神和技术技能因子,从"学"中主要提取专业知识和专业理论因子,从"研"中主要提取批判思维和质疑解惑因子,从"创"中主要提取企业家干事创业品质因子。把以上这些公共教学因子,按照行动导向的课程理论,以技术技能为主线,进行重组编排,形成产学研创高度融合的课程包,构建出基于企业典型工作任务的讲义和任务单,帮助学生尽快转变为企业岗位合格的技工角色,帮助企业提升人力资源利用效率。线场课程是"任务—完成、问题—解决"式跨领域课程,由来自四境的专业人员共同开发、共同实施,促使"产、学、研、创"四境进一步深化,破解了课程脱离实际问题,打通了产教融合最后一公里。教师和企业人员一起,从企业的岗位和任务中提炼出学生所需要的教学因子,在"产、学、研、创"四个场境下,开发线场课程、编写校企"双元"合作开发的国家规划教材、实施线场课堂。教学内容来源于生产一线的实际工作任务,满足企业对人才的技能需求,缩短学生的岗位适应周期。以项目为载体,任务为驱动,问题为导向,通过互联网教学平台把优质的资源整合实现教学资源的共享,充分利用校内汽车专业的优秀师资队伍和宇通工程师的成熟经验,开发出与宇通相适应,并且适合当代职业教育发展的校企"双元"合作开发的国家规划教材和相关配套资源,使之既符合宇通对员工技能水平的要求,又满足学校对人才培养的要求,有生命、能成长、可复制。

（四）教学计划

宇通教学场境的教学计划来源于生产计划,以企业实际需求为依据,加大了实践操作技能的学时和权重,实施"四对接",即实现了教学目标对接职业能力,教学过程对接生产过程,教学内容对接生产任务,教学标准对接生产标准,奠定了深化教学模式改革的基础。这四个对接体现了课堂教学属性与职业活动属性的一致性、教学过程与工作过程的一致性、课程内容与职业能力的一致性、教学评价与生产现场评价的一致性。

以制件岗位为例,在整个教学体系中对应着四门课程,其在整个教学计划中的定位如图9-1所示。

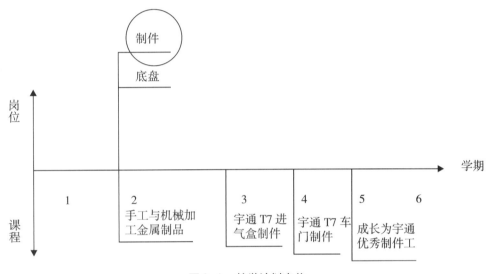

图 9-1　教学计划定位

（五）教学课表

依据宇通的岗位生产计划来制定班组课表和学生课表,按周制定,按日调整。一个班组一张课表、一个学生一张课表、一天一个课表,课表是随着生产任务的变化而变化的,当生产任务比较重时,调整为以企业技能习得为主;当生产任务比较轻时,调整为以理论知识学习为主。

课表来源于企业的岗位、生产任务、场所功能、班组情况、学生个人需求、人才成长规律等综合因素,每天的班组总结例会也会对第二天的课表调整产生影响。课表是随时因外部因素的改变而变化的动态课表。结合制件岗位的日生产进度表,以一个班组一天的学习内容为例,其课表见表9-1。

表9-1　制件工岗位2022年11月9日课表

生产线号：　　　　　　　　　　　　　　　　　　　　　　班组编号：

学习任务	产品名称	产品型号	交货期	批号	生产单号	生产工序	共用人数	计划产量	累积数量	学习进度控制数据							
										上午				下午			
										9点	10点	11点	12点	2点	3点	4点	5点
小型冲压	弯角	YC10523	11月12日	YP8233	H18-517	8	12	1206	114	126	136	136	136	136	136	136	126

产品成品率：	事故率：	5S达标率：	技术革新量：	指导技师：
综合表现： □第1等	□第2等	□第3等		指导教师：

（六）教学师资

区别于传统课堂上的教师，学境中教师为"四导师、双身份"。四导师主要由企业的技术人员、学校的教师、研究院的研究导师、企业的创新创业导师组成，他们共同发挥着协同育人、全方位育人、立体化育人的作用。

学校选派既有理论高度又有实践能力的教师到宇通进行企业实践培训，提炼宇通优秀员工要素，主要包括宇通文化、精益生产、安全生产、质量控制、职业素养等方面，构建学生理解宇通、认同宇通、加入宇通、融入宇通的环境氛围，培养忠诚的宇通员工。针对承装车间、焊装车间等生产场所展开广泛的调研，准确提炼成长为宇通技术骨干力量必须掌握的技能和典型任务，基于宇通生产岗位和生产任务提炼对应岗位和任务对学生知识、能力和职业素养的要求，即转化为学境下教与学的内容，开发线场课程，编写校企"双元"合作开发的国家规划教材。按照学生的人才培养规律来设置宇通专有的课程，使用针对宇通的新型活页式、工作手册式教材，使之成为宇通员工岗前培养、岗中培训、骨干提升的有效载体。

企业选派技术能手、生产标兵等精兵强将，一方面在生产线上以师傅的身份带领学生完成生产任务，培养学生的技能水平，作为培养学生技能的主体；另一方面也配合学校教师开发线场课程，编写新型活页式、工作手册式教材，使教学内容不断与时俱进，保持技术上的先进性。

二、学境设计

依据宇通生产现场的生产计划、进度、生产周期等实际情况，采取岗中岗下、线上线下、交叉互动等差异化的教学组织形式，实施过程性考核评价。教学场境不断变化，教学主体不断交替，教学对象不断轮换，教学内容不断深入，整个教学活动不断更新迭代，持续动态发展。

（一）教学组织

1. 生产线上的教学组织

以岗位主导、任务驱动来实施教学，以实际产品的生产活动为载体开展教学活动，实现学生职业能力逐步递进。

以制件岗位中的小型冲压任务点为例,在设计校企联合开展"项目1 手工与机械加工金属制品"教学时,安排企业工程师现场带领学生进行生产,着重训练学生识图、测量、编程、操作等实践技能,学校教师在现场进行辅助,着重为学生讲解该任务所涉及的机械识图、机械制图、公差配合、计算机编程、机械加工基础等理论知识。在学生完成该岗位任务的三个月时间内,技术人员和学校教师相互配合,逐步深入地进行技能训练和理论讲解,最终促使学生在岗位培养周期内完成技能的习得和知识的掌握。小型冲压技能培养的教学任务分析见表9-2。

表9-2 小型冲压技能培养的教学任务分析表

岗位	岗位内容	课程名称	工作任务	学时	技能要素	知识要素	课程考核
制件	制件车间产品主要分为板材类物料加工、型材类物料加工和蒙皮类物料加工,主要产品类型有车身外覆盖件、骨架类焊接件、内饰钣金件、底盘安保件等;车间拥有数控平板激光切割机、数控三维激光切割机、数控三维激光切管机、数控弯管机、全自动转角锯、自动焊接机器人、滚边机器人、大型压力机、大型开卷线等先进设备	项目1 手工与机械加工金属制品	小型冲压	四周	1. 操作机器、识别模具、模具装卸、模具简单保养 2. 调试设备压力、顶杆布局 3. 识别图纸及工艺信息 4. 操作设备加工生产任务	1. 安全生产知识 2. 机械识图 3. 公差配合 4. 计算机编程 5. 机械制造基础 6. 设备操作规程 7. 现场生产管理 8. PDM管理系统 9. 精益化生产管理知识	生产现场化生产任务化生产标准化考核过程化结果绩效化

2. 淡季旺季的教学组织

根据生产任务轻重和生产强度来安排,比如1—6月生产任务较少,是宇通生产的淡季,组织学生进行系统学习,以学校教师为主,完成教育部规定的通用课程;到了7—12月,宇通生产旺季来临,生产任务比较重,就组织学生到生产岗位上去,以企业工程师为主,完成生产任务相关技能的训练。如图9-2所示。

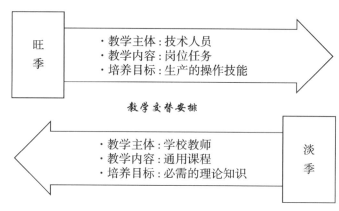

图9-2 生产淡旺季的教学组织安排

3. 线上线下的教学组织

根据企业生产时间、地点的不同,采取线上线下(互联网)混合互动式教学形式,提前把岗位相关知识内容推送到在线学习平台,以微课、动画、二维码等形式,支持学生在生产线上、宿舍中进行随时随地的学习。如图9-3所示。

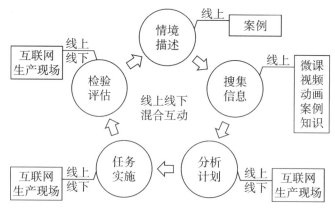

图9-3 线上线下的教学组织示意图

4. 交叉互动的教学组织形式

学生在企业会遇到一部分学生到岗生产,另一部分学生没有生产任务的情况,时间不统一,所以应以生产线、培训教室为主要教学空间,适应企业生产任务,进行交叉互动式的课堂实施。到岗生产的学生以企业工程师为主开展技能培训,没有生产任务的学生由教师组织到培训教室中,进行理论知识的培养,既对第二天即将上岗的技能知识点进行讲解,也为前一天在岗位上遇到的问题进行答疑解惑。如图9-4所示。

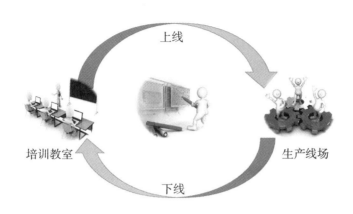

图9-4 教学交叉轮换图

通过线上线下、淡旺季、交叉互动等差异化的教学组织形式,使学生的学习活动充分适应了宇通生产现场的动态变化性,将专业知识学习和岗位技能训练有机融合,在实践中相互促进、相互提升,不仅完成了真实的生产任务,也有效训练了真实的生产技能。

这种"开放式、差异化"的教学场境设计是以职业能力培养为核心,按照企业生产工艺标准,重构课程内容,按照技能培养目标进行课堂教学设计,再回到现场实践中指导学生学习,结合生产任务,实施过程化考核,关注人的发展。开放性体现在宇通车间、生产线、培训中心、员工宿舍等开放的场境,通过创造一个有利于学生自主学习、真实发展的生产教学环境,提供给学生充分发展的空间,从而促使学生在积极主动的探索过程中,各方面素质得到全面发展。差异化的核心是以学生的职业发展为本,在宇通真实生产场境下,解决学生学习过程中面临的人员、空间、时间、形式、内容五个方面随生产任务的变化而不断变化的问题,采取岗中岗下、线上线下、交叉互动等多种教学形式开展差异性的教学活动,多岗并进,交叉衔接,校企协同培育技能型人才。

(二)教学评价

学境中"以产引领"的人才培养体系具有校企双元育人特点,教学运行具有教学场所多元(包括宇通客车、学校及第三方职业培训中心等)、教学团队多元(以工程师主导的"四导师"教学团队)、教学方式多元(线上线下、淡旺季、交叉互动等)的特征,因此考核评价必须采用多元制(专业基本知识考核、岗位任务考核、业绩考核等),不能再用"一考定终身"的传统考核评价方式。校企根据企业岗位标准和学生职业能力发展及成长规律共同评价,构建产场下的校企双主体"多元"评价体系。以企业职业岗位和学生职业能力达成为标准,将完成企业生产任务的形成性评价与终结性评价相结合。

1. 评价原则

在进行学生评价时要遵循多元化原则,评价主体多元化、评价角度多元化、评价指标多元化。采用多种指标,保证评价结果的合理性。学生评价工作要从学生的学习成绩、道德水平、实践能力等角度入手,了解学生的知识掌握情况、价值观念以及社会实践能力,更好地发现学生存在的不足。

2.评价主体

由学校、企业、学生、第三方机构共同参与评价,共同管理。企业是评价最关键的一方,是考核评价制度的主要制定者,按照职业标准进行考核。学校是活动组织者。学生受学校和企业双重育人,校企双方要加强对学生的工作过程控制、指导和考核,实行以企业为主、学校为辅、第三方机构参与的多元考核评价制度。

3.评价内容

评价内容注重对工作过程能力的考察,将学生完成工作任务过程中的行为,如信息收集、计划、决策、实施、检验、反馈等,作为考核评价的重点内容。评价内容以工作过程为导向,以提高学生实践能力和可持续发展能力为根本。同时对学生在企业表现进行评价,评价学生的职业素养、工匠精神和创新意识。

4.评价标准

评价标准与国家技术标准、行业标准相契合,将企业 KPI 考核的关键指标纳入考核标准,由校企共同制定。采用过程化考核,企业考核占 70%,学校考核(第三方机构参与)占 30%。企业要对学生在每一岗位的表现情况进行考核,对学生的表现、工作质量做出客观评价。学校指导教师要对学生日常表现及时进行登记,结合日常检查中学生的表现等各方面,评定成绩。

5.评价机制

基于"校企共育、岗位导向"人才培养体系的特点,借鉴柯氏四级评估模型的理论架构,构建"开放式、差异化"四级考核评估模型,从反应层、技能层、行为层、绩效层 4 个层次对学生学业情况进行评价①。

基于柯氏四级评估模型,结合教学实施实际情况,构建"开放式、差异化"四级评估模型,如图 9-5 所示。

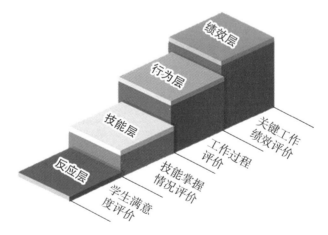

图 9-5 "开放式、差异化"四级评估模型

① 逄小斐,谭穗枫.现代学徒制多元学生评价体系的探索与实践[J].中国职业技术教育,2016(31):92-96.

第一层:反应评估,是指学生对教学内容、教师、教学方式及个人收获等方面的意见与看法,主要通过学期结束时对学生的问卷调查来收集。反应层的评估可为教学质量的改进提升或校企双主体育人综合评估提供参考,但不作为最终评估结果。

第二层:技能评估,主要评价学生对核心技能的掌握情况。例如学校组织的各类技能课程的考试、企业技能培训的测试、职业技能鉴定考试等都是技能层评价的方式。学生在企业工作过程中也必须接受企业相关技能的培训,培训业务考试也纳入技能层评价。

第三层:行为评估,主要评价学生工作过程的规范性,以及在工作过程中对知识要点、技能要点及岗位要求的贯彻情况,是基于学生工作表现的过程性评价,主要由学生所在岗位的直接上级或师傅进行评价,以关键行为要点加减分的形式实施。

第四层:绩效评估,评价是对学生工作成果的评价,考查学生工作过程的总体表现,主要以企业 KPI 考核的关键指标为考核标准。

其中,反映层、技能层评价主要由学校组织进行,第三方评价机构参与,占比30%;行为层、绩效层评价主要由企业组织进行,占比70%。在“开放式、差异化”四级评估模型基础上,明确了各层级评价目的、内容、方法、主体,形成了“开放式、差异化”四级评价体系,见表9-3。

表9-3　“开放式、差异化”四级评价体系

评估级别	主要评价内容	指标细化	评价主体	评价方法
Level 1 反应层	评估学生的满意度	对教学内容的实用性、针对性的评价	学生	网上问卷调查
		对企业技师、学校教师授课的满意程度		
		对产场教学组织方面的评价等		
Level 2 技能层	测定学生的技能掌握情况	产场所学知识的应用情况	学校、企业、第三方机构	线上考试、实操测试、职业技能考试等
		企业业务考试		
		职业技能鉴定		
Level 3 行为层	考查学生工作过程的规范性或行为的改变程度	工作学习态度改善情况	企业	工作过程反馈、访谈、情景模拟观察等
		岗位要求的关键工作技能提高情况		
		产场教学后所带来的素养提高(人际交往、团队合作等)		
Level 4 绩效层	整体工作成果及培养后所创造的经济效益	企业 KPI 考核关键指标	企业	绩效考核

该评价体系转变了长期以来学校教育中"一考定结果"的过分注重终结性评价的考核评价模式,关注学生工作过程中行为的规范性和素养培养及工作绩效的提升,组织学生、学校、企业、行业组织多方参与评价,尤其将企业人才评价标准纳入评价体系中,有利于调动企业参与学生评价的积极性,并具有极高的操作性。

为了更好地完成"校企共育、岗位主导"人才培养目标,校企合作根据企业岗位标准和学生职业能力发展及成长规律共同考核评价。根据"开放式、差异化"四级评价模型的架构,以企业职业岗位和学生职业能力达成为标准,将完成企业生产任务的过程性评价与终结性评价相结合,从反应层、技能层、行为层、绩效层4个方面制定了考核内容与标准(见表9-4),结合了技能考试与岗位考核的优点,以提高学生实践能力和可持续发展能力为根本,技能考核依据企业绩效考核,素质考核依据学生在企业平时表现,过程性考核依据生产现场质量,终结性考核依据形式多样的大练兵、技术比武成绩。引导学生不仅重视理论考核,也关注工作过程与工作绩效,体现了考核评价的过程化、多元化、可视化,有助于学生职业素质与竞争力的整体提升。

表9-4 "开放式、差异化"四层教学考核评价内容及标准

评价层次	评价项目	评价主体	评价要素	评价标准
Level 1 反应层	学生满意度	学生	对教学内容的实用性、针对性的评价	学生满意度评分分为非常满意、满意、一般、不太满意、不满意5个等级,作为对教师、企业技师教学绩效考核参考
			对企业技师、学校教师(如授课方式、态度、能力)授课的满意程度	
			对产场教学组织方面(如设施、地点)的评价等	
Level 2 技能层	技能测试	学校教师	线上测试	综合进行过程化考核,得分即为测试得分
			线下考核	
	培训考试	企业技师	企业技师根据技能培训内容,进行日常测试	日常技能培训考核成绩
	线场"全员练兵、技能比武"	企业技师 学校教师	按照企业技能比武考核标准,与企业员工同台竞技	分为3个等级,第一等为获奖者75分以上,按照一、二、三等奖依次递减;第二等为获奖者70到75分之间;第三等为参与者70分以下
	职业技能鉴定	第三方机构	参加行业组织的职业技能鉴定测试,取得职业资格证书	通过职业技能鉴定,获得职业资格证书

续表9-4

评价层次	评价项目	评价主体	评价要素	评价标准
Level 3 行为层	产场学习表现	企业技师 学校教师	参加产场学习后在学习及实践过程中工作学习态度提升情况及积极性	分为3个等级,第一等为85分以上,积极参与产场学习,遵守纪律,工作态度端正;第二等为70到85分之间,能在技师或教师要求下参与产场学习,遵守纪律;第三等为70分以下,漠视技师或老师要求,工作态度散漫,不遵守纪律
	考勤	企业技师 学校教师	参加产场学习过程中的出勤情况	总分100分,每旷课一次扣5分,请假扣2分
	关键工作技能提高情况	企业技师	企业强调的学生进行生产、任务实施过程中的关键行为、关键工作技能提升情况	基础分100分,如有以下行为,审核通过后进行扣分:生产差错1次扣2分;班组通报批评1次扣5分。如有以下行为,审核通过后进行加分:班组评为优秀1次加5分,班组评为先进员工1次加3分
	产场教学后所带来的素养提高(人际交往、团队合作等)	同行同事互评	车间主管、班组长对其生产、任务实施等工作过程的综合评分;同班组成员在职业素养方面进行互评	根据互评结果加权得分
Level 4 绩效层	生产任务完成度	企业技师	学生完成生产任务量进行评分	排名前10%得90~100分;排名达到前20%得80分;排名达到平均水平得70分
	产品成品率	质检员	学生生产产品质量进行评分	排名前10%得90~100分;排名达到前20%得80分;排名达到平均水平得70分
	现场管理	企业技师	安全、5S管理	基础分100分,在生产中发生的安全(含消防)事故次数每月检查曝光1次,扣30分

此外,校企双方不断探索"1+X"证书制度、"学分银行"、弹性学分制的具体实施方案。如有些学生在宇通的某一岗位工作,由企业导师结合岗位表现,对该生进行综合评定,评定

合格后对应岗位相关课程即可认定成绩合格,不需要在这些课程中再进行集中学习就可以获得相应学分。在学校允许的情况下,学生因为工作的原因,不能参加某一课程的集中学习与考核,则可以由学校导师和企业导师一起,指定网络课程资源让学生学习,通过相关考核后也可以获得相应学分。同样,学生在企业通过学习与实践,考取相应职业资格证书或企业技能等级证书,也可以进行"学分转换",免修相应 X 证书课程。

宇通教学场境的搭建实现了教学内容、教学方式和考核评价的大变革,促使课程教学更加符合职业教育的要求,激发学生的学习兴趣和积极性,全方位提升了教师的职业教育教学能力,提高了宇通产场下教学的整体质量,彰显了职业教育改革先锋的风采。

第十章 产业学院育人研境

"研"就是基于"产业+专业",校企共建产业技术研究院,构建培养批判思维的研究场境,确立技术开发、课程开发两大任务,把产业的技术与工艺转化为专业的课程与教学内容,形成"技术—课程—人才—技术"的良性循环。

《国家职业教育改革实施方案》在"推进高等职业教育高质量发展"一条中指出:高等职业学校要培养服务区域发展的高素质技术技能人才,重点服务企业特别是中小微企业的技术研发和产品升级,加强社区教育和终身学习服务。文件中提出要将服务企业的技术研发和产品升级作为职业教育培养的一部分,同时对职业教育培养阶段中"研"的对象进行了界定,即中小微企业的技术研发和产品升级。

育人研境就是以科研引领教学,在企业或研究院的研场中,通过学生参与实际的研究项目,从而锻炼、培养学生的批判性思维,培养服务企业研发和产品升级的高素质技术技能人才的培养模式的探索。此处的"研"更多是针对解决企业实际问题的应用研究,从企业的生产过程、技术发展、产品应用或行业的发展需求等领域提出新问题作为研究对象,研究成果最终应用到企业、行业,促进技术的更新、企业行业的发展、社会的进步。

第一节 产业学院育人研境辨析

我们将叶圣陶先生"教是为了不教"的著名教育观运用到高职教育教学过程中,教师既要运用扎实的专业知识为学生"传道",也要凭借过硬的专业技能为学生"授业",更要通过底蕴深厚的教科研能力为学生"解惑"。教师在提升自身教科研能力的同时,要指导学生不断获取专业前沿知识、进行探究性学习、养成自主学习的习惯,还要重视培养学生的职业意识和职业能力。

育人场境的产境、学境、研境、创境之中,研境是核心,为产境、学境、创境服务。在高职教育的内涵发展和建设过程中,"研"具体是指校企共建研究院,构建能够培养学生批判性思维的研究环境,研境是以"研"引领的人才培养模式实施的重要场境,研境为学生提供真场境、真项目,学生跟随研究员分析问题、猜想预测、设计实验、试验观察、寻求实证、数据搜集、整理分析、得出结论、交流表达、集体讨论、记录过程等,锻炼学生科研能力和科研思维,培养其批判性思维。

一、研境之源

高等职业学校承担着人才培养、科学研究和社会服务的职能,但受自身条件所限,除技能型人才培养外,其他两项职能普遍缺失。由于高职院校办学中对自身没有"研"的要求,加之"研"的能力较弱,因此,大多数高职院校走的是"产学"结合之路,而非"产学研"结合之路。

(一)科研形式亟待丰富

高职院校"研"的短板主要表现在自身的科技创新、管理创新能力不强,应用研究技术水平较弱,提供技术支持、咨询服务的作用不明显,带动区域产业转型升级的作用不大。究其原因,在于具备较高理论知识,有丰富实践经验,能参与企业新技术、新产品开发的教师很少,这是制约高职院校走"产学研"结合之路的关键因素。高职院校若没有"研"功能,缺乏"研"的能力,就自然失去高等教育的高层次人才培养能力,导致高职院校办学功能单一,人才培养层次偏低。

高职院校科学研究的内容长期以教学教改为主,教师积累了丰富的教学经验,但是科研方面对学科和行业的研究很少,因此科研的范围相对狭窄。高职院校的科研工作大多处于单干的状态,缺乏专业的科研团队,并且影响学科和专业的领导者非常少,不能形成规模系统的科研团队,与普通高等院校相比显然存在先天的弱势。

(二)科研成果转化有待加强

"研"一方面是指科研机构,包括社会上的研究院、研究所和其他研究性学术机构;另一方面是指促使科研成果向现实生产力有效转化,探究和发现新知识,实现知识创新。在校企合作常规项目的研究中,横向课题的实用性较好,能够为当地的经济发展等做出贡献,这种科研项目对社会带来的积极作用较高,得到社会的认可,还能够提高学校的知名度,获得经费支持。但是现状是高职院校与区域、行业、企业合作的研究项目较少,横向研究的课题更是少得可怜,并且研究的项目视角比较偏,选题没能与地方区域经济、行业经济、企业发展紧密联系,科研成果转化存在一定问题。

高职教育科研一定要与产业的发展结合起来,才能实现高职教育的培养目标。我们的教学要为企业的发展服务,我们的科研要能解决企业发展中的问题,我们的学生实习要成为企业的顶岗职员。这样企业就成了学生就职的渠道之一,达到学校培养了一名合格学生,企业得到了一名理想员工的目的。

二、研境特色

(一)送研入企助力技术革新,着力打造服务创新平台

1.对接河南优势产业基地,植根产业线场,建设河南智能制造创新研究中心

服务郑州航空港经济综合实验区、黄河流域生态保护和高质量发展等国家战略,对接在建的全球新一代智能终端、高端制造、航空设备维修、现代航空物流服务、国家大数据综合试验区核心区等产业基地,按照"两联合、四服务"的建设思路(两联合:纵向联合省市政府的创新平台和技术研发机构,横向联合高等院校和行业企业。四服务:服务地方需求,服务社会发展,服务专业建设,服务人才培养),建设河南智能制造创新研究中心,结合学校专业群布局,下设物联网、智能制造、智慧商业及数字经济、生物医学工程、汽车应用技术、大健康、智慧文旅、现代农业等产、学、研、创协同应用技术研发服务中心,建立教师科研成果评价机

制,实施团队成员进入、发展、考核、分配、淘汰和退出管理机制,开展线场领域关键技术攻关,每年投入科研专项经费、立项应用技术研发项目,以协同创新为抓手,提升自主创新服务区域经济能力,促进郑州国家中心城市建设与发展。

2. 健全"众创空间"发展机制,建设创新创业孵化园,做实线场科研项目

依托学校专业集群集聚优势和服务能力,通过健全学校"众创空间"发展机制,联合龙翔电气、宇通客车、明匠智能、融创中国等多家企业成立行业"双创"中心;联合郑州市中小企业协会,在新郑龙湖镇建设万米中小企业创新创业孵化园,对接当地中小微企业,促进创新成果、核心技术转化,推进技术研发及产品升级。在智慧农业领域,大力推动创新成果产业化,将创新团队的创新成果应用到中小微企业生产中,真正做到项目源自企业线场、研究用于教学、成果还原企业线场,实现产学研创融合,彻底解决科研与生产脱节的问题。完善"众创空间—孵化器—加速器"的科技创业孵化链条,对接百户企业、千名学生开展创新创业,使学校成为河南省高校创新创业的领跑者,带动其他职业学校共同提升服务区域经济社会发展能力。

(二)赋能师生助力教学创新,让科研"小众"变"大众"

学生在利用产境高效学习基本技能、利用学境高效学习专业知识的基础上,迫切需要建立一种批判性思维的学习场境,使学生建立起改造环境、创新发展的基本思路。

研境可以促进教师把教学和科研相结合,紧紧围绕高职人才培养目标,致力于提升高职人才培养质量,这是高职院校实现人才培养目标的重要举措。一方面,学校重视培养教师的教科研能力,引导教师正确处理教学与科研之间的关系,鼓励教师开展教科研工作,并将教科研成果引入课堂,创新教学模式,更新教学内容和教学方法。教师既能指导学生学习课程,掌握知识和技能,同时也能担任学生的研究性学习导师,引导学生进入学习研究领域,培养学生的研究能力,带领学生进行教科研项目研究,构建教学、科研一体化的人才培养模式。另一方面,学校为学生提供系统的教育教学活动和科研训练平台,如开设研究性学习课程、组织学生加入研究性课程学习小组、把研究性课程学习纳入课程体系等。鼓励学生参加教师的各类课题研究。学生通过参与项目研讨会、开展社会调查、举办研究性课程学习汇报会、撰写研究报告和学术论文等方式进行探究性学习,有助于成为高素质复合型应用型人才。

育人研境使高职院校的科研工作更加清晰明确,将科研工作由"小众"变"大众",让教师认识到科研与教学并非互不交叉的双行道。教师在做应用技术开发研究的同时,通过构筑研境平台在课堂中加以引导,让学生加入科研队伍中来,将科研成果转化为教学成果,有效提高教师的应用技术研发和推广能力,同时创新课堂教学,增强学生掌握所学技能的能力,培育出更多的探究型、研究型人才。

通过构筑研境,及时吸纳科学技术和社会发展的最新成果作为教学内容。在实践中推出了"项目教学法",把科研单位、行业协会和专业相关的发明专利项目作为教学内容,引入实践教学中来,组织学生在校内外实践中加以学习、推广。这样,这个项目既是学生的学习内容,又是教师的科研推广项目。在组织实践教学中,教师可以通过组织学生按实践教学步骤,实施生产经营环节,完成教学目标,获取社会效益和经济效益,取得科研成果。

通过构筑研境,学院促使教师、学生、教学活动最大限度地同企业接触,同真实的市场环

境、真实的项目接触,一方面可以吸纳合作企业的技术人才、研究型人才、管理人才加入科研团队,壮大科研团队;另一方面也使得科研的对象不再"纸上谈兵",而更加"接地气",不再单方面为职称、为考核而科研,而是真真切切为企业解决问题而科研。

第二节 产业学院育人研境搭建

为了让教学与科研相互促进,相辅相成,协调发展,研境强调科学研究要从产中找素材,立足于企业的生产经营线场,高于一线,又反哺于一线。根据目前高职院校科研基础和师资条件,结合高职院校人才培养特点,其科学研究应定位在两个基本方面:一是教育教学研究;二是应用技术开发研究。

一、搭建准备

育人研境效力的充分发挥要充分与学境、产境结合,破除高职院校与产业企业的固化分割线,努力打造"双师型"师资队伍。一方面,教师深入接触企业生产实践、了解掌握岗位实践技能、习得职业素养,进而按照行业规范化要求和发展趋势,在内容、方法等具体操作层面改革教学活动,提升教学质量,利于学生的职业能力质量培养。另一方面,专业教师通过参与企业技术研发和技术改造过程,改进自身的知识结构和能力配备,对于专业理论和实践能力应用于科研的转化具有积极意义。此外,企业中具有专业实践能力的高级工程技术型和技能型人才进驻高等职业院校作为师资力量的有力补充,提升师资队伍的整体实力。

研境育人,旨在提升学生的技能型科研创新能力和水平,同时提高其综合能力与素质,高等职业教育作为高等教育的类型之一,其高等性的价值体现在于高等职业教育的科研育人功能。校企的科研合作能够整合企业、产业园区的资源,推动产业与企业的科研生产力转化效率,同时开辟高技能人才职业能力培养以及办学经费筹措等方面的新路径。

高等职业教育的育人功能与发展科研、促进生产功能相互联系,"产""学""研"三者的有机联系主线是知识,生产旨在运用知识,教学旨在知识授受与传递,科研旨在开发知识,进而知识的开发、传递和运用形成交互性的关系系统。

二、搭建要求

科研在职业能力培养中起着导向性的纽带作用。在高职教育中,科研具有两方面的作用:一方面,科学技术与技能的研究为教学实践提供创新型知识与方法,为学生提供创新能力培养场所。高职教育的内容应具有超前性,根据生产技术的常态预测发展趋势拟定人才培养目标、教学计划与内容。此过程需要以科研为纽带,把技术研发作为教学动力,激发学生的学习主动性和创造性。另一方面,科研为"产学"提供合作的实践样态平台,将教学融入生产领域,促进生产和技术革新。由于职业教育的科研具有产业技能化性质,其研发项目定位于与生产相结合的应用性研究,尤其是在技术转移链条中科研与生产的连接点作用,是产学研结合的重要特点。

（一）设计研境特色教学运行环节

突出研境特色的教学运行机制是基于指导性和建构性的理论实践一体化体制。研境平台中元素的融入将教学运行作为创新重点，将教学活动与生产化研发活动的实践与空间进行序化组合与安排。

基于企业产品研发的生产性实习教学，把学生专业学习和实践教学既看作是教学过程同时也看作是研究过程，强调科研过程是有效的教学环节，要求教师改变以知识传授为主的教学方式，转向以问题研讨为中心，通过与学生共同探讨问题，激发学生的探究兴趣，培养学生发现问题、解决问题的能力。设计研境特色教学运行环节，一方面从学生个性出发，根据每个人的不同潜能，因材施教，创造条件实施分流培养，充分挖掘学生潜能，使学生的个性特征得以开发，能力特长得以发展，培养创新型技术型人才；另一方面加强学生科研能力培养，学生的科研活动本身是一个启迪批判思维和开发探究智力的有效途径。如果学生有机会在教师指导下参与科研活动，将会提高学生学习的主动性和积极性。为此，建立以学生自主探索为主的项目训练教学方式，逐步推进让学生自由思考并独立完成项目任务。

（二）建立技术研发创新平台

高职院校是一个探究的场所，应以学生发展为中心，建立教学、科研和学习的结合体，以充分发挥科研的育人功能。通过研境与学境结合，将科研优势转化为教学优势，专业优势转化为人才培养优势，为学生提供自主研究探索、自主实践创新的学习方式，利用实践教学环节开展科研探索，建立实践创新平台。根据高职院校主动服务区域产业发展的特点，高职院校科研的定位是主动开展技术开发、产品开发、成果转化、项目策划等"立地式"研发服务，为此，要主动帮助企业特别是中小企业破解发展难题，建立区域支柱产业研发服务平台。

（三）助力教师提升应用研发能力

从高职院校的职能看，教师除了承担人才培养任务外，还要开展科技开发和社会服务，因此，高职院校教师必须进行科研活动，只有这样，教师才能不断提高技术研发能力，才能在教学中利用最新的科研成果。所以仅对高职院校教师提"双师素质"的要求是不够的，高职院校教师还应参与企业相关研发工作，帮助企业克服技术难题，开展应用性研发活动。这样有利于教师增强培养学生的分析解决问题和专业应用的能力，发挥校企合作的桥梁作用。针对师资队伍存在的突出问题，通过校企合作，在企业建立一批教师实践创新基地，让教师参与企业技术应用、生产技术革新、成果咨询等科研活动，加强教师实际工作能力的锻炼，努力提高教师技术应用能力。

第三节　育人研境案例——以无人机专业为例

2015 年，河南机电职业学院为建立无人机专业，按照产教融合、校企合作的建校基本思路，迫切需要寻找行业内有实力的无人机企业进行合作。郑州亚柏智能科技有限公司（以下简称亚柏公司）是一家在无人机应用技术方面具有独立知识产权的无人机生产研发性企业，在无人机航电设备方面具有自主研发能力，并且拥有多年的无人机技术保障经验，成为学院无人机专业合作伙伴的首选。学院采取引企入校的方式,为企业发展提供厂房和基本的办公条件,与企业建立起长久的合作关系,从而为学院无人机专业的建立创造了条件。亚柏公司进入学院后,学院根据企业内部无人机生产岗位的需要,建立起飞行、植保等相应的无人机专业岗位,在企业内部建立起无人机专业实训基地,与学院共建无人机专业,共同开发无人机专业课程,共用无人机企业训练资源,充分发挥企业工程师的作用为学校提供教学支持,使无人机专业顺利建立起来。

一、搭建基础

无人机专业的发展有赖于无人机应用技术的发展,而无人机应用技术的发展又会不断促进无人机专业的发展,从而实现二者良性互动。学院不断深入进行职业教育探索与思考,各种研讨、论坛、讲座全面围绕未来应用型技术人才培养目标而展开,从而掀起了研场教学的探索。无人机专业的学生在利用产境高效学习基本技能、利用学境高效学习专业知识的基础上,迫切需要建立一种批判性思维的学习场境,使学生建立起改造环境、创新发展的基本思路。

(一)成立无人机研究院

1.方案论证

无人机专业的建立,是基于社会对无人机专业人才的需求;无人机研究院的创建,是基于对无人机专业技术深入探索和对无人机专业学生培养的需要。为充分适应这种需求,校企双方联合出台《无人机工程技术研究院可行性研究报告》,全面分析无人机行业发展现状,针对建设什么样的研究院、怎样建设研究院、研究院在专业建设中的作用等问题进行深入分析,为无人机研究院的创建打下了坚实的认识基础。

2.基本定位

建立无人机研究院,目的是要紧紧跟随无人机技术前沿,全面提升无人机研发的技术实力,打造综合性无人机科研平台,这为无人机专业建设提供了强大助力。由此,在无人机专业建设上,以企业为依托,以研究院为引领,可以实现"四位一体"建校的整体布局:一是培养一支能教学、善操作、会创新、可创业的教学骨干队伍;二是形成一个涵盖专业知识、专业技能、专业素质等方面的以研引领的人才培养体系;三是完善一套适应专业教学、实训操作、创新培育等需要的教学器材设备;四是造就一群有扎实的无人机专业技能、有过硬的机电职业素质、有强烈的创新创业精神的专业技术人才,最终建成有无人机专业特色的集"产、学、研、创"于一体的无人机产业架构。

3.人才条件

研究院的建立需要大量的专业研发人才做基础,首先是依托亚柏公司既有的无人机研发团队,其次可以充分开发学校的教师群体,同时还要引进大量的专业及相关人才,从而成为无人机专业人才的聚集地。2017年以来,无人机研究院引进4名博士、5名硕士充实研发团队,为无人机研发起到了很强的助推作用。事实证明,无人机研究院的建立为无人机专业建设注入了强大动力,为无人机专业人才培养提供了强有力教师保障。

4.科研资源

2017 年 11 月,经过半年左右时间的积极筹备,河南机电职业学院与亚柏公司、河南雷盛航空科技有限公司(以下简称雷盛公司)进行战略合作,充分依托亚柏公司在无人机领域的核心技术优势和雷盛公司提供的专业场地优势,共同发起成立河南省柏盛无人机工程技术研究院(以下简称无人机研究院),从而成为拥有1200 余平方米院内场地、价值1000余万元科研实验设备、20 多年无人机科研经验积累、20 余款军用和民用无人机型号、主要瞄准无人机应用技术进行科研攻关的科研机构,这为无人机专业学生培养提供了丰厚的教育资源。

无人机研究院的建立,为无人机专业建设提供了人才、场地、设备、经验、项目等诸多方面条件,从而为培养无人机专业学生科研能力和思维打下了基础。

(二)"六室两厅三基地"规划

基于无人机研究院成立的背景,研究院在建设规划时就考虑如何进行研境的搭建,提出了"六室两厅三基地"的规划设想,建设集科研、教学、实训、飞行于一体的综合性研究院,如图 10-1 所示。

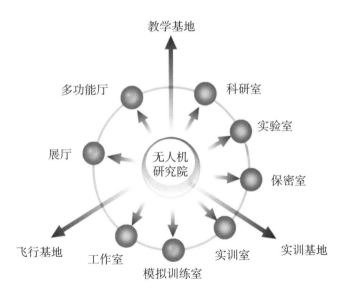

图 10-1　无人机研究院规划

1.走廊文化建设

无人机研究院走廊呈"回"字形分布,走廊墙体区域具备不同的展示功能,是无人机专业建设、研究院项目、无人机技术发展的宣传、科普、教学的重要场境。

东区主要是无人机研究院的成立情况介绍,包含合作企业的介绍、团队介绍、产学研创开展情况介绍。如图 10-2 所示。

(a) 研究院概况　　　　　　　　　　　(b) 研究院发展规划

(c) 研究院合作单位　　　　　　　　　(d) 研究院定点用户单位

(e) 研究院产、学情况　　　　　　　　(f) 研究院研、创情况

图 10-2　无人机研究院东区走廊

　　北区是无人机发展历史的介绍,包含世界、中国无人机发展史和亚柏军用无人机发展史。如图 10-3 所示。

(a) 亚柏无人机发展历程　　　　　　　(b) 亚柏无人机发展历程

(c) 世界无人机发展史　　　　　(d) 中国无人机发展史

图 10-3　无人机研究院北区走廊

西区是无人机结构、系统布局以及起飞降落方式的展示区,无人机主要的航电设备、地面站等以实物的形式进行展示。如图 10-4 所示。

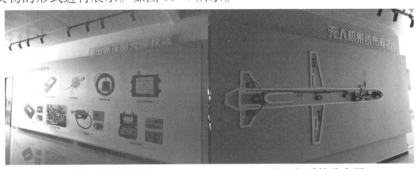

(a) 研究院关键技术　　　　　(b) 无人机系统分布图

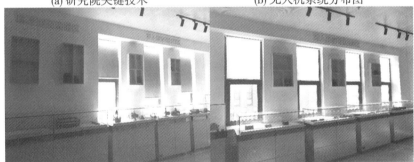

(c) 部件展示　　　　　(d) 部件展示

(e) 无人机起飞方式　　　　　(f) 无人机回收方式

图 10-4　无人机研究院西区走廊

南区是世界各国典型的无人机,展示其结构、性能、参数等,以及国内大疆品牌消费级无人机的部分机型。如图 10-5 所示。

图 10-5　典型无人机

走廊顶部吊装 4 个无人机,是军用无人机靶机的典型机型。如图 10-6 所示。

(a) 电子干扰无人机　　　　　　(b) 倒角侦查无人机

(c) 多用途无人机　　　　　　(d) 高速无人机

图 10-6　军用无人机靶机的典型机型

2. 展厅布置

展厅的主要功能是展示各种无人机,含有军用靶机、多旋翼无人机、地面站系统等。一方面可供外来人员参观,了解无人机研究院目前开展的研究项目,另一方面可以直观地让学生了解各种类型无人机的结构和用途。如图 10-7 所示。

图 10-7 无人机研究院展厅

3. 模拟室

模拟室是模拟飞行的重要训练场所,模拟室进行开放式管理,学生随时可以来进行练习。另外模拟室也是航测的工作室,学生教师可以在这里进行航测数据的处理。

4. 工作室

研究院布置了 4 个工作室,分别是航拍工作室(如图 10-8 所示)、植保工作室、航测工作室、无人机蜂群工作室(如图 10-9 所示)。工作室是开展研创项目的主要场所,每个工作室配备有相关的设备,免费开放供学生使用。

图 10-8 航拍工作室

图 10-9 无人机蜂群工作室

二、研境设计

研境的搭建旨在为学生跟随研究员进行应用研究提供学习环境,而构建以研引领的人才培养体系,将科研项目转化为课程,有组织、有规划让学生在研场中进行学习,才能有效地发挥研场的功能作用,促进人才的培养。研境可以是企业、研究院、创客空间、教室、实训室等,授课的教师可以是企业技术人员、研究院的研究员、专业教师或企业的总经理等,学习的内容是从产学研创中提取的教学因子组合而成的课程。

(一) 科研项目的选择

目前无人机研究院瞄准无人机的前端应用,主要研发项目有多目标集群、无人机蜂群、大载荷人工增雨等,其课程构建模式是一样的,因此以无人机蜂群项目为例说明科研项目选取的原则。

1. 技术发展适应社会的需求

无人机蜂群系统来自军事应用,在本项目中它能够完成指定时间、指定空域、指定无人机数量和编队队形的多旋翼无人机集群飞行,模拟敌对无人机蜂群进行军事对抗演练。系统主要由无人机群、通信系统、地面控制系统、电子对抗验证载荷设备等组成。蜂群编队数量最多可支持30架,也可选择不超过30架的任意架次编队;队形可选择一字形、三角形、方阵队形;无人机可从多个不同方向同时进入指定空域;部分机型可搭载不超过2千克载荷设备;可控范围在3千米。地面控制系统采用开源飞控 PixHawk 和地面站软件 Mission Planner,使用 MP 的蜂群功能实现对30架多旋翼无人机的蜂群编队控制。无人机蜂群系统具有大规模、低成本、多功能的优势,能够通过空中组网、自主控制、群智决策等方式,应用于军事侦察监视、电子干扰、火力打击等任务。无人机蜂群系统的成本和规模优势在消耗对方的高价值攻击武器如地空导弹等和突破对方防空火力网方面具有难以估量的潜在价值;其基于分布式组网和群体智能算法的协同作战模式极大提高了作战系统的战场生存能力和任务完成能力。美国防部长办公室发布的《无人机系统路线图(2005—2030)》认为,在2025年左右,无人机将具备集群战场态势感知和认知能力,能够完全自主和自行组织作战。美军的"小精灵"项目、"编群战术空间"计划以及"低成本无人机蜂群技术"项目都是无人机"蜂群"技术的探索和验证。未来的战场将是无人装备的天下,特别是"无人智能集群"将彻底颠覆传统的作战规则,无人装备的智能化程度将成为战争胜负天平中最重要的砝码。无人机蜂群技术在军用领域的应用价值巨大。

随着无人机技术的发展和民用的应用,无人机蜂群技术在各中大型表演中也展现风采,现阶段应用最多的就是编队表演(如图10-10所示)。因此,无人机蜂群技术不管是在军用还是民用领域都有很大的发展前景和研究价值。

图10-10　无人机蜂群编队表演

2.项目来自于真实的企业或机构

企业的需求一定程度上代表了技术的发展方向,因此科研项目应该是真实的项目。本次无人机蜂群项目是柏盛无人机研究院接到的防空部队针对"低小慢"蜂群目标的网电对抗演练的项目,要求提供30架无人机的蜂群飞行,作为防空兵学院生长干部学员毕业前演练的打击对象,项目具有可持续性,此次无人机蜂群飞行是以多旋翼无人机为主,项目研究的成功可以为固定翼蜂群系统的生产和研发奠定基础。

3.转化为教学项目的可能性

此次无人机蜂群项目(如图10-11所示)主要是完成30架多旋翼无人机的编队飞行,项目可以分为两个部分,一是完成30架多旋翼无人机的设计、组装、调试、飞行,二是研发旋翼机编队飞行技术,调试飞控,编写地面站,开发相关辅助软件。多旋翼无人机是无人机的一种类型,目前应用非常广泛,涉及植保、航拍、航测等应用领域,因此多旋翼无人机的组装、调试、飞行是无人机应用技术专业学生所必备的基础能力,是从事无人机行业的必备能力。而多旋翼无人机的配件选配、设计以及编写地面站、软件开发是更高的技术要求,是提升就业竞争力所需的能力,也是目前企业急需的能力。因此该项目从其应用、难度、内容等方面都具备转化为教学项目的可能性。

(a) 准备状态　　　　　　　　(b) 飞行状态

图 10-11　无人机蜂群项目试飞

(二)研究员主导教学团队的确立

研境体现的是对学生批判性思维的培养,通过实际的科研项目向学生传输必要的理论知识、科学研究手段与方法、专业的实践技能,从而培养学生发现问题、解决问题、不断创新、辩证思维的能力。因此,在以研引领的人才培养中,教学团队的主导应该是科研项目的研究员,围绕研究员负责项目所需的人员类型同时兼顾研场教学的可实施性来构建教学团队。

1.教学团队确立的原则

科研团队建立是汇聚优秀人才、整合科技资源、搭建创新平台、创新科研人才组织机制、形成优秀人才的团队效应和当量效应,提升科技队伍的创新能力和竞争实力,催生有重要影响的原始性创新成果,营造有利于中青年科研人才成长的环境与机制,推动高水平大学和重点学科建设。研究员为主导的教学团队建立与科研团队建立的不同之处在于,教学团队在承担科研任务之外,还要承担一定的教学任务,具备育人的功能。以研究员为主导的教学团队建立需要遵循以下原则。

(1)独特性。研究员主导的教学团队的根本任务是以科研引领教学,因此教学团队应发挥其独特的"研"的特性,团队负责人应具有非常强的科研能力,团队成员应具备一定的科研能力、教学能力,以研带动产、学、创的协同发展。

(2)共同性。团队的所有成员具有相对集中、特色鲜明的研究方向和共同研究的科学问题,即对所研究的问题或内容有共同的兴趣和认识。

(3)结构性。教学团队要有专业的和年龄结构合理、科学思想活跃、优势互补的学术梯队,一般要有 1 名项目负责人,负责整个科研项目的规划设计实施,2~3 个核心成员和 3~4 名学术骨干,同时须有 1~2 名具有一定科研能力的专业教师,负责整个项目中教学相关的工作。

(4)互补性。团队教师的技能互补,各有所专,教、研互补,既有专业的教师,又有专业的研究员,相互协同,完成科研项目的运行以及研场课堂的实施。

(5)共享性。团队的成员应共同参与项目的研究和教学项目的建设,共同设计和制订科研计划和教学计划,做到学习资源和科研资源的共享,以及科研经费、成果和收益的共享。

2.教学团队的构建

研究员主导的教学团队是以研带动产、学、创协同发展的四导师团队,团队的构建应从专业层面及课程层面统筹考虑。专业层面教学团队主要负责和企业、研究院进行协调沟通,做好顶层设计,实现科研与教学的可持续发展。专业和企业以及研究院对接如图 10-12 所示。首先,学院领导要和企业或研究院领导之间实现高层对接,对科研引领教学事宜达成共识,明确各自权责,为下一步科研工作和教学工作的开展做好前期规划和准备。其次,专业负责人和科研项目负责人要进行对接,了解科研项目情况,挑选合适的科研项目转化为教学项目,做好人才培养的整体规划。最后,专任教师要和研究员进行对接,了解研究员所在岗位的职责及所需能力,根据岗位能力转化为相关课程,并辅助做好教学的实施,以及学生的管理、相关教学文件的编写等工作。

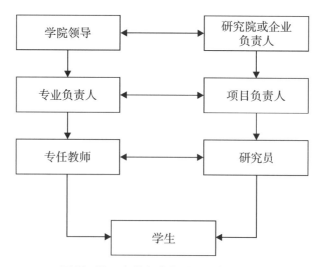

图 10-12　专业和企业以及研究院对接

从具体的以科研引领的课程建设和实施层面考虑,研究员为主导的课程教学团队应包含图10-13所示人员,在教学团队中应至少包含一名科研项目的负责人,若干研究员以及至少一名擅长教学的专任教师。项目负责人主要对整个科研项目进行管理,对外协调,对内掌控科研进度,同时对学生进行相关科研项目的发展、现状等讲座或培训;研究员根据具体分工完成各自的科研内容,同时对学生进行必要的科研手段的培训,有效组织学生参与并完成部分科研项目;专任教师负责课程的设计、实施、考核,撰写相关教学文件,做好教学资料的整理搜集,并负责学生的管理工作。

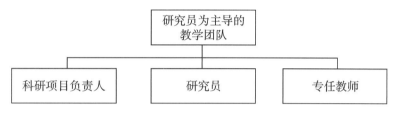

图 10-13　研究员为主导的课程教学团队人员组成

3.课程团队的职责

研究员为主导的教学团队不同于科研团队,在整个科研项目的进行过程中,教学团队还应承担相应的育人职责。在总体上,课程教学团队将承担以下共性的职责。

(1)科学技术研究。了解无人机技术发展趋势,具有敏锐的嗅觉,能发觉具有一定发展前景、技术要求、市场需求等的研究项目,开展科学研究。

(2)教育教学研究。通过人才培养模式、培养方案、课程体系、教学内容、教学方法、教学手段、教学管理和质量监控等方面的教学研究与应用,不断提高教学质量,培养适应行业发展、企业岗位需求、服务于企业技术研发和产品升级的高素质技术技能型人才。

(3)创新能力培养。组织指导学生参加科研实践、自主创新活动等,培养学生的批判性思维。

(4)社会服务能力建设。发现无人机企业行业中现实存在的技术难点,依托教学团队的人力资源和技术优势,开展技术研发与服务。

在具体分工上,校内的专任教师主要负责教学组织、教学管理、教学准备以及基础理论知识教学,协助课程团队做好各项教学文件的撰写和整理;研究员主要从研究项目角度出发,科学合理制定教学项目,指导学生完成相关的科研工作,并负责基础科研能力的培养。

4.无人机应用技术专业研究员为主导的教学团队的建立

对于无人机应用技术专业来说,其研场的构成主要依托亚柏公司既有的无人机研发团队以及柏盛无人机研究院的研发团队,可以充分开发学校的教师群体,同时还要引进大量的专业及相关人才,从而成为无人机专业人才的聚集地。

(1)专业层面教学团队。从专业层面讲,目前无人机应用技术专业教学团队主要成员有16人,其中博士4人、硕士10人、企业兼职教师4人、学院研究院双重身份教师14人。围绕无人机的研发制造飞行,团队教师分别担任无人机系统总体设计师、有限元结构分析师、无人机气动外形与结构设计师、航空发动机结构与应用工程师、数据链系统测控设计师、人机交互软件工程师、计算机仿真设计师、智能化导航与飞行控制工程师、无人机机载传感器工程师、材料工艺师、无人机操控手等职务（如图10-14所示）。学院人员、企业人员、研究员人员交叉任职，每个人都具有双重身份，可以将科研和教学有效地融合为一体。

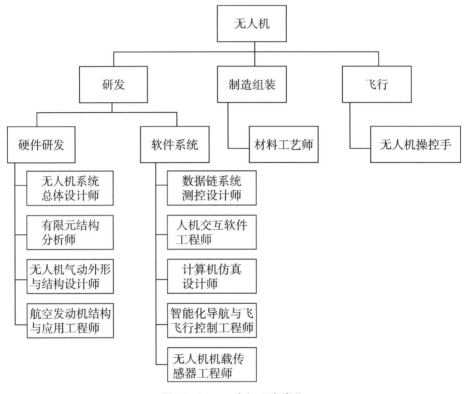

图10-14　无人机研发岗位

　　（2）研究员为主的课程教学团队。科研项目不同,团队成员的构成也是不同的。科研团队的成立主要取决于科研项目需要哪些方面的人,构成的人员不同,但是构成的人员类型却是大致相同的,即都需要有一个项目负责人,若干研究员负责不同专业或领域的研究实践,项目相关文稿类文件的撰写,项目的申报、外协等,研究员为主的课程教学团队在此基础上增加1~2名专任教师,专任教师需具备科研项目所需的基本的专业能力和研究能力,但更重要的是负责整个科研项目开展中的教学相关事宜。因为专任教师了解学校的发展和需求,了解教学的组织和实施,可以协助整个教学团队将科研项目有效地转化为教学项目,并实施。

　　研境教学团队应以研究员为主导,在整个教学团队中,项目负责人即为团队负责人。对于无人机应用技术专业,亚柏公司和柏盛无人机研究院的研究员是科研项目的直接参与者,不仅有着大量科研项目的实践经验积累,同时对于科研项目、科研环境、科研需求等都有更加深刻的理解,对于学生的科研能力和科研思维培养拥有最直接的指导力。因此,他们是整个教学团队的负责人,他们所引领的研究团队也是教学团队的主体。比如在小型多旋翼无人机的研发项目中,教学团队负责人是具有独立科研能力和多年实践项目开发经验的企业高级工程师;在固定翼无人机发射架设计的项目中,教学团队负责人则是研究院引进的具有无人机结构与系统设计丰富经验的项目参与人员;而在某款固定翼无人机地面控制站项目开发中,教学主体则是拥有多年计算机软件开发经验的资深博士。整个教学团队的架构如图 10-15 所示。

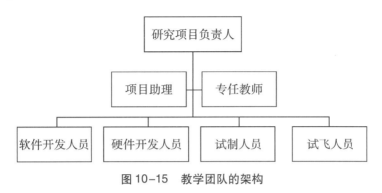

图 10-15 教学团队的架构

(三)学研结合的"六式"研场课堂

在无人机研究院的研境中,主要利用专题综述、进程跟随、作品重现、角色扮演、任务指导、委托代培等形式,教学团队主导推进项目进行教学培养。

专题综述式场境,主要用于在科研项目展开前全面把握行业、专业发展状况,采取的方式通常是进行科研项目的调研工作或相关文献检索,在此基础上形成专题研究报告,对将要展开的无人机科研项目所涉及的专业范围、应用领域、关键技术、发展前沿等有综合性把握,从而为科研项目的展开打下基础。专题综述式场境主要用于刚刚进入无人机专业的学生,通过调研和检索,可以对无人机专业有更加深入、全面的认识。

进程跟随式场境,主要体现在大型科研项目的研发中,可用于初入项目或者经验较少者,通过全程跟随科研项目的进程,全面把握科研项目的基本流程和方法套路;也可用于对科研项目有较多参与,但尚且缺乏对项目整体把握的学生,可以更加深刻地理解无人机科研项目的关键问题。在无人机蜂群项目中,无人机专业部分学生全程跟随,收获无人机研发过程的第一手经历,也直接参与了对飞行准备、试飞中关键问题的解决。

作品重现式场境,主要可针对两类对象,即具有一定科研基础或兴趣的学生和具备一定科研能力的学生,主要是为了培养学生观察、学习项目推进方法,或根据学生情况具体利用难易程度不同的科研项目,让学生以团队的形式重复某一项目的研发过程,检验和提高学生的科研能力和科研思维。在完成两架多旋翼无人机的航路飞行的项目中,对学生采取这种形式,有效激发了学生学习的积极性。

角色扮演式场境,主要是无人机专业学生根据自己的实际能力,以一定的科研角色参与到科研项目之中,有针对性地完成特定的项目任务。在大载荷人工增雨无人机项目中,安排无人机专业学生直接以机体设计师的角色参与到项目的研发中,以机体设计师的身份思考机体的解决方案,如果是在项目中遇到实际问题,随时可以通过与项目组成员直接交流予以解决,大大提高了学生参与科研项目的沉浸性。

任务指导式场境,主要是针对研创项目的学生而设置的场境,在这一场境中,学生从老师处受领科研任务,根据时间自主设计项目研发的整体进度,积极主动地展开项目的研发工作,研发过程中遇到问题时,可以直接获得老师的指导,该形式对学生的科研能力要求较高。

委托代培式场境,主要是由于研究院场境有限或者根据亚柏公司科研条件实际情况,学生在研究院受领任务后到企业进行相应科研项目的研发,有利于充分借助企业的科研资源进行具体项目的研发,也有利于提高专业学生在不同科研场境中的科研适应力。在高层灭火无人机的预研项目中,主要采取这种方式进行,使学生与无人机企业更加紧密地联系在一起。

以上各种科研场境,有时也可结合使用,以提高科研工作的效率,加快项目成果形成的速度。

(四)基于项目工作组的教学组织

研境教学按照无人机科研项目进行设置,学生采取自愿报名及教师推荐的方法进入项目组,每个项目组根据研究项目岗位需求设置不同的工作组,如图 10-16 所示。每个工作组都应包含至少 1 名专业研究员、1 名专任教师、若干学生,如图 10-17 所示。

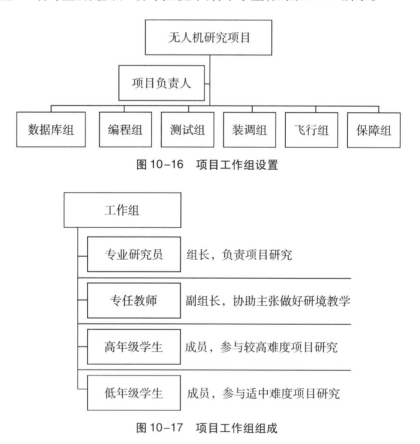

图 10-16　项目工作组设置

图 10-17　项目工作组组成

(五)基于能力递进的课程

每一个科研项目前期都应形成其课程体系规划,按照规划内容,学生分阶段参与不同形式的研境。以无人机蜂群项目为例,其作为专长模块安排在第六学期进行,选择该课程的学生需要先修完"组装和调试多旋翼无人机""操纵多旋翼无人机""完成两架无人机的航路规划"等课程。另外无人机蜂群项目是每年都在进行的研究项目,部分学生可以直接参与到项目中。基于以上情况,整个无人机蜂群项目研场课程在运行时既要考虑前期的人员积累,又要考虑后期的项目提升,同时兼顾项目研发的时效性,其课程运行情况如图 10-18 所示。

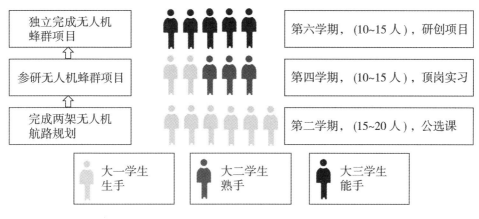

图 10-18　无人机蜂群项目课程运行

（六）以学生为中心的教学方法

传统的讲授法是无法满足教学需要的,研境培养的是学生的批判性思维、创新精神,因此,在教学中应以学生为中心,充分发挥学生的主观能动性,教师提出问题,学生能够自主进行资料搜集、制订计划、落实实施,在这个过程中锻炼学生发现问题、验证问题、解决问题以及文献搜索、资料整理等科研能力。在研场教学中主要采用以下教学方法。

1. 问题—解决教学法

问题—解决教学法是以问题为引导,最终的目的是要求学生提出解决问题的方法,并通过实践解决问题。教师提出研究问题,并给予一定的资料或信息,学生根据问题进行资料的搜集、整理,提出解决问题的对策,通过实践或理论推导,提出解决问题的最佳办法,最终解决研究问题,整个过程可以锻炼学生的信息搜集、知识的活用、问题的批判性思维等能力。

2. 项目教学法

行动导向教学是以职业活动为导向,以学习任务为载体,让学生在活动中学习,在协作中学习,以达到培养学生关键能力的目的。项目教学法属于行动导向教学法的一种,即师生通过共同实施一个完整的项目工作而进行的教学活动。研场课堂中,项目负责人可以根据项目内容,将科研项目分解成若干个小的项目,由研究员带领学生共同完成。研究员提出一个开放性的具有教学价值的项目,学生进行相关知识的搜集,可以是学生自主搜集资料,也可以是教师集中讲解,学生根据完成项目的工作过程制定实施步骤和资源列表,然后按照工作过程完成项目,最后对项目的结果进行评价和改善。

3. 线上线下混合式互动教学

研境教学活动没有固定的教学场所、固定的教学时间、固定的教学内容,所有这一切都会随着科研项目的变化以及科研进度的变化而变化,因此,在整个教学过程中,应借助"融课堂"App 进行线上教学,线下解决问题,利用"融课堂"App 组织签到、发布任务、检查项目进度、测试、评价等,实现"线上+线下"的混合式互动教学。

(七)育人研境教学评价

1. 对学生的评价

对于学生的评价由整个教学团队共同商讨制定考核评价方案,评价主要针对学生在参与科研项目中的日常表现、技能、发现问题解决问题的能力、完成项目或任务的效果、科研态度、科研能力等,考核的标准则是完成该科研项目所需能力素质的整体要求,并在项目开始之初告知给学生,让学生明确考核评价的内容。

(1)评价形式。在研境教学中,对于学生的评价主要是完成科研项目的结果或效果如何,评价采取过程性评价和终结性评价相结合的形式。

过程性评价侧重于对学生项目完成过程中的日常表现以及阶段性成果的评价。阶段性成果主要包括学生实际研发出的产品的实物以及阶段报告。这里重点说明阶段报告的评价。阶段报告是学生对该阶段项目研究过程中出现的问题、解决问题的办法、对现有课程的改进意见等的总结。在蜂群项目的实际研发过程中,出现了很多课堂上或课本上没有出现的问题,而这些问题就需要学生通过思考、查阅资料、不断试错,提出改进的办法,这是在研境中所体现出的独特的知识或技能,通过学生的阶段报告总结,可以将发现的这些问题及解决办法再补充到学生课堂中去。

过程性评价主要是针对学生完成项目的进度的评价。终结性评价侧重对学生整个项目的完成情况的评价,从功能、规范、职业素养、汇报等方面进行评价。不论是过程性评价还是终结性评价都要有明确的、可测量或可观测的评价指标。

(2)评价指标。评价指标的制定一方面对照研发的产品实物的相关要求进行罗列,另一方面针对学生写的阶段报告进行罗列。对阶段报告的评价主要包括是否说明研究过程中出现的问题、是否提出了有效的解决办法、是否提出了对现有课程的有效改进意见、文档是否符合排版要求、是否图文并茂等,从中评价学生的理论知识、实践技能、社会能力和独立能力。

(3)评价主体。评价的主体以研究员为主,研究员针对学生的技能、完成项目的情况进行评价,专任教师更像一个观察员,针对学生在整个项目中的表现进行评价,比如到课率、网上资源的学习情况、发现问题的能力、主动学习的能力等。从专业能力和个人能力两个方面实现对学生的全面客观评价。

(4)评价权重。评价的权重从几方面进行考虑,一是过程性评价和终结性评价的权重,二是研究员和专任教师评价的权重,三是学生自评和教师评价的权重,四是评价指标之间的权重。

对于研境教学,过程性评价应重于终结性评价,科研项目的完成需要若干小的任务进行支撑,每一个任务的完成度都决定了科研项目是否能够顺利往下进行,直接影响项目的完成效果,因此要注重学生完成任务的过程。研究员的评价权重应重于专业教师的评价,这是由教师的不同角色决定的,研究员是研场课堂实施的主体,而专任教师更多的是辅助研究员完成相关的教学任务,观察学生在整个研场教学中的表现。学生自评和教师评价应相当,主要是限定学生要对自己有一个客观的、正确的评价,如果教师评价明显低于学生评价,则以教师评价为准。评价指标之间的权重应以项目或任务的内容为准进行确定,但是不能忽略对学生的社会能力以及个人能力的评价。如表10-1为无人机蜂群项目中"组装F550无人机"任务的评价表。

表 10-1 "组装 F550 无人机"任务评价表

项目	无人机蜂群项目	任务	组装 F550 无人机
工作组成员		指导教师	
学生姓名		工作组任务	

对任务完成程度的评价（研究员填写）

评价指标	标准分值	学生自评	教师评价
机架组装位置正确、装配牢固	20		
舵机调零位、舵角安装位置准确、连杆校直长短合适	20		
电机安装牢固、转向正确、电调固定牢固,插头焊接牢固	20		
对应通道连接正确,接收机模式正确、固定牢固	20		
螺旋桨安装方向正确,安装紧固	10		
遥控器设置和机型匹配	10		

对任务总结报告的评价（研究员填写）

评价指标	标准分值	学生自评	教师评价
能列举任务实施过程中出现的问题	25		
提出了有效的解决办法	30		
能用图文说明问题及解决办法	15		
对课程提出了有效的改进意见	20		
总结排版规范合理	10		

对学生综合素质的评价（专任教师填写）

评价指标	标准分值	学生自评	教师评价
积极主动参与项目或任务	10		
能发现问题,并积极提出或探索解决问题的办法	30		
正确使用各种仪器设备,操作规范,无违规危险操作	20		
工具等及时归位,废弃物及时清理	10		
任务过程中勇挑重担	20		
团结协作,服从工作组安排分工	10		

评价总计

分项成绩	评价指标	总计	权重	自评40%	教师评价60%
	任务完成程度		50%		
	任务总结报告		20%		
	综合素质		30%		
	总成绩		100%		

2. 对教师的评价

在对教师的评价方面,与传统的一门课程只有一位教师的评价有了较大的差异,虽然对教学团队的每位教师的评价是分开的,但又是体现在同一门课程上。教学团队中每个教师的角色、职责、任务都不同,对教师的评价应该由其在教学团队中所起的作用不同而进行分类评价,改进教师教学效果评价方法、优化教师教学效果评价指标,对专业教师、研究员分别设立不同的评级指标,而不应该采用统一的标准进行测量。

(1)评价内容。研境是一个开放的、变动的课堂,因此评价的内容有一些与传统的课堂评价是不一样的,即不能以老师是否按时上课、教学地点是否与课表一致、是否迟到早退为评价内容,而应该更关注学生的学习效果,把学生对课程素质、知识、能力教学目标达成度作为评估依据,使其成为教师教学效果评价的有机组成部分。

(2)评价指标。评价指标按课程的不同类型分别予以建立,对专任教师、研究员分别设立不同的评价指标。

研究员包含项目负责人和一般研究员,对于研究员的评价主要从完成科研项目的能力、效果、教授学生的情况等进行评价。

对专任教师的评价,主要是教学资料的撰写情况,如教学计划、教学进度、考核方案等,教学班级的运行情况,如教学的日常管理、课程的开放情况等。

(3)评价方法与手段。评价的方法与手段除学生评价、教师同行评价之外,还应引入第三方评价,即科研项目成果的需求方或使用方,科研项目一般是由需求方或使用方提出要求,进而进行项目的研究,研究成果的好坏是由需求方或使用方验证后给出的评价。因此在研场课堂中要将科研项目的需求方或使用方的评价纳入评价主体。

第十一章 产业学院育人创境

　　"创"就是基于"产业+专业+研究院",校企共建众创空间,构建培育企业家精神的创新创业场境。产业提供创新创业项目,专业提供创新创业智力支撑,研究院提供创新创业平台,众创空间搞好孵化。在这个立体关系中,产学研融合是基础,创新创业是产学研的目标和归宿,产学研为创新创业提供支撑,创新创业牵引产学研深化。

　　"创"的任务是使企业直接参与"产学研"全过程,减少技术创新的盲目性,缩短新产品从研究开发到进入市场的周期,有效降低技术创新的风险和成本。创新可以带来社会经济的发展,而创业是创新的重要驱动力。通过校企共建众创空间,可以构建培育企业家精神和创新思维的环境。育人创境,顾名思义以"创"为出发点组织而成的教学情境。育人创境是四境教学中具有特点同时又很容易因专业不同发挥出不同"功效"的教学情境。通过对创境的观察、分析,了解在真实教学活动中"创境"搭建、运行方式,以及创境课堂为教学带来的变革与惊喜。

第一节 产业学院育人创境辨析

一、创境之源

　　高职院校肩负服务地方经济、培养技能型人才的重要职责,而创新创业教育也正是立足现实,培养学生创新意识、创业技能的教育,因此对于高职院校而言双创教育可以帮助学生找到实践的载体,将专业技能融入其中且融会贯通,也因此受到各高职院校的重视,但在教学实践中仍存在着诸多现实问题。

(一)高职院校学情问题

　　高职学生大多数时间都在校园里学习和生活(有企业兼职的比例较低,且兼职岗位大多是家教等简单岗位),缺乏社会认知和工作经验。因与现实市场相距甚远,学生的创新思路较为狭窄,无法跟上最新的市场需求,而且大量的创业计划都涉及大而全的产品或服务,主要靠网络查询方式得来的市场信息使创业产品或服务缺乏具体清晰的客户及市场的定位,市场的适用性和创业的可行性相对较低。

　　相比于就业,创业活动对于大学生的综合能力具有更高的要求。创业所需要的综合能力包括敏锐的市场觉察力,高效的资金融通力,过硬的心理素质,良好的判断和决策能力,娴熟的沟通技巧,丰富的组织管理和协调能力等方面。

　　从大学生创业能力的角度来看,创业能力不足是影响大学生创业的重要根源。这种情况的出现是由如下两个方面的原因造成的:一方面,高职院校对于大学生创业能力的培养工作还比较薄弱,导致大学生普遍存在创业能力低下的状况;另一方面,高职学生在校园中缺乏真实的市场环境,导致大学生在创业活动中缺乏必要的经验和能力。

(二)教学目标存在误区

创新创业理解上的误区导致教学目标出现了偏差。目前大众对于创新仍然存在较为固化的观念,认为创新应该是创造出一个全新的前所未有的新物品,是革命性的,而且要有轰动的效果和高大上的呈现形式,否则就不容易得到认可,在比赛中就难以拿到奖项和获得投资。而创造出全新的物品在当今这个快速发展的时代对于高职学生来说是不可想象的,这大大打击了学生的创造力自信和学习的热情,导致了很多学生带着应付的态度来参与教学。教学目标的误区也直接影响了很多一线教师的教学积极性。

大学生的创业意向大多停留在想法上,真正考虑施行的时候又受到资金缺乏、社会经验不足、财务知识匮乏、不懂企业管理等因素的影响,最终打消了创业的想法。大学生对创业的恐惧心理,最直接的原因源于创业心理素质的缺失。大学生长期待在校园里,对社会缺乏了解,特别在市场开拓、企业运营上,很容易陷入眼高手低、纸上谈兵的误区。

(三)教学方法较为传统单一

因为创新创业教育起步较晚,高职教育在教学实践中主要还是在使用三种较为传统的教学方法。一是理论讲授法。即将创新创业的各种理论和方法用讲授的方法输出给学生,使之理解和掌握,如企业如何注册、组织结构如何设置等。二是案例教学法。即用创新创业的实际案例,如校友创业的经历和过程、企业的创新发展等案例,给学生进行分析和讲解,教授如何创新和创业,但因为创业具有独特性和复杂性,市场环境变化太大,很多别人的或以往的成功经验都是不可迁移和复制的,因此学生容易理解但难以应用。三是以赛促学法。为了通过参与和交流,开阔眼界提高水平,各高职院校都自行组织和参与了各层次各领域的创新创业大赛,比如院级、市级、省级、国家级等各个级别的"挑战杯""互联网+"比赛。教师们带领学生参与各类比赛,通过自行准备、专家指导、赛前辅导以及参与比赛、路演、评委点评等多种方式进行项目的打磨,通过实践将少数优秀的项目和团队推出去,得到更多的学习和机会,同时也可能得到项目的投资。但此方法对学生整体的双创技能和素质影响不大,教学效果的普及性不高。

创业能力归根结底是一种实际操作能力,只有在不断的实践中才能够获得和提升。近年,高职院校在学生创业能力培养方面进行了一系列改革,在教学中加入就业和创业方面的相关课程,对于弥补学生创业能力不足起到了一定的作用。但是,这方面的改革仍旧偏重于知识的传授,而或多或少忽略了能力培养中的实践环节。实践环节的缺乏,导致大学生所掌握的创业知识仍旧停留在书本知识的层面,不利于大学生将所学相关知识内化为自身的有益经验,更难以转化为之后创业的实际能力。

针对大学生创业存在的种种问题,究其根源是学生在校的学习阶段与毕业的就业创业阶段完全是分开的,也就是学生创业空间和学习空间的分离。在学校创业,相当于缘木求鱼,是"盆景"。前几年,天津轻工职业技术学院创造格子铺,让学生在校学习的同时都能接触创业,参与创业,这是目前高职教育培养双创人才需要考虑的。

大学生创业成功的要素之一是学习创业在同一空间,同时也是先决条件。学校在封闭的环境下办学,学生在封闭的环境下学习和创业,创业成功率低。提高创业成功率,要有好的项目,好项目一定要符合市场需求,只有在商业环境下才能提供,在学校里是不具备这种条件的。当学校的办学环境转移到开放环境下,学生的创业热情被瞬间点燃,通过与不同人群的接触、思想的碰撞,学生更容易产生创业的想法,积极投身创业浪潮中,创业成功率也有大幅提高。河南机电职业学院在长期的探索中,得出:唯一能解此困境的方法就是"走出去",让学生、教师,乃至校区"走出去",到更广阔的企业空间中去。让在岸上学游泳的人下水训练,才能真正做到知行合一。

基于此,2018 年河南机电职业学院迎来历史性的一刻。商贸物流学院整体搬迁至华南城电商产业园,并更名为云商学院,由此实现了该校大学园区一体化、分布式办学的畅想,开启了河南机电职业学院深化产教融合的新时代,一条独特的以"创境"为引领的创新之路呼之欲出。

二、创境特色

学校大胆创新,突破学校围墙的限制,敢于走出去,参加创业培训,积累创业知识,接受专业指导,提高创业成功率。融入企业,将学校的学习课程融入不同的商业业态环境中,充分利用周边企业的资源,调动教师和学生的创业积极性,使学生从进入大学开始就受到企业文化的熏陶,耳濡目染地接触商业知识。学校力图从根本上解决创业问题。

(一)五种创业形态

学校鼓励学生动手又动脑,提高学生操作力;鼓励学生协同又协作,提高学生社会力;鼓励学生创新又创业,提高学生发展力。创业 Hub[①] 为不同层次的学生提供了五种创业形态。分别是伙计制、创业部落、学生创业社团、工作室制、合伙人制。

1. 伙计制

创业社团组织学生给店铺当学徒,学习商品知识、商业技能、企业文化。帮助商户理货,制定营销方案,提升商户品质。既解决了园区商铺用工难问题,又帮助学生在学徒过程中提升了专业技能,锻炼了初步接触社会的能力。

2. 创业部落

创业部落给学生提供创业空间和交流平台,学生在此进行创新创业思维的交流和碰撞,学生在专业教师的指导下,提出商业创意。根据创意,撰写项目计划书,教师从中挑选出优秀作品,项目负责人组建创业团队,在路演厅学生演说、展示产品、推介理念,向他人推广自己的公司、产品、想法,吸引到更多的投资合作伙伴。

创业孵化为大学生创业者提供良好的工作空间、网络空间、社交空间和资源共享空间,项目在众创空间孵化成功后,独立开办公司。例如云商学院 2016 级学生郝奕霖组建创业团队,在创业孵化环境下,创业成功,成立郑州悦霖保洁服务有限公司,为学校 16 号公寓楼提供物业服务。

---

① Hub,是"中心"的意思,创业 Hub,即创业集聚地。

3.学生创业社团

学生根据合作企业的业态,组成不同的社团,为客户服务。如调研资料社团、店铺营销社团等。在创业过程中涌现许多创业之星,如2016级电子商务专业学生宋贺银,进入华世界集团实践以来业绩保持前三名,提前转正并晋升为商户业务部主管。

4.工作室制

学院建立了工作室制度,教师成立公司,带领学生创业经营。同时为每个工作室配备学生创业团队,教师带领学生团队在共享办公区域交流想法,碰撞思维的火花。工作室制教学更加注重通过参与设计实践项目,充分发挥学生个体主观能动性,在知识体系有意义构建的过程中,培养学生分析问题、解决问题、创新思维的能力。

5.合伙人制

为帮助学生自主创业,学校与郑州华南城有限公司免费提供150间店铺,林景店社区出资装修店面,合伙企业提供商品,学院师生负责线上线下运营,经营产生利润由四方分成,探索出一种新的商业零售模式。

(二)创新与创业的融合

创新与创业在关系上不是简单的叠加,而是学生应该具有创新理念意识,具有创业能力的教育。创新创业教育应该主要包括以下几个方面。

1.培养"双创"意识

"双创"意识是精神塑造的表达核心,对"双创"教育过程起着指导性作用,是学生学习"双创"教育的动力,是开展"双创"活动的指向标,是学生"双创"能力培养的指向与支撑,是"双创"教育实施的基础。"双创"意识一般包括兴趣、动机、思维等,"双创"意识是经过主客观环境的科学分析、总结和升华而产生。通过企业家问与答、企业家星火计划等形式定期邀请具有"双创"经验的企业家给予指导,并以成功案例的形式来展示,激发学生"双创"意识。

2.塑造"双创"精神

"双创"精神教育强调学生要具有自信心、进取心、责任心及积极向上的心态,要求学生能够进行独立探索并具有敬业精神,侧重一种情感与态度的表达。将创新创业项目、竞赛课题和获奖作品引入课堂,在启发式和讨论式的基础上,推行研究式和案例式教学方法,将教师的科研和大赛引入课堂,采取课堂讨论、专题研讨、案例分析等多种形式,改革教学方法,充分开发学生的创造潜能,培养学生的"双创"精神。

3.提高"双创"能力

"双创"能力是"双创"精神的外部体现,主要靠后天培养,"双创"能力主要包括"双创"认知能力、专业职业能力、社会能力等方面。"双创"教育课程除了传统的课堂、教师、课本教学外,还应当增加社会调查、案例分析、讲座互动、创业模拟、商业实战等模式,通过在课程内容及形式上的创新,来提升学生的"双创"能力。

4.增强"双创"知识教育

"双创"知识要求主要是帮助运用者规避一定的风险,帮助他们做出科学规划的系统知识。作为学校,要加强对学生的"双创"知识教育,让学生懂得"双创"是什么、"双创"包含什么、"双创"有什么要求、我们应该怎样参与"双创"。

5.“双创”实践活动

“双创”实践活动是“双创”教育开展的重要载体,“双创”实践活动一般要求形式多样,能够将理论与实践相结合,把知识和能力相结合。“双创”实践者所需的知识是结构化的经验、价值、情境信息与其创新、创业直觉的非固定混合体,它为“双创”实践者评估和利用新的经验与信息、知识提供约束的环境和框架。因此,“双创”实践者知识的吸收和利用是不可能脱离“双创”实践者的活动情境而抽象存在的,知识的吸收和利用应该与“双创”实践者的创新、创业实践活动的情境紧密结合起来,实现知识服务与认知情境的契合,这样才能了解用户接受知识服务而赋予其学习和创新、创业的意义,促进“双创”实践者把新接收的知识迁移到创新、创业情境中,进行知识的内化和实践应用。在实际中可采用“项目+导师+学生”的培养模式,将以专业为依托、以需求为导向的项目作为载体,通过选拔学生形式开展“双创”实践活动。

第二节　产业学院育人创境搭建

一、搭建准备

“双创”是以创新为基础的创业活动,是创新与创业的有机融合。创新强调的是创造性与原发性,而创业是在创新的基础上,通过实践获取经济效益。创新是创业的基础和原动力,创业是创新的实践和拓展。以创新带动产业,在生产实践中创新思维,实现产业促进创新的良性循环。

(一)培养体系

形成“课程、创新创业、基地”三环节的人才培养体系,创境教学以学生为中心,在课程建设方面形成“启蒙、进阶、专业、实践”的课程体系。在课堂夯实理论基础知识,通过通识教育扩展学生视野、孕育创新精神;以创新创业课程、创新创业竞赛、专家讲座等形式进行进阶教育,形成创新思维及创新创业实践能力。将专业教育融入创新创业教育实践中,提升创新创业能力;结合不同专业特点大力联合并推进专业实践基地、创新创业平台、创新创业型企业共建。学生在企业中跟进企业项目,针对企业实际提出创新思想,将创新创业竞赛中的思维能力运用到实践中,并在实践中验证创新创业的可行性。高职教师与企业技术人员充分交流合作,共同解决实际问题,协作培养创新创业型技术技能人才。

(二)改革教学

创境搭建过程中,教师发挥引领作用,因此,在教师层面要深入推进教师知识体系、教师教学方法、教师培养目标的改革。对教师群体加强创新创业教育内涵及提升“双创”人才培养模式的培训,鼓励并资助专职教师走出校园,融入企业文化,明确企业的需求及技术难点。在教学环节提高教学质量、实践联系理论、创新创业立足实践。做到教师、教学方法、教材的有机整合,实现教学有新意、创新有依据、创业有途径的全面的“双创”人才培养。以“双创”

人才培养为途径,打造高效的人才选拔、精英化的人才培养机制,拓宽人才的就业模式,引领创新带动创业。

(三)扩建创新创业基地

扩展或建立校内校外联合创新创业基地,为学生和教师及企业导师提供交流及实训的平台。带领学生在创新创业基地进行"双创"实践活动,提高动手实践能力。引入国内知名企业公司共建"双创"基地,为创新创业活动提供实践指导经验,将实训创新创业活动与理论相结合,发挥高校、创新创业活动基地的双方优势,使学生获得创新创业资格认证的同时,具有实践创新的能力和经验,培养素质全面的新工科人才。同时,入驻的国内知名企业根据实际的创新创业成果的应用效果进行反馈,对创新创业活动进行修正及优化,发挥创新创业活动的作用,增强高校及创新创业基地的联系紧密度。对进入创新创业基地的学生进行严格把关筛选,甄别具有创新能力的学生,另外创新创业基地对进入基地的学生进行严格考核,最大限度确保人才在企业中快速融入、成长及发挥作用。

二、搭建要求

(一)将创新创业教育与培养方案深度融合

高职院校应强化顶层设计,使培养目标顺应时代发展要求,将创新创业教育融入培养方案,制订涉及创新创业的培养计划,设置类似"大学生科研训练计划""社会实践"等专门育人机制,单独设立创新创业学分,并通过对学分的认定来确保创新创业的育人成效。

在国家"大众创业,万众创新"的政策背景下,以创业教育融合素质教育、专业知识教育和创新教育核心思路,贯穿创业指导全过程,结合"互联网+"时代创业特征,将互联网教学资源、通用创业课程、产业方向和创业基地相结合,构建"互联网+创业体验+专业孵化"课程体系。

1. 创业意识与基础课程

主要培养学生的创新精神、创业意识和创新创业能力,将创新创业教育内容融入人才培养环节中,并纳入学分管理。强化创新创业教育与物流专业教育深度融合的课程内涵建设,充分挖掘专业课程中的创新创业教学资源。

2. 创业体验

创新创业教育需要更多的感性体验,并且环境需要能启发大学生的创新创业行为,因此创业导向人才培养体系的设计不能只是依靠高校自身,还需要当地政府以及产业资源配合,共同搭建知识平台、创客平台、孵化平台,采取体验式教学、现代学徒制、工学结合模式开展。

3. 创业孵化项目

创新创业课程体系由"创业课程""专业课程""创业孵化项目"三大板块构建,各板块环环相扣,相互促进。促进人才培养由单一型向多学科融合型转变,探索创新创业教育与物流专业教育的深度融合新机制。该课程体系培养的理念是让学生具有专业积淀、创新思维及创业气质,培养学生的创业意识和创新能力,使投身创业实践的学生显著增加。教学形式不拘一格,体现实践性、开放性、灵活性、多样性。教学内容体现创新创业精髓,引导学生将理论与实践知识融会贯通,探求如何将创业精神和专业能力迁移并应用到实际的工作或创业中①。

(二)依托创新创业教育平台创新实践育人方式

实践是认识的来源,所以要创新实践育人方式。创新创业教育平台,以实践为扩展,学校、学院统筹创新创业服务资源,要充分利用现有学校资源,举办创业技能大赛、创新创业类竞赛等,努力拓展校外资源,对接政府、企业,并与其建立合作关系,推进创新创业教育知行合一。同时,可以重点联系与学校、学院有产学研关系的社会企业,搭建创新创业指导平台,将新时代创新创业理念引入校园,实施创新创业训练计划,开展强化学生创新创业体验认知到创新创业实践的可持续精品项目。此类创新实践培训更能使学生的创业理论与创业能力得到锻炼与提升,培养出具有创新精神、创新创业能力的高素质高水平的人才。

(三)聚焦创新创业课程实现人才培养革新

1. 课程类型由通识课程向专业课程转变

现在的就业创业课程还属于通识课程,采用传统课堂形式,对所有的学生实行整齐划一的就业创业教育。而在创境下,学生的就业创业教育则根据学生专业、个性因材施教。就业创业课程不再实行大班课程,而是根据专业区分讲课内容,逐渐向专业化课程转变。学生也不再只坐在教室里听就业技巧、创业理论,而是在对自己专业甚至心仪岗位的了解基础上,走进与学校深度合作的企业进行实践。如机电一体化技术专业 2018 级学生在进入校企合作的分布式办学点之前,就经历了人生中第一次求职。他们要在学校合作的四家企业中,选出自己心仪的企业和岗位,针对这个企业准备好一切自荐材料,通过面试才能够顺利进入下一阶段的实习。在这个过程中,招聘信息、生涯规划、分析优劣势、准备自荐材料、面试等每个求职所需实践阶段都穿插着就业指导课程。教学过程实现理实一体化,突出专业化和个性化。

2. 课程内容由结构性知识体系向综合性知识体系转变

现在的就业指导课程教材更多还是用学科思维编写,呈现出结构性知识理论,知识被章节割裂开。然而,学生就业创业过程是一个综合实践过程,更应以综合性知识体系形式进行课程建设。创境下,就业创业课程为任务学习、行动导向的综合课程。学生在每个环节学到最实用的职场技巧、职场素养。如顶岗实习应聘前,学生须做简历,此时的就业创业课堂上主要讨论简历编写,学生制作的简历能及时获得合作企业审验。如果应聘没有通过,企业教师会进行现场点评。整个过程学生的能力和知识都得到锻炼,更能提高学生就业的能力。

3. 课程评价由单一的阶段性评价向综合性的过程评价转变

课程评价是确定课程与教学计划执行后达到教育目标的程度。就业创业课程目标就是令大学生"树立正确的成才和就业观念",完成身份转变,成功就业。现在就业指导课程较多沿用传统的单一的出卷考试的评价方式,这种评价方式无法真正测试出学生的就业创业能力。在创境下的就业创业课程采用校企联合的课程评价模式。学生在企业中学习,在生产

---

① 谢如鹤,刘广海,王满四,等.基于创业导向的物流管理专业应用型人才培养模式改革与实践[J].物流工程与管理,2012,34(07):142-145+53.

线上学习,同时研究实际生产问题,进行实际的创新创业,完成"产、学、研、创"一体的学习过程。就业创业教育也贯穿其中,由校企教师共同进行评价,企业评价也不仅仅是生产部门的,更有人力资源部门的全面考核,形成"学校教师+产线技师+人资专员"的多元立体化评价制度。

4.课程师资由单一师资向多元师资转变

就业创业课程师资一直是困扰高校的难题之一。现实中,大多由思政课专职教师、思政辅导员担任该课程教师。这些教师多数没有就业创业经历,学生难以对教师产生信服感。创境下的就业创业课程,是"理论+实践"的课程,师资力量由校企共同组建。学校教师深入企业一线,了解学生的专业岗位情况。企业生产部门与人力资源部门都分别有导师对学生的职场专业技能和职业生涯发展提供帮助,企业高管从"创业"角度进行言传身教,培养学生的企业家精神。校企双方多元师资力量,对学生进行多角度立体化的就业创业教育。

第三节　育人创境案例——以文化创意与策划专业为例

文化创意与策划专业依据设计类用人单位对创新能力,独立分析、解决问题能力要求高的特点,结合企业对毕业生创新能力、分析能力、软件应用技能等专业要求,通过搭建育人创境培养具有创新思维能力、企业家精神的创业型设计人才。

为了使学生能够在学习中迅速成长为专业技能与职业能力俱全的创业型人才,在育人过程中引入真实设计项目作为实践项目锻炼学生的各项专业技能,需要邀请企业一线人员参与教学,帮助学生快速成长,营造企业真实创业氛围,使学生快速适应企业工作节奏,养成良好的职业习惯,能快速融入行业。

一、搭建基础

以文化创意与策划专业"文创产品开发与设计"课程作为载体搭建创境。

(一)项目载体

1.市场的需求

文化创意设计是指将文化创意内容作为终极消费产品的产业,是将文化创意经济内容化、实物化的产业。当前经济全球化趋势不断加快,创新能力是在发展过程中对设计师提出的更高的要求,同时文化艺术对促进社会经济发展有着积极的影响,这种将艺术与科技融合,利用创意将艺术与文化转变成核心生产力的产业逐渐被社会所重视。近年来,文化创意产业在各领域持续、深入地发展,产业的繁荣形成了极具潜力的创新人才需求。自"大众创业,万众创新"提出之后,关于文化创意的探讨、项目逐渐频繁而热烈起来,文化创意从一个无论是对学界还是业界来说都有些小众的领域变为"双创"浪潮中最百搭的行业,尤其是对于最能体现文化、创造价值的产品设计行业,也由此产生大量的人才需求。

以目前发展较好的博物馆文化创意产品发展为例,目前我国做得较好的如故宫博物院、中国国家博物馆、苏州博物馆等,每年推出文化创意产品百余款,同时与多家设计机构或独立设计师合作,对文创设计的需求量巨大。

河南拥有全国重点文物保护单位百余处、世界文化遗产项目 5 项,有郑州、开封、洛阳、安阳四大古都和多座历史文化名城,其历史文化积淀深厚,可挖掘的文化内容丰富。而目前河南省文化创意产业的发展处于初级阶段,部分旅游开发企业已经意识到文化创意开发对于当地文化传播与经济发展具有较大推动力,因此对文化创意产品设计从业人员的需求也在不断增大。

2. 创新创业的需求

文化创意产品设计是在深挖文化的基础上展开创意设计的,一方面,要求设计师具备一定的文化素养,能够独立钻研,对事物保持一定的好奇心,对新科技有敏锐的触觉,要有创新精神和勇于打破传统思想的魄力,需时刻保持谦虚好学的心态;另一方面,在项目设计的过程中设计师要与项目甲方沟通设计方案、讲解设计理念,寻找合适的加工材料与加工工艺,与产品加工者沟通,共同完成设计样品及最终的产品。

不论是在设计活动中的创新能力,还是解决问题、与人沟通的能力,这些不仅仅是作为设计师应该具备的素养,同时也是成为一名成功创业者应具备的能力。

3. 工作室项目的需求

设计学院实行工作室导师制教学模式,以工作室为基本教学单位承担并开展教学活动。各个工作室以实际项目为切入点,工作室为创境场所,融入课程理论知识,在创新创业过程中掌握设计技能。

"文创产品开发与设计"课程是设计学院松鼠设计工作室结合工作室所承接的河南博物院文创产品开发项目开设的设计实践课程。一方面该项目周期较长且需要集思广益收集好的创意,另一方面完成该项目需要调研、提出创意方案、优化方案细节、制作推敲模型、完成设计样品等一系列的工作,满足学生在设计实践活动中进一步完善设计技能、快速与专业岗位衔接的教学需求。同时,该项目注重设计创意,对设计者与客户的沟通能力与解决问题能力有一定的要求,且这对于提升设计从业者创新创业的能力具有很大帮助。

(二)人才需求分析

1. 职业技能与素养培养分析

将文创产品设计师双创能力的培养作为教学目标,与企业沟通,在真实的文创产品开发项目中找出技能点重点培养。以河南博物院文创产品开发项目为例,主要流程为:了解项目—了解博物院文化—找出具有特点或代表性的文化内涵—深入了解相关文化—分析并找出文化点—根据文化点做出创意表达—产品方案设计—产品方案推敲—绘制效果图及技术图—制作样品—合并并挑选出重点环节。如图 11-1 所示。

图 11-1　设计流程环节示意图

以上流程经技能分析与提炼提取为以下的技能点:沟通能力,思考解决问题的能力,调研分析能力,学习能力,创新思维能力,产品快速表达能力,计算机软件绘图能力,模型制作与加工能力,材料与加工工艺知识的掌握情况,组织协调能力。如图 11-2 所示。

其中,沟通能力、思考解决问题的能力、学习能力、组织协调能力贯穿整个项目设计过程,是学生的综合素养体现,也是保证设计顺利完成的基本能力。良好的综合素养为学生奠定了良好的工作基调,帮助学生准确找出设计着力点与出发点,在遇到困难时能自主有效地解决问题,持续稳步地完成设计工作。

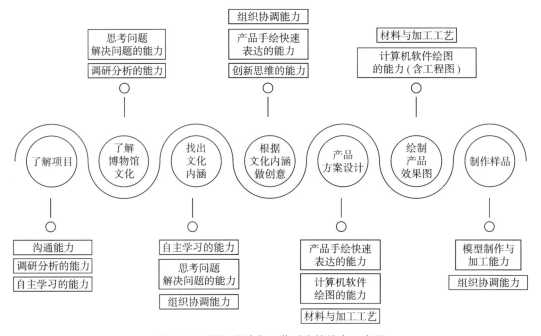

图 11-2　项目设计各环节对应技能点示意图

创新思维能力、产品快速表达能力、计算机软件绘图能力、模型制作与加工能力、材料与加工工艺知识的掌握情况为专业技能,也是依据设计流程的发展逐步完成的。优秀的专业技能与丰富的专业知识为实现设计构想提供了平台,创新思维能力将分析所得的文化亮点变为绝妙的创意构思,产品快速表达将绝妙的构思呈现在图纸上并不断地完善、美化,计算机绘图软件将最终的产品呈现出来,并为下一步的生产做好充分的准备,各种知识如家居产品常用材料及加工工艺的知识储备,帮助设计师找出最适合制作产品的材料与方法。

所有技能与素养在项目设计的过程中环环相扣,相辅相成,这些技能在之前的课程中都学习过。本课程需要学生在工作过程中不断提高自己的职业素养,发现专业技能的不足,从而进一步全面提升专业能力;导师需要根据学生在实践过程中出现的不足之处,因材施教,帮助学生成为具有过硬专业技能、优秀职业素养,具备开拓进取精神,满足时代需求的创新创业型设计人才。

2.创新思维培养分析

随着科技的进步,社会的发展,每一个国家的经济发展都离不开创新精神与创新思维,高质量的经济发展与高质量的创新经济的发展密不可分。具有创新思维,具有企业家精神的人才是社会对人才的核心需求。

文创产品设计是文化创意产业中的一个重要的环节,创新思维是设计师必备技能,在设计实践中完成创新思维的练习能够快速且有效地提升学生的创新能力,且有助于技能的举一反三,有利于学生通过创新思维合理有效地解决各种问题。

二、创境设计

在对课程及项目充分了解后,我们将“文创产品开发与设计”课程定位为:培养对项目流程有所了解,能够参与项目调研与设计,独立思考,具有创新能力和创业精神的文创设计师。

围绕培养目标找出关键点如下:①文创设计师对创新能力要求较高;②文创设计师创业概率较高;③真实的设计项目能激发学生创作,促进学生反复练习技能;④真实的工作环境能激发学生创作的积极性;⑤企业导师一方面能够帮助提升学生技能,另一方面能够开阔学生眼界,还能在项目过程中培养学生的职业素养与企业家精神。

通过以上目标的确定,明确培养方式,即为课程与学生打造育人创境。在打造设计专业独特育人创境过程中参考建构主义教学理论与深度学习理论,以“工作室制”教学方式作为表现方式打造具有如下特点的创境:

(1)以设计学院天工众创空间中的松鼠设计工作室作为教学活动展开的阵地,通过上下班签到、工作室固定工位等方式,形成真实的设计公司工作场景与氛围。

(2)将客户、企业导师、生产导师引入项目团队,形成多元化的导师队伍,多角度全方位提升学生各方面的能力,在项目实施过程中不断对学生渗透职业素养与企业家应具备的能力。

(3)学生掌握项目自主权与选择权。课程开始之初,在对学生现有水平了解与评估的基础上,精准把握学情,通过发布对于学生现有水平有一定挑战的设计项目,学生自主选择项目进入工作室,提升学生的学习积极性。通过与客户直接交流,设计师与导师共同辅导学生等方式,使学生能够在真实的创业情境中更有信心更有兴趣地主动构建自己的知识与技能经验,形成知识体系和创造性的思维。

(4)同一项目同一时间内,多组平行展开设计,争取得到客户的青睐。有助于培养学生的竞争意识,使学生在各方面都能得到快速提升。

(5)工作室营造创业氛围,与客户讨论方案的商业氛围,与企业导师学习专业技能的学习氛围,利于学生形成良好的职业习惯,对企业家精神有进一步的了解与思考。

总体来讲,“文创产品开发与设计”课程创境的打造是以学生作为主体,导师为引导,打造真实的设计工作环境,在真实的项目设计工作中使学生自主思考、自主探究,建构具有个人特点的知识与技能体系,从而实现学生深度学习,遇到问题能够独立运用所学知识与技能解决问题,最终使学生在专业技能、职业能力、职业精神等方面得到全面提升,从而培养出技能水平突出、职业道德优良、具有企业家精神的创新创业型人才。

(一)成立导师组

本课程导师由四方共同担任,分别为工作室导师,即本课程的主导教师;项目需求方导师,即河南博物院产品开发部门人员,我们称其为甲方导师;企业导师,即有丰富设计经验的企业一线设计人员;产品技术导师,也就是在设计实现阶段的模型技师或生产技师。各方导师可以为一人,也可以为多人,如为了使项目需求更加明确,便于项目沟通,我们将甲方导师设置为一人,而为了满足不同设计方案的顺利实施,工作室导师会根据学生的需要,合理安排多位技师分别指导学生完成项目。

(二)教学环境

为了能够为学生营造一个良好且真实的创境,我们分别从以下几方面打造教学环境:

(1)空间环境:为学生提供设计学院天工众创空间、松鼠设计工作室、众创咖啡厅、图形创意工作室等地点,满足学生上课、查阅资料、讨论、制图等需求,使学生具有真实的工作体验。

(2)师资团队:多维导师团队,企业一线从业人员与创始人共同辅导学生,使学生多方面得到提升。

(3)氛围营造:通过每天上下课打卡签到,每周固定时间全天上课,消除45分钟课时概念,平行小组同时设计开发产品,用产品竞争客户等方法营造出企业工作氛围。

(三)教学设计

本课程的授课流程与传统授课流程不相同,课程初导师项目路演学生自选课程;课程中学生体验真实项目,多位导师辅助引导;课程结尾学生整理作品展览销售。

1. 工作室导师项目路演,学生自主加入,形成创新创业真实环境

第一阶段,为了进一步调动学生的积极性,营造真实的创境,经过研讨,在课程开始之初学生自主选择并参与工作室项目。

课前,工作室导师总结该工作室项目并挑选适合课程的设计项目,制作路演PPT。

第一周(第一天),集中所有学生,导师介绍工作室及项目情况,以工作室合伙人的身份招募共同创业的学生;学生根据工作室路演的项目介绍,选择自己认同的项目并加入该工作室。

第一周(第二至第四天),工作室导师详细介绍各设计项目,解答学生问题,指导做好设计资料的收集工作;学生在各工作室了解项目,整理资料,对不同工作室多个项目感兴趣的学生,可通过试课的方式每天课上选择一个感兴趣的工作室了解项目。

第一周(第五天),学生上报工作室导师确定参与的项目,工作室导师汇总工作室名单,上报至教研室。

通过路演发布项目、招募创业合伙人的方式,使学生掌握课程的主动权,大大提高学生学习的积极性,学生在课程开始时成功进入与导师共同创业的设计师角色,为之后教学场境的设置、教学活动的展开打下了良好的基础。同时试课环节不但使学生对项目更加了解,也提醒学生需要谨慎面对设计项目。

2. 设计项目展开,学生在多维导师辅导的设计过程中全面提升

第二阶段,进入项目开展阶段,各组学生首先在各位导师的帮助下明确选题,分组,适应工作室课程作息,然后依据项目设计流程与时间制定项目实施进度表。在项目开展阶段,工作室导师作为课程主导教师把控项目进度,同时了解每一组学生的学习进度、能力优势与能力劣势,随时根据学生的进度或遇到的问题给予帮助或调配适合的企业导师帮助解决问题。

而各位企业导师除了在规定的教学时间出现于教室授课提供帮助外,平时也要多关注学生的学习动向,通过线上线下的方式帮助学生给出问题解决方案,提供参考资料等。学生通过真实的设计过程熟悉常规设计流程,在真实的设计活动中构建专业知识体系,通过自主探究,与导师探讨,与同学讨论,全方位地提升自己的设计技能。最终,随着设计作品的现实化、模型化等工作的展开,整个课程接近尾声,最终学习成果将以项目报告形式展现。

3. 设计完成,学生通过展览向企业推广作品,销售作品

第三阶段,项目设计完成后,所有的作品首先通过展览的形式在校内外展示,在展示的过程中学生可以销售自己的设计作品(在与项目合作企业谈好的前提下),通过销售接触到更多的产品零售信息,如使用人群、文化输出点等,同时通过售卖为自己做广告和宣传,有助于学生的创业。随后与项目合作企业沟通协调,使学生作品真正转化为商品。

(四)分段、综合、实时评价

课程采取注重过程的分段、实时的评价方式。一方面协助教师全面评估学生的学习成果,快速调整教学策略,提高教学效率,提升教学效果,另一方面使学生在学习过程中快速调整知识结构,从而帮助他们积累高质量设计经验。根据设计项目的需要,每周设计多个评价环节。首先是每周课程开始与课程结束的工作进度汇报,每组学生在工作室面对全部学生与各位导师汇报本组本周工作内容、设计进度、设计成果,完成后导师根据工作完成情况给予反馈评价,同时组间互评,找出每组优势与缺点,从而为进一步完成工作打好基础。其次,导师在教学时间内有目的地参与每组设计讨论与实施工作,快速得到学生对知识的掌握情况,对技能的应用情况,并根据具体情况,帮助每组找出问题与解决问题的方式方法,使设计项目能顺利展开,进而使学生全面提高专业水平与各项技能。

此外,借助网络教学平台、网络交流平台,消除时间与地点的界限,提高导师与学生间的沟通效率,学生在工作过程中的问题可以通过学习通 App、微信等工具及时得到解决,导师可以通过以上软件实时检查学生的工作进度,为学生传送学习资料。

课程最终不设置考试,以产品设计展览替代传统考试,展览面向社会,每一位来看展者都可与设计者沟通,给学生最直观的来自社会的评价,使学生全面了解自己作品的市场认可度。同时,该展览也是市集,每一件作品都明码标价出售,通过售卖的方式可以更直观地展现出产品的优缺点,哪件作品受欢迎,哪件作品关注的人少,通过销售记录明确显示出大众对产品的接受程度,一方面该数据作为学生设计作品成功与否的依据之一,另一方面也将作为最初始的市场数据提供给博物院,以助于对产品进行进一步的修改。

第十二章 产业学院场境建设反思与展望

"产"是基础,基于"产"办"学",形成育人的"产境"和"学境";基于"产+学"办技术研究院,形成育人的"研境";基于"产+学+研"办众创空间,形成育人的"创境"。学院将传统学校教育彻底改造成产教融合、校企合作的四境,学生在四境中,承担四个不同角色,有四项相对独立又协同开放的学习内容,同时分别接受企业工程师、学校教师、研究院研究员、众创空间的企业家等"四导师"的指导。

"四境"推动产教深度融合,推动学院综合实力全面提升,将为扩大就业创业,服务经济转型做出新的更大贡献。

在四个育人场境中,产境是研境、创境的需求来源和服务对象,学境是研境、创境的基础和产境的知识化、理论化,研境是动力源泉,是更高层次产境、学境、创境的推进器,创新创业是目标是结果,是产学研成果的社会化体现。

第一节 产业学院场境建设反思

在 2018 年召开的全国教育大会上,习近平总书记指出,要深化办学体制和教育管理改革,充分激发教育事业发展生机活力。要提升教育服务经济社会发展能力,调整优化高校区域布局、学科结构、专业设置,建立健全学科专业动态调整机制,推进产学研协同创新,积极投身实施创新驱动发展战略。大力办好职业院校,坚持面向市场、服务发展、促进就业的办学方向,推进产教融合、校企合作,培养更多高技能人才。

"产学研创四境育人模式"创设了四个场境,"产"表征产业场境,"学"表征教育场境,"研"表征科研场境,"创"表征创新创业场境。四条主线涵盖了"产""学""研""创"四类场境的活动,即产业企业及其生产活动、职业院校及其教学活动、研究型成果及其科研性活动、创新创业活动。这种通过创新传统职业教育单一育人主体模型,改革职业教育与社会、企业的沟通机制的做法,是完善现代教育体系、创新办学模式的重要举措。

新时代职业教育"产学研创四境育人模式"是在产教深度融合背景下,基于职业院校、行业、企业、科研机构和众创空间等场境,充分发挥多种不同教学环境、资源及其在人才培养方面的优势,融生产性实训、教学、研发和创新创业于一体,把学校教育与生产实训、科研实践、创新创业有机结合的教育形式。其主要体现在以下方面。

一、职业院校方面

(一)培养高素质劳动者和技术技能型人才

建构受教育者的知识、技能、素质等职业能力体系是"产学研创四境育人模式"的人才培养目标。该模式围绕理论与实践教学交互式开展,在职业环境中培养学生的责任意识和综合职业能力。

(二)完善专业现代化建设

专业的现代化建设是持续发展的动态过程,这决定了"产学研创四境育人模式"既要与社会的现代化水平、职业教育的现代化发展趋势相适应,也要通过自身的探索促进职业教育的改革与发展。由此,学校一方面要提高专业与产业结构覆盖与对接程度,另一方面应完善专业与产业的结构布局。

(三)创新课程体系结构

课程是职业教育内涵建设的核心环节。在"产学研创四境育人模式"下,需从实践的角度予以审视。第一,课程开发。这是课程建设的前提和基础,涉及课程标准、职业能力标准开发的广度与深度,决定了人才培养的规格和内容。第二,教学资源整合。充分整合行业企业、学校的优势硬件资源,实现知识、技能等隐性教育资源的整合重构。第三,课程体系的架构。学校完善并创新课程体系结构,丰富教学内容,为学生提供实践机会。

(四)提升师资队伍建设水平

在"产学研创四境育人模式"下,需破除校企的分界线,实现深度融合。第一,教师要深入企业生产实践,了解并掌握岗位技能,提升职业素养,进而在教学内容、方法等方面实施改革,提升教学质量。第二,教师要通过参与企业产品开发、技术研发和生产改造,完善知识结构和能力配备,实现专业理论和实践能力的科研成果转化。第三,教师要与企业工程技术人才相融合,助力校企双方的师资和技术人员的培养和储备。

二、企业方面

(一)增强企业市场竞争力

随着科技的发展,技术与市场的复杂性和不确定性与日俱增,企业所面临的技术创新风险和投入成本日趋增加。多数企业很难完全依靠自身力量规避以上问题。"产学研创四境育人模式"通过"产学研创"的良性循环,实现企业的可持续发展。

(二)优化企业人力资源

企业的竞争归根结底是人力资源的竞争。通过"产学研创四境育人模式",企业一方面通过与职业院校的合作,获取人力资源的优先挑选权,为公司发展储备人才;另一方面通过职业院校开展在职人员培训,为企业优化人力资源提供便利。

(三)提升企业形象

企业参与"产学研创四境育人模式"改革是具有前瞻性的战略选择。此举可以是人员招聘选拔和人力资源开发的手段、满足用工需求的途径、解决技术攻关的方式、获得职业证书的工具等,与有形可见的"回报"相比,还可获得提升企业知名度和美誉度等无形价值。

三、受教育者方面

(一)强化理论和实践学习

职业教育过程中,"产学研创四境育人模式"深化了教育方式的改革。一是培养过程以企业项目为载体,综合了理论知识、实操技能、个人素质和职业能力等多方面内容。二是基于工作过程系统化、现代学徒制等方式,实现了理论与技能分时段交叉学习和学校专业培养与工作岗位训练的结合,真正解决了校企共育人才的难题。

(二)培养综合职业能力和素养

职业教育长期被误解为只需培养学生未来适应岗位的能力,满足就业需求即可,使其陷入了单纯培养技能的误区。随着"中国制造2025"战略的实施,高素质、跨专业复合人才需求广泛。"产学研创四境育人模式"可满足行业、企业对员工综合职业能力的要求。

(三)促进个人职业生涯发展

教育本身是事关个人终身发展的社会活动。"产学研创四境育人模式"将学生的个人职业培育与终身发展相连接,助力学生职业生涯规划与管理,帮助学生树立职业品质、团队精神和自我管理意识等职业素养。

第二节　产业学院场境建设展望

一、提出"三即"办学理念,构建校企协同育人"线场"模式

以合作企业需求为导向,校企联合制定人才培养方案,学习者入学即明确职业生涯规划和就业方向;根据工作岗位能力要求进行职业能力测试,依据测试结果获取个性化学习方案,实现入学即入职;学习者在企业真实场境中,完成真实岗位工作任务,工作过程即是学习过程,学习过程又是工作过程,保证学习即上岗;学习者职业能力不断提升,达到岗位能力要求,形成个人能力画像,借助合作企业的岗位资源和产业优势,从企业工作邀请中挑选岗位,实现高质量就业创业,形成了校企协同育人"线场"模式。

二、确立"三转"实施路径,实现校企资源融合共享

在企业的厂房、设备、产品、工艺等生产资源上叠加教学功能,把生产资源转化为教学资源,教学资源的成果形式主要体现为课程;用定制课程撬动企业的员工培训,用培训牵引学校的学历培养,实现培训培养一体化,把教学资源转化为人力资源;培的企业适用的在岗员工、后备人力回到或走到工作岗位上,回归再生,把人力资源转化为企业的生产资源,形成一个螺旋上升的育人闭环。通过校企生产资源、教学资源和人力资源的深度融合,实现了课程与场景岗位对接、教学过程与生产过程对接、培训和培养的对接、人才培养和人力需求的对接。

（一）将企业生产资源转化为教育教学资源

企业投入办学场地、资金、技术人员、生产线、新技术、新工艺和新产品，学校根据企业需求开设专业、提供管理经验、支持办学经费等，企业主导、学校主体共建产业学院。双方投入办学资产的所有权、管理权、使用权实施"三权分置"，明确各自投入产权归属，以解决双方后顾之忧；依托产业学院在企业工作岗位上创设真实、鲜活、先进的职业场景，实施线场教学，学生入学即在企业鲜活的场境中学习、成长、成才，实现入学即入职。

实施二级"放管服"改革，产业学院由教学主体变为办学主体。建立学校、行业、企业等共同参与的产业学院理事会（管委会）制度，产业学院书记由学校委派，院长由企业负责人担任，实行党组织领导下的院长负责制；全面实施以《产业学院章程》为核心的二级管理机制，产业学院由教学主体转变为办学主体，在人员招聘、经费预算、职称评定等方面有充分的自主权力。

基于企业真实生产场景，开发行动导向线场课程。校企联合组建课程开发团队，设立课程开发中心，对接职业标准，融入企业真实生产场景要素、典型岗位技术、工艺流程、成果专利、企业文化等资源，整合公共教育、职业培训、技能竞赛等优质教学资源，以企业真实项目工作任务为载体，开发基于企业真实工作场景、真实岗位的行动导向课程，将企业生产资源转化为教育教学资源。

（二）将教育教学资源转化为企业人力资源

课程撬动培训。以合作企业人力资源需求为导向，为企业开发满足岗前、在岗员工技能提升的个性化需求线场课程，用定制的课程开展员工培训，把员工技能持续提升作为培养的高级阶段。

培训牵引培养。校企共同制定培训培养一体化人才培养方案，明确课程来源，统筹教学资源，拟定培训计划，确定培养方案，实行完全学分制，组建完成岗位工作的学习团队，上岗式学习，实施绩效评价，实行培训式培养、培养式培训。

培训培养一体化。通过培训培养人才方案设计一体化、组织管理一体化、课程设计与开发一体化、学习结果认定评价一体化等措施，消除了学习与工作之间的距离，缩短了学习成长周期，实现了学历培养和职业培训的并重、贯通，为合作企业输送复合型技术技能人才，有效将教育教学资源转化为企业人力资源。

（三）将人力资源转化为企业生产资源

创业引领、项目驱动，实现高质量就业创业。以合作企业创新创业需求为导向，挖掘产业、企业和研究院等真实创新创业项目，组建"企业主导+行业引导+老师指导+学生管理"项目团队，学习者在完成项目任务、解决任务问题中全方位提升创新创业意识和能力，毕业即实现高质量就业创业。

三、研发"线场育人"平台，落实"三即"，保障"三转"

校企联合利用大数据、人工智能、虚拟现实和增强现实等新技术研发"线场育人"平台。以"三即"为目标，以职业能力提升为主线，以资源转化为重点，创新创业一体化设计，培训培养一体化实施；构建了"一企一学校""一生一方案""一生一课表""一生一导航""一生一空间"的智能学习系统；保证了学习者智能选岗、智能选课、智能学习、智能评价；实现了线上线下的统一、选岗选课的统一、培训培养的统一、企业人才需求与学习者精准就业创业的统一。

研发"线场育人平台"（如图 12-1 所示），助力精准创新创业。学校和企业共同研发了"线场育人"职业能力提升平台。平台为每个合作企业设置一所在线的企业学院（一企一学校），企业通过平台发布项目、岗位和用人标准，智能生成企业用人标准画像；学习者从企业发布的真实岗位中选择心仪项目、岗位（入学即入职），测评岗位能力水平后获取个性化的学习方案（一生一方案）；通过在真实岗位上做项目、完成工作任务（学习即上岗）、获取学分，不断调整学习计划（一生一课表）；平台智能记录学习者的学习轨迹、操作技能、理论知识、思维能力、创新意识、创业精神、综合素养，智能生成学习者画像，当个人画像（一生一画像）与企业用人画像高度匹配时，收到企业用人邀请，实现高质量精准创新创业（毕业即就业创业），人力资源回归再生转化为企业生产资源。

图 12-1 "线场育人平台"首页

四、育人场境建设创新经验

四境育人模式存在其发展的必然性，其创新经验主要体现在共同参与、互惠互利、优势互补、相对稳定等四个方面。

（一）共同参与

四境育人模式突出了产、学、研、创四个主体的地位，它们互相依存、互相促进。河南机电职业学院以行业需求和职业岗位发展变化为出发点，结合地方经济发展的需求，以职业、岗位发展需求和培养学生技术应用能力的需要为出发点，全面开展课程体系和内容的改革探索实践，充分调动了四个主体的积极性，发挥各自优势，探索出培养技能型、复合型人才的模式。而企业、研究院和众创空间及相关行业生存与发展的关键在于员工的素质,这就要求四个主体从自身的需要出发,主动融入高职院校的教学改革与实践,把不断变化中的企业对人才知识结构、能力结构和素质的要求,融入课程内容。这样,培养出的学生才能满足企业对技术型、技能型和复合型人才的需求,进而增强企业自身生存和发展的能力。

(二)互惠互利

四境育人模式在某种程度上是一种利益驱动的合作,存在着利益上的协调与制约。这种制约不是相互之间的牵制和对抗,而是彼此相互适应。在四境育人模式下,产、学、研、创四个场境对应的主体建立了互惠互利的利益分配机制,义务与权益相互明确,并可随着合作后运行条件的变化,对其做出适当调整。最终四个主体在成果分享、利益分配上相互尊重。虽然不是纯粹等价交换,但在长远利益上,资源交换能够体现价值双向平等受益,保证了该模式的可持续性发展。

(三)优势互补

四境育人模式基于共同的目标、意愿和原则,相互遵循,四个主体都能够优势互补。在合作过程中,侧重发挥各自的优势,弥补各自的劣势,共同发展。

(四)相对稳定

四境育人模式植根于深厚的校企合作沃土,与四个方面的合作主体,建立了相对稳定的关系,四个主体单位的人员可互派互用,有效维护各方的共同利益。

随着中国经济的转型发展和职业教育改革的深入推进,四境育人模式还将在现有做法的基础上进一步完善和创新。

参考文献

[1] 张震.河南机电职业学院:做职业教育改革路上的追梦人[J].河南教育(高教),2019(1):76-78.

[2] 董圣足.教育领域探索"混合所有制":内涵、样态及策略[J].教育发展研究,2016(3):52-56.

[3] 胡卫.深化办学体制改革　促进民办教育发展[J].教育与职业,2015(31):29-30.

[4] 周明星,高涵,聂清德.论中国现代职业教育理论体系的构建[J].教育研究,2017(11):65-69.

[5] 吴雪萍,郝人缘.中国职业教育的转型:从数量扩张到质量提升[J].中国高教研究,2017(3):92-96.

[6] 徐博文,陈晓雁.我国高等职业教育质量保障长效机制的构建[J].继续教育研究,2017(1):67-69.

[7] 姜泽许.职业教育产教融合质量评价体系的构建[J].职教论坛,2018(5):34-39.

[8] 李春.协同育人是高职人才培养模式转变的关键[J].时代金融,2016(12):343-344.

[9] 范春春,艾炎.德国双元制体系对我国职业教育的启示[J].现代教育管理,2016(2):284.

[10] 陈小明,赵江平.高职校企协同育人:实践困境与制度改进:来自中山火炬职院的经验[J].四川职业技术学院学报,2017,27(4):117-120.

[11] 宋时雪,高忠明,倪山山.职业院校物流管理专业教师企业实践问题与对策研究[J].职业教育研究,2017(6):39-42.

[12] 佛朝晖.职业学校教师企业实践的激励机制研究:基于组织激励理论[J].职业技术教育,2017,38(16):60-64.

[13] 祁冰.加强高职院校教师企业实践管理的探讨[J].科教导刊,2017(9):43-44.

[14] 涂三广,石伟平.职业学校教师企业实践的身份认同困境及其超越[J].河北师范大学学报(教育科学版),2016,18(3):60-64.

[15] 王剑.社会交换理论视角下职业院校教师企业实践困境与对策分析[J].中国职业技术教育,2016(7):73-77.

[16] 郭松.青年教师实践教学能力提升的瓶颈及对策[J].教育教学论坛,2016(5):273-274.

[17] 刘东.商会在高职院校校企合作中的思考[J].合作经济与科技,2017(24):112-113.

[18] 王平.高职校企合作机制及其实现路径研究[J].价值工程,2017,36(34):178-181.

[19] 李万年.浅析高职院校校企合作现状、存在问题及对策[J].科技经济市场,2017(10):

190-191.

[20]王生.基于利益相关者理论的高职院校校企合作研究[J].教育理论与实践,2017,37(33):28-30.

[21]郑轶.基于政校行企联动模式下的高职院校"校企深度合作"机制研究[J].经营管理者,2017(28).

[22]钟波,胡微,徐浩.职业教育与产业协同发展融合机制创新研究[J].岳阳职业技术学院学报,2017,32(5):27-30.

[23]王妍.我国高职院校校企合作运行机制的创新[J].经济研究导刊,2017(35):182-183.

[24]张悦,孙园园,夏丽,等.我国高校校企合作现状浅析[J].经贸实践,2017(23):31-32.

[25]林振华.浙江省高职院校汽车类专业校企合作机制分析[J].时代汽车,2017(24):28-29.

[26]高爽.高职教育校企合作机制的现实困境及其对策研究[J].辽宁农业职业技术学院学报,2017,19(2):31-34.

[27]张争.国外典型案例对职业院校校企合作机制研究的启示[J].黄冈职业技术学院学报,2017,19(1):20-22.

[28]蒋慧,吴双,平怀荣.基于现代学徒制模式的校企合作机制探索[J].科技经济导刊,2016(31).

[29]杨卫国,王京.高职院校校企合作实践探索[J].教育与职业,2016(18):37-39.

[30]王恒良.西藏高校大学生创新创业校企合作模式建设研究[J].西藏大学学报(社会科学版),2016(3):134-139.

[31]侯金柱,刘书霞,郭立宏,等.市场政府双调控下的应用型教育校企合作长效机制构建[J].河北科技师范学院学报(社会科学版),2016,15(2):105-109.

[32]刘云.政府有效介入下的职业教育校企合作长效机制研究[J].教育理论与实践,2016,36(15):29-31.

[33]耿秀,孙军,薛琴.高职院校"订单式"人才培养校企合作机制研究:以徽商职业学院乐成商学院为例[J].太原城市职业技术学院学报,2017(7):122-123.

[34]韩苃芳.高职院校校企合作机制建设的思考[J].淮南职业技术学院学报,2017,17(3):60-61.

[35]郑荣奕.基于利益共同体的高职院校校企合作机制[J].教育与职业,2017(8):30-34.

[36]新版《企业培训师培训教材》出版[J].中国培训,2017(8):65.

[37]赵丽.德国职业教育考察及其启示[J].职业,2017(5):36.

[38]常丽坤.高等职业教育治理体系的问题表征与对策[J].职业技术教育,2016,37(19):36-40.

[39]张震,刘继广,武德起.高职学校如何打造中国特色高水平双师队伍[J].中国经贸导刊(中),2019(12):145-147.

[40]刘继广.高职教育生态圈视角的产教深度融合途径研究[J].中国经贸导刊(中),2020(1):143-145.

[41]张震,王本亮.基于校企合作的高职院校人才培养模式创新探究[J].中国高教研究,

2017(12):101-103.

[42]王庆海.基于"三融四境"模式的技能竞赛融课程开发:以工业产品数字化设计与制造赛项为例[J].河南教育(职成教),2018(9):26-28.

[43]河南机电职业学院云商学院 打造"四真"育人模式 培养现代商业精英[J].河南教育(职成教),2019(6):66.

[44]河南机电职业学院云商学院 产教融合先锋 校企合作典范[J].河南教育(职成教),2019(6):65.

[45]石家庄职业技术学院二级学院建设:管理学院之教学团队建设[J].石家庄职业技术学院学报,2019,31(3):2+81.

[46]周晶.河南机电职业学院"三融四境"职教育人新模式[J].职业技术教育,2018,39(23):1.

[47]吴建设.高职教育推行现代学徒制亟待解决的五大难题[J].高等教育研究,2014,35(7):41-45.

[48]常丽华.近十年我国政府职能转变的研究综述[J].理论观察,2015(7):62-63.

[49]丁金昌.科教结合是高职院校可持续发展的有效路径[J].中国高教研究,2013(3):88-90.

[50]丁金昌.高职院校需求导向问题和改革路径[J].教育研究,2014,35(3):122-126.

[51]丁金昌.实践导向的高职教育课程改革与创新[J].高等工程教育研究,2015(1):119-124.

[52]郑德威.文化场域下的大学艺术实践活动的开展[J].钦州学院学报,2012,27(4):89-92.

[53]韩喜梅,王世斌,潘海生,等.高等职业院校混合所有制办学的现实困境及推进策略:基于文献分析视角[J].高等工程教育研究,2017(5):187-191,201.

[54]潘建峰,陈加明,魏宏玲.混合所有制视阈下的现代学徒制人才培养改革研究与实践[J].职教论坛,2017(18):39-43.

[55]高洁.地方职业教育发展中的政府作用研究[D].济南:山东大学,2017.

[56]王戈.高等职业教育管理中的地方政府职责研究[D].西安:陕西师范大学,2017.

[57]叶莉莉.浙江职业教育"政企校"合作育人机制研究[D].上海:华东师范大学,2017.

[58]王睿哲.我国职业教育政策研究[D].沈阳:沈阳师范大学,2017.

[59]任寰.职业教育技能型人才"工匠精神"培养研究[D].武汉:湖北工业大学,2017.

[60]王程.高等职业教育发展中地方政府作用研究[D].青岛:青岛大学,2017.

[61]罗琼.教育类教师专业发展共同体实践研究[D].太原:山西师范大学,2015.

[62]何应林.高职院校技能人才有效培养研究[D].南京:南京师范大学,2014.

[63]高宏梅.基于双赢文化视角的校企合作模式研究[D].石家庄:河北师范大学,2012.

[64]陈星.应用型高校产教融合动力研究[D].重庆:西南大学,2017.

[65]宋明江.高职院校"双师型"教师教学能力发展研究[D].重庆:西南大学,2015.

[66]景韵.高等职业教育教师课堂教学敏感研究[D].重庆:西南大学,2014.

[67]张兰.校企协同创新创业人才培养体系的研究[D].哈尔滨:哈尔滨理工大学,2014.

［68］郑婷婷.高职校企合作中企业参与的现状研究［D］.扬州:扬州大学,2016.

［69］杨宏.基于就业导向的高职学生职业素养培养研究［D］.济南:山东师范大学,2014.

［70］周佩秋.长职院自动化品牌专业群建设项目管理研究［D］.长春:吉林大学,2018.

［71］黄正夫.基于协同创新的全日制教育硕士培养模式研究［D］.重庆:西南大学,2014.

［72］张弛.基于企业视角的高技能人才职业能力培养研究［D］.天津:天津大学,2014.

［73］王莺洁.高等职业院校多元主体协同育人机制研究［D］.南昌:南昌大学,2018.

［74］兰小云.行业高职院校校企合作机制研究［D］.上海:华东师范大学,2013.

［75］王文槿.职业院校校企合作实务［M］.北京:海洋出版社,2010.

［76］李海宗.高等职业教育概论［M］.北京:科学出版社,2009.

［77］李建奇.高等职业教育研究与实践［M］.北京:科学出版社,2006.

［78］陈解放.合作教育的理论及其在中国的实践［M］.上海:上海交通大学出版社,2006.

［79］王前新.高等职业技术院校发展战略研究［M］.武汉:华中科技大学出版社,2005.

后　记

河南机电职业学院产业学院建设的成功,得益于学校在职业教育实践中敢于不断冲破思想观念的障碍、突破利益固化的藩篱,解放思想,实事求是。在深化职业教育改革问题上,思想观念障碍往往不是来自体制外而是来自体制内。思想不解放,我们就很难看清各种利益固化的症结所在,很难找准突破的方向和着力点,很难拿出创造性的改革举措。因此,一定要有自我革新的勇气和胸怀,跳出条条框框限制,克服部门利益掣肘,以积极主动精神研究和提出改革举措。

在专著的编写过程中得到了教育部、教育厅以及兄弟院校领导的关心和关注,特别是得到了中国职业技术教育学会邓泽民博士,中国职工教育和职业培训协会副会长、人社部职业技能鉴定中心原副主任毕结礼,河南大学王为民博士,泛华集团杨年春副总裁,河南机电职业学院党委书记张震、校长王本亮、副书记鲁俊民、纪检书记董险峰、副校长李占平等的大力支持和指导,在此深表感谢。王庆海作为整个专著的主要设计者和撰写者,李鹏重点参与撰写了产业学院体制研究,王全录重点参与撰写了产业学院场境建设,同时也得到了李琦、饶勇祥等老师提供的大量素材,在此一并表示感谢。

河南机电职业学院产业学院体制改革和场境建设的模式和生动实践,得到合作企业广泛认可,带来学校综合实力全面提升,使得学校成为河南职业教育"产教融合、校企合作"标杆。下一步将继续对产业学院的课程建设、培养模式、评价机制等进行梳理和深度研究。河南机电职业学院将与全体职教人共同努力,加快推进新时代职业教育高质量发展、切实提高职业教育办学质量和服务能力,不断提高政治站位、创新办学理念、升级办学模式、探索培养途径,坚定担负起为国家和社会培养高技术技能型人才的使命,探索适合职业教育发展、具有中国特色的职业教育道路,期待本书能对全国高等职业院校产业学院的深度改革和推进起到示范引领作用。